Arnulf Baring

Deutschland, was nun?

Inhalt

Vorbemerkung	9
Deutschland, was nun?	13
Die Insel der Seligen	15
Wir waren gern politische Zwerge – und wollen es auch bleiben	23
Von der Machtbesessenheit zur Machtvergessenheit	27
Der alte Zivilisationsbruch	35
Lauter neue Pflichten	39
Deutsche Spurensuche	46
Die Gefahr der Ver-Ostung	50
Die frühere DDR: ein kopfloses Land	54
Eine neue Ostsiedlung wäre die Rettung	63
Deutsche Krämerseelen	73
Osteuropa als Herausforderung	83
Deutschland: die neue Hegemonialmacht?	83
Wir werden eher Mauern bauen als Brücken	93
Polen, unser aller neuer Nachbar	102
Der Sozialismus als Kahlschlag	108
Das Vakuum Osteuropa	110
Die illusionäre Fluchtburg Europa	119
Unsere politische Führungskrise	122

Vierzig Jahre Atempause der Weltgeschichte 125

Gibt es deutsche Interessen? 131

Parallelen zur Zwischenkriegszeit 137

Die USA bleiben unser wichtigster Partner 145

Die EG – eine politische Schimäre 153

Für einen neuen Patriotismus 163

Wir müssen etwas so Elementares wie Macht
wiederentdecken 163

Unser moralischer Größenwahn 168

Wirtschaftlicher Erfolg als
fragwürdige Selbstbestätigung 175

Staaten haben keine Freunde – sondern Interessen 178

Ein deutsches Appeasement liegt immer in der Luft 182

Außenpolitische Prioritäten 187

German decline? 191

Die Geschichte gehört nicht den Historikern 196

Die Bundesrepublik: Eine Synthese aus
Bismarcks Reich und Adenauers Rheinbund 201

Mit unserem heutigen Ideenhaushalt
werden wir nicht zurechtkommen 203

Deutsche Atomwaffen? 209

Das Versagen der Parteien 211

Gibt es eine Angelegenheit, die alle Bürger durch
ihre Würde, Wichtigkeit und Größe bewegt? 222

Register 229

Arnulf Baring

Deutschland, was nun?

Ein Gespräch mit
Dirk Rumberg und
Wolf Jobst Siedler

im
Siedler Verlag

Für Gabriele

Vorbemerkung

Die Welt ist aus dem Geleise – das sagt man so leicht hin. Aber in unserem Teil der Welt, beim Übergang aus den Achtzigern in die neunziger Jahre, stimmt es, für Deutschland zumal. Viel mehr wird sich ändern, als uns lieb ist. Ein knappes halbes Jahrhundert lang haben wir im Westen, so bedroht wir uns anfangs oft fühlten, unter stabilen, berechenbaren Verhältnissen gelebt; viel Wohlstand ist in diesen Jahrzehnten gewachsen. Im Ostteil des Kontinents – und damit auch in der sowjetischen Zone Deutschlands – herrschten gleichzeitig Terror und Stagnation; im Laufe der Zeit breiteten sich dort Wüsten aus.

Jetzt werden, und das ist ja nur ein Aspekt der Sache, Wohlstands- und Wüstengebiete vereint – falls sie denn wirklich vereint werden, das überhaupt gelingen kann, irgendwann. Durch die osteuropäischen Umwälzungen des Jahres 1989 und den Anschluß der DDR an die Bundesrepublik 1990 sind die Verhältnisse auf beiden Seiten in unerwartete, rasche Bewegung geraten, mag das vielfach bei uns auch noch nicht erkannt werden. Die alten Meßlatten taugen nicht mehr, was uns alle immer wieder freuen sollte. Denn der Wandel hat mit sich gebracht, daß wir Freiheit und Einheit für ganz Deutschland wiedererlangt haben, was auch sonst noch an neuen Herausforderungen auf uns zukommen mag. Zu selten betonen wir alle, was wirklich wesentlich ist und bleibt.

Wer, wie ich, zur Jalta-Generation gehört, die mit der Spaltung aufwuchs, muß sich jetzt von Grund auf umorientieren. Jeder Westdeutsche muß mit dafür sorgen, daß die Errungenschaften unserer Nachkriegsentwicklung in die neuen Verhältnisse eingehen, daß etwa die umfassende Westorientierung unter veränderten Rahmenbedingungen Geltung behält. Das ist nicht selbstverständlich. Bisher waren wir ein rein westeuropäisches Land, jetzt werden wir wieder, ob wir das nun wollen oder nicht, ein mitteleuropäisches. Die Konsequenzen dieser fundamentalen Ortsveränderung, dieser Ostverschiebung müssen sorgfältig bedacht und eindringlich diskutiert werden.

Schon seit einigen Jahren, lange vor dem 9. November 1989, hat mich beschäftigt, welche Rolle die Bundesrepublik in Zukunft spielen müsse, welche Pflichten sie neu zu übernehmen habe. Seit dem Fall der Mauer sind diese Fragen natürlich komplizierter, gleichzeitig viel drängender geworden.

Im Frühjahr 1991 hielt ich in der Berliner Industrie- und Handelskammer einen Vortrag über »Die Rolle des größeren Deutschland in Europa«. Aufgrund der überraschend breiten, zustimmenden Resonanz, die meine Äußerungen fanden, wollte mich der Siedler Verlag für das Vorhaben gewinnen, meine Erwägungen in einem Essay-Band vor einer größeren Öffentlichkeit auszubreiten. Das war mir momentan unmöglich. Ein Essay verlangt gedankliche Strenge, Stringenz der Beweisführung. Er hätte eine halbwegs stabile, überschaubare Problemlage vorausgesetzt, die es gegenwärtig in der Mitte Europas nicht gibt. Man hätte wohlbedachte, abgewogene Lösungsvorschläge machen müssen, für die es heute noch zu früh ist.

Wie sollte man denn Fragen, die sich gerade erst am Horizont abzeichnen und daher unsere Köpfe bisher kaum erreicht haben, schon jetzt von allen Seiten erörtern, wenn nicht sogar bereits abschließend beantworten? Hinzu kam, daß manches, was im Frühjahr noch originell klingen mochte, etwa die Behauptung, die ehemalige DDR sei nicht nur ein finanzielles, sondern auch ein personelles und psychologisches Problem, wenig später bereits Allgemeingut geworden war, wenn diese Erkenntnis auch inzwischen schon wieder in Vergessenheit zu geraten droht. Essays brauchen Zeit. Die unsere ist nicht danach. Man ist ja heutzutage schon froh, wenn ein Manuskript noch halbwegs aktuell ist, das ein, zwei Wochen später in einer Zeitung gedruckt erscheint. Wie kann da ein Diskussionsbeitrag in Buchform, bei seinen langen Entstehungs- und Produktionszeiten, noch nach vielen Monaten irgendeinen Neuigkeitswert behalten?

So schlug ich vor, lieber eine offene, freiere Form zu wählen: das Gespräch. Es hat in unübersichtlichen Situationen große Vorteile. Man darf sich mit Andeutungen begnügen, kann auf ausführliche Begründungen verzichten. Wichtiges sollte, wie in jeder Unterhaltung auch, vielleicht sogar mehrfach auftauchen und damit besonders betont werden. Die Partner müssen, mindestens hier und da, untereinander verschiedener Meinung sein. Andererseits kann jeder Teilnehmer, zumal wenn das Gespräch länger dauert, sich eines Besseren besinnen, darf sich auch selbst widersprechen.

In diesem Sinne haben wir drei, Wolf Jobst Siedler (65), Dirk Rumberg (28) und ich (59), zwischen März und August 1991 in einer Reihe von langen Unterredungen unseren Gesprächsfaden in unregelmäßigen Abständen fortgesponnen, das gesprochene Wort später nur behutsam geglättet. Die spätere Kapitel-Einteilung wie die Zwischenüberschriften wurden hinzugefügt, um dem Leser die Orientierung zu erleichtern. Dem gleichen Zweck dient auch das knappe Register, das – neben allen Personennamen – Ortschaften, Regionen und Länder nur dann aufführt, wenn sie für unseren Gedankengang erheblich sind. Auf ein Stichwortverzeichnis haben wir verzichtet, weil die meisten in Betracht kommenden Begriffe Themen gelten, die sich durch das ganze Buch ziehen.

Wenn nicht alles täuscht, gruppieren sich gegenwärtig in unserem Lande die Meinungslager neu. Welche Erwägungen, die wir hier angestellt haben, werden einleuchten, welche nicht? Es ist ja noch lange nicht ausgemacht, welche Richtung Deutschland in Zukunft nimmt. Wer glaubt, daß die Osteuropäer wirklich von uns »die Regelung ihrer Angelegenheiten« erwarten? Wer hält es für denkbar, daß die Polen im nächsten Jahrzehnt von uns die Stationierung von Truppen erbitten werden? Oder werden wir irgendeine Art von Mauer an Oder und Neiße errichten, um uns gegen massenhafte Zuwanderungen abzuschirmen? Wer teilt die Befürchtung, daß die deutsch-französischen Beziehungen ihre beste Zeit gehabt haben, wer die Überzeugung, daß das vereinte Deutschland nur dann eine Gestaltungschance in Europa hat, wenn es sich weiterhin fest mit den USA verbündet? Oder brauchen wir auf Dauer eigene Atomwaffen? Wird die EG vielleicht doch noch ein politischer Faktor, wird sie die Nationalstaaten ablösen? Ist die Wirtschaft unser Schicksal oder bleibt es die Politik?

Man wird sehen. Alle Meinungen und Gegenmeinungen, Einfälle und Widersprüche haben, wenn wir sie jetzt drucken lassen, vor allem den Zweck, Leser anzuregen, an unserem Gespräch teilzunehmen. Es wäre gut, wenn bald eine breite nationale Debatte in Gang käme, die Deutschland jetzt braucht, um seine kommenden Aufgaben zu meistern.

Dieses Vorwort war geschrieben und – wie das ganze Buch – fertig gesetzt, da kommt die Nachricht vom Staatsstreich in Moskau. Mit ihm gewinnen die Fragen, um die es mir in diesem Gespräch geht, schlagartig eine beklemmende Aktualität.

Wir Deutschen dürfen keinen Tag länger unsere Wunschträume mit der Wirklichkeit verwechseln, nicht die glückliche Vision eines einigen, demokratischen, wohlstandsgesicherten Europa bereits für eine Tatsache halten. Die Probleme, vor denen die Bundesrepublik seit 1989/90 steht, werden sich verschärfen und damit, zumindest fürs erste, auch die Orientierungsschwierigkeiten der Deutschen. Aber langsam wird sich, so hoffe ich, ein neues Bewußtsein der Verantwortung in unserem Lande bilden – der Verantwortung für uns selbst und für andere, benachbarte, verwandte Völker in Not.

Berlin, am 19. August 1991   *Arnulf Baring*

Deutschland, was nun?

BARING   Der größte Erfolg der alten Bundesrepublik hat zugleich innen- wie außenpolitisch ihre tiefste Krise ausgelöst. In der Bundesrepublik haben sich zwei Lager gebildet, die sich ziemlich undeutlich in ihrer Artikulation, aber deutlich in ihren Positionen gegenüberstehen. Die einen sagen: Es hat sich eigentlich gar nichts geändert. Im wesentlichen bleibt die Bundesrepublik so, wie sie ist, denn sie hat sich bewährt. Wir haben gegen unsere Erwartungen, vielleicht auch gegen unsere Absichten die DDR geschenkt bekommen – ein zweifelhaftes Geschenk –, und das einzige Problem besteht nun darin, wie man die Bundesrepublik möglichst rasch, auch zum Besten der Landsleute drüben, auf den Raum der früheren DDR erweitert. Das wird mehr oder weniger lange dauern. Aber am Ende wird dabei die gleiche alte Bundesrepublik herauskommen – nur ein bißchen größer.

Die anderen, und sie sind eine Minderheit, sagen: 1989/90 ist mehr passiert. Es hat eine fundamentale Veränderung stattgefunden; wir sind nicht mehr die gemütliche alte Bundesrepublik.

Ich befinde mich insofern in einer Art Spagatstellung, als ich auf der einen Seite die bisherige Bundesrepublik wirklich für ein sehr gelungenes, in vieler Hinsicht vorbildliches Gebilde halte, zugleich aber auf der anderen Seite überzeugt bin, daß alles Bisherige jetzt in Frage gestellt ist. Denn das Beruhigungsargument der ersten Gruppe, die sagt: Es wird alles und muß alles so bleiben, wie es ist, weil wir gar nichts Besseres haben, geht stillschweigend davon aus, daß sechzehn Millionen Neubürger im Gesamthaushalt der Nation eben nur ein Fünftel sind. Ein Fünftel habe nicht die Kraft – und sei es noch so destruktiv gesinnt, wie es vielleicht in den nächsten Monaten und Jahren sein mag –, der großen Mehrheit seinen Willen aufzuzwingen. Ich glaube: diese Ansicht ist falsch.

Ein Fünftel reicht, mobil gemacht, vollkommen aus, wenn ich bedenke, was viel kleinere Minderheiten uns in den letzten Jahrzehnten an Bewegung im Geistigen wie im Sozialen beschert haben, um die innere Balance empfindlich zu stören. Ich kann mich an einen Aufsatz erinnern von Werner Kaltefleiter, dem früheren Leiter des Forschungsinstituts der Konrad-Adenauer-Stiftung, der geschrieben hat: Na ja, na ja, ein Fünftel ist ein Fünftel, und ein Fünftel ist keine Mehrheit, wie immer man es auch dreht und wendet; diese sechzehn Millionen werden das Parteiensystem und das Institutionengefüge der Bundesrepublik nicht aus den Angeln heben. Das hoffe ich auch, das denke ich sogar – am Ende. Aber zuvor wird es gewaltige Erschütterungen geben – weit stärker, als ein Fünftel als Zahl anzeigt. Das ist schon jetzt absehbar.

Diejenigen, die glauben, diese sechzehn Millionen, also etwa so viele Menschen, wie in Nordrhein-Westfalen leben, seien zwar nicht unerheblich, aber auch nicht entscheidend, werden sich möglicherweise täuschen. Wenn die sechzehn Millionen sich als dauerhaftes Irritationsfeld erweisen, wird das unser Land in schwere Zweifel und Krisen stürzen. Es sind immer und überall wesentlich energische Minderheiten, die in der Politik das Klima bestimmen, Entscheidungen erzwingen. Das konnte man zum Beispiel an der Studentenrevolte 1968 sehen. Es waren verschwindend geringe Prozentsätze der Bevölkerung, die damals das Bewußtsein des Landes tiefgreifend umgewandelt haben. Das wird mit der DDR in einem noch viel stärkeren Maße passieren. Und wie wird es sich auswirken, wenn man all die Völker hinzunimmt – die Polen, aber auch die Tschechen und die Ungarn –, die von uns die Rettung, die Regelung ihrer Angelegenheiten erwarten?

Ich habe neulich von einem prominenten Ungarn gehört, aber dergleichen auch anderswo gelesen, daß die Ungarn, Slowaken, Tschechen und Polen vom neuen Deutschland »die Regelung ihrer Angelegenheiten« erwarteten. Nicht Kredite, nicht Investitionen, sondern die Regelung ihrer Angelegenheiten! Sie müssen sich überlegen, was das praktisch heißt. Das geht sehr, sehr weit. Bei einer solchen Aufgabe ist es in gar keiner Weise mit gutem Zureden getan oder indem man Geld gibt. Wer in diesen Völkern dergleichen sagt, scheint zu erwarten, daß wir Deutschen die Probleme vor Ort anpacken.

Die Insel der Seligen

RUMBERG   Bevor wir auf die Erwartungen, die aus Osteuropa an uns herangetragen werden und auf die für uns noch drängenderen Probleme in den neuen Bundesländern kommen, lassen Sie uns einen Moment lang bei der alten Bundesrepublik bleiben. Sie haben gesagt, die Bundesrepublik sei ein sehr gelungenes, ja vorbildliches Land gewesen. Ist das nicht ein verklärter Blick zurück? Darüber habe ich mich seit dem Fall der Mauer immer wieder gewundert: Seither gibt es in der alten Bundesrepublik keinerlei Probleme mehr, sie erscheint als ein Idealmodell, während uns in der alten DDR alles schlecht und verachtenswert vorkommt, reif für den Müllhaufen der Geschichte. Dafür spricht ja manches. Aber daß die alte Bundesrepublik eine Insel der Seligen gewesen wäre, kann man doch sicher nicht ohne weiteres behaupten.

BARING   Wir haben die alte Bundesrepublik, solange sie lebte, nie für sehr gemütlich gehalten, sondern für sehr umkämpft, umstritten und krisengeschüttelt. Aber im Rückblick erscheint sie dennoch als eine idyllische Phase unserer Geschichte. Die Katastrophe 1945 und dann die Teilung hatten die Problemlage des Landes ungeheuer vereinfacht. Große Teile der alten internen Konflikte waren plötzlich weg. Sowohl das internationale wie das innerdeutsche Ost-West-Problem waren weg, die Isolierung Deutschlands ebenso wie die Spannung zwischen westlichen Industriellen und östlichen Agrariern; die Konfessionsspaltung wurde durch die CDU, später durch die Säkularisierung weitgehend überwunden; der Kampf innerhalb der Arbeiterschaft hörte auf, weil die Kommunisten zum großen Teil in den anderen Staat emigrierten; auch die Einheitsgewerkschaft ließ alte Gegensätze verschwinden; der Mittelstand wurde für die Demokratie gewonnen, war nicht länger an autoritären Vorbildern und deren Ressentiments orientiert. Die Liste ließe sich beliebig verlängern. Gerade das Ausmaß der Katastrophe und deren Folgen haben nach 1945 den Neubau im Westen erleichtert. Jetzt kompliziert sich die Situation in vielen Bereichen wieder. Wir kriegen die Kommunisten zurück, wir kriegen die inner-

deutsche Ost-West-Spannung zurück und sind dabei, in die alte, komplizierte europäische Mittellage hineinzurutschen, weil wir die geopolitischen Zusammenhänge nicht begriffen haben.
Das ist eine sehr beklemmende Aussicht. Denn wir bilden uns seit 1945 ein, wir hätten die Lehren der Vergangenheit begriffen. Wir haben aber überhaupt nichts begriffen. Wir haben sehr einseitige Schlußfolgerungen gezogen, nämlich immer das Gegenteil von dem für richtig zu halten, was Hitler und seine Zeitgenossen für richtig gehalten hatten.

RUMBERG   Sie haben eben zahlreiche Beispiele dafür aufgezählt, wodurch sich die neue Bundesrepublik von der alten unterscheidet. Gibt es ein Element, das Sie besonders herausheben würden?

BARING   Die alte Bundesrepublik war eine Phase, in der die Rahmenbedingungen von anderen gesetzt wurden; wesentlich von den Alliierten, die zunächst als Besatzungsmächte, dann als Verbündete uns einhegten. Weil wir für unsere Sicherheit und für unsere Position in der Welt nicht länger selbst verantwortlich waren, waren wir, Gott sei Dank, aus all den Schwierigkeiten (zeitweilig) entlassen, die das Deutsche Reich so unleidlich für seine Bewohner wie für seine Nachbarn gemacht hatten. Wir trugen jahrzehntelang keine eigene Verantwortung für unser Schicksal, waren in wesentlichen Fragen der nationalen Existenz beurlaubt.
Ein Wort wie »nationale Existenz« ist nie ausgesprochen worden in diesen vierzig Jahren. Diese Vokabel war weg. Das Reich war weg, die Verantwortung war weg, und wir waren froh darüber; denn wir hatten uns als einigermaßen unbegabt erwiesen bei dem Versuch, unseren Platz in der Welt eigenständig zu definieren. Die Umgründung Deutschlands in den Rheinstaat Konrad Adenauers wurde von uns Westdeutschen mit großer Erleichterung betrachtet. Die Beschäftigung mit unserer Geschichte blieb doch sehr von dem Gefühl begleitet, sie sei im Grunde irrelevant geworden. Denn wir seien jetzt im sicheren Westen gelandet, hätten dort endlich Partner, Freunde gefunden, und das gelte nun für alle Zeiten.

SIEDLER   Sind wir denn nicht wirklich im sicheren Westen
gelandet, und gilt das nicht für alle Zeiten? Die deutsche Entwicklung seit 1945 ist eine entschlossene Westwendung. Zum
ersten Mal blickt Deutschland auch seelisch und geistig rückhaltlos nach Westeuropa. Die Ideen der englischen Revolution des
17. Jahrhunderts, dann die amerikanische Revolution des
18. Jahrhunderts und schließlich die Französische Revolution
von 1789 haben geistig nun endlich Besitz von Deutschland
ergriffen.

BARING   Die Ideen? Geistig Besitz von Deutschland ergriffen?
Das glaube ich keine Minute!

SIEDLER   Jedenfalls spricht Deutschland nicht mehr von seiner
besonderen Rolle in der Mitte Europas und wähnt sich nicht
mehr gleich nahe St. Petersburg und Paris. Immer war ja die
Zarenwelt Preußen im Grunde näher als das Frankreich Ludwig XIV., Napoleon I. und der ersten Republik. Übrigens hat
Rußland Preußen immer wieder gerettet – im Siebenjährigen
Krieg, dann in den anti-napoleonischen Freiheitskriegen, und
auch Bismarcks Einigungskriege gegen Wien und Paris wären
ohne die stillhaltende Sympathie Rußlands nicht möglich gewesen.
   Die Bedeutung des russischen Rückhalts war eine Einsicht, die
Preußen-Deutschland aus dem 18. und 19. Jahrhundert zog. Sie
geriet erst durch den unhistorischen Panslawismus, dem ein
ebenso irreales Alldeutschtum antwortete, in Vergessenheit. Der
schreckliche Bolschewismus und der ebenso furchtbare Krieg
mit den bekannten Ergebnissen haben beide Großideologien
zunichte gemacht. Eines der Resultate dieses Krieges war, daß
die siegreiche Sowjetunion 1945 nicht mehr die Seele Deutschlands gewinnen wollte, worauf Lenin, Trotzki und Radek so großen Wert gelegt hatten, sondern Deutschlands östliche Provinzen sich oder Polen, auf jeden Fall der slawischen Welt einverlei-
ben wollte.
   In gewissem Sinn kann man sagen, daß Rußland das Gesicht
Deutschlands gewaltsam nach Westen gedreht hat. Als Okkupa-
tionsmacht war Rußland kein denkbarer Partner für Deutsch-

land mehr. Deutschland war jetzt auf den Westen angewiesen, und es macht Adenauers historische Bedeutung aus, daß er das sofort begriffen hat.

Seine Gegner in der eigenen Partei, wie Jakob Kaiser, und in der SPD, wie Kurt Schumacher, glaubten noch an die Mittlerrolle Deutschlands zwischen Ost und West. Sie wollten um der Nation willen an der Einheit festhalten. Zum Teil mag es ein Festhalten an der deutschen Tradition, an dem, was die Romantiker die deutsche Mission nennen, gewesen sein, wenn sie sich nicht rückhaltlos für den Westen entscheiden wollten. Aber Adenauer hat sich durchgesetzt, und die Realität des sowjetisch beherrschten Europa hat ihm kräftig geholfen.

Das alles läuft, Herr Baring, darauf hinaus, daß ich Ihnen in einem gewissen Sinne widersprechen möchte. Wir sind, um Ihre Formulierung aufzugreifen, tatsächlich im sicheren Westen gelandet, haben wirklich neue Partner gefunden, und das gilt, so hoffe ich zumindest, für alle Zeiten.

BARING   Ich hoffe das auch. Aber gleichzeitig muß man sehen, daß sich die Rahmenbedingungen ändern. Wir sind heute in einer Lage, in der wir zwangsläufig wieder größere Verantwortung für uns selbst übernehmen müssen. Die Allianz hat uns sehr viel stärker, als wir selber damals gesehen haben, vor unseren eigenen früheren Fehleinschätzungen und Irrtümern geschützt. Ich glaube, daß wir erst im Rückblick sehen werden, wie viel wir der Allianz verdankten. In Berlin war das immer mit Händen zu greifen. Es ist aber im Bewußtsein unserer Bevölkerung überhaupt nicht präsent, was an Schutz, Hilfe und auch Rat die westlichen Bündnisse für uns bedeutet haben bis in die letzten Jahre hinein.

Weil wir unsere eigenen Einschätzungen immer mit denen der anderen abstimmen mußten, kamen wir zu einem verbesserten Urteil und auch zu einem klügeren Verhalten. Jetzt sind wir wieder stärker darauf angewiesen, aus eigener Kraft die auswärtige Konstellation zu analysieren, dann auszubalancieren. Darauf sind wir alle nicht vorbereitet. Wir haben auch keine Vorbilder, haben historisch uns noch nie zufriedenstellend einen Reim auf uns selbst zu machen vermocht.

RUMBERG   Sie haben vorhin gesagt, Herr Baring: wir rutschen wieder in die alte Mittellage, weil wir die geopolitischen Zusammenhänge nicht begriffen haben. Was meinen Sie damit?

BARING   Ob wir wollen oder nicht, sitzen wir plötzlich wieder in den alten Zwangslagen zwischen Frankreich und Großbritannien einerseits, Polen und Rußland andererseits. Wenn man in zwanzig Jahren, also am Ende des ersten Jahrzehnts im nächsten Jahrtausend, über unsere ganze, lange Geschichte nachdenkt, wird man wahrscheinlich sagen: Deutschland ist nach wie vor, oder wieder neu, das Bismarck-Reich, allerdings in der Form, die ihm die Adenauer-Republik gegeben hat. Wir sind ein Amalgam aus Bismarck-Reich und Rheinbund-Staat, wenn man so will.

Diese Veränderung der Situation wird in der Bevölkerung, aber auch von den Bonner Politikern nicht in hinreichendem Maße erkannt. Der Bundeskanzler zum Beispiel sieht – oder sah doch längere Zeit – meiner Meinung nach die Vollendung seines politischen Lebenswerkes nicht darin, das Bismarcksche Reich in der Form, die ihm die Adenauer-Ära gegeben hat, als eine grundlegende Kontinuität fortzusetzen, also nach der Phase der Spaltung wieder vom bleibenden Gehäuse deutscher Staatlichkeit Besitz zu ergreifen. Seines Erachtens besteht die wichtigste Aufgabe darin, von Bonn aus längerfristig nicht in ein erneuertes Berlin, sondern nach Brüssel umzuziehen. Helmut Kohl hielt und hält wohl die politische Union Europas – Westeuropas – für die Krönung seines politischen Lebenswerkes. Das Vertrackte unserer heutigen Lage ist, daß die eine Aufgabe so schwer lösbar wie die andere ist. Wahrscheinlich wird ihm ja die politische Union genausowenig gelingen wie die Vollendung einer wirklichen deutschen Einheit.

SIEDLER   Der wirtschaftliche Erfolg der Bundesrepublik hat dazu geführt, daß man uns weit überschätzt hat, und zwar sowohl im Westen als auch im Osten. London wie Paris haben, zumindest vor dem Debakel in Mitteldeutschland, die Besorgnis gehabt, daß das übermächtige, vereinigte Deutschland wirtschaftlich und auch politisch Europa dominieren werde. In der Tat mußte man ja nur die Wirtschaftskraft der beiden Deutschlands rechnerisch addieren, um zu einer erstaunlichen und die Außenwelt beängstigenden Leistungskraft zu kommen. Man sah dann ein geeintes Wirtschaftsimperium von achtzig Millionen vor sich, neben den knapp 250 Millionen Amerikanern und den gut 120 Millionen Japanern die mächtigste Kraft der Welt. Aber sind wir das denn wirklich? Werden wir das in einigen Jahrzehnten noch sein, wenn Ostasien und Südostasien zur technischen Zivilisation aufgeschlossen haben? Hongkong und Singapur machen uns in dieser Hinsicht skeptisch.

Das wirklich Erstaunliche ist die Wiedergeburt Europas, das so lange, neben den beiden großen Machtblöcken der Sowjetunion und der USA, kaum noch zählte. Europa hatte keine Stimme, und man behandelte es auch weltpolitisch jahrzehntelang nur als Manövriermasse, als eine Art kultiviert-liebenswürdig-belangloses Athen im römischen Weltreich. Jetzt ist Europa plötzlich wieder da, und manches spricht dafür, daß sein Gewicht im nächsten Jahrhundert noch zunehmen wird. Zu den wichtigsten Finanzplätzen der Welt wird dann neben New York und Tokio ein europäischer Ort gehören, gleich ob das nun noch immer London, ob es Paris oder ob es Frankfurt sein wird.

Aber zieht man aus diesem Machtzuwachs des wiedervereinigten Deutschland nicht die falschen Schlüsse, so als ob wir, wie Moskau ganz ohne Zweifel und Osteuropa auch in einem gewissen Maße zu vermuten scheint, die mittel- und osteuropäischen Probleme lösen könnten, politisch und ökonomisch?

Um Himmelswillen, schon Thüringen, Sachsen und Brandenburg überfordern uns fast, die letzten Schätzungen des Finanzbedarfs der ehemaligen DDR gehen auf eintausend Milliarden Mark, im Wirtschaftsministerium wird sogar von eintausendfünfhundert Milliarden geredet, und neulich hat ein Schweizer Wirtschaftsforschungsinstitut von zweitausend Milliarden gesprochen. Der Kommunismus war in der Tat ein kostspieliges Experiment, und jene Intellektuellen, die mit seiner Idee jahrzehntelang als einer Alternative sympathisiert hatten, haben das sozusagen auf dem gemütlichen Polster des Kapitalismus getan.

Die Träume erst von der Herstellung des Sozialismus, dann von der Bewahrung der sozialistischen Errungenschaften hatten Gott weiß wenig mit der Realität zu tun, und die Diskussionen der Intellektuellen von Paris, Rom und auch Frankfurt ließen sich eben nur im Westen des Kontinents führen. Man wagt gar nicht, die Protokolle all der Schriftstellerkongresse aus jenen Zeiten nachzulesen.

Was wird die Sanierung, die Erneuerung ganz Osteuropas kosten? Noch einmal eintausend oder – wie viele sagen – zumindest fünftausend Milliarden Mark? Ich bin kein Wirtschaftswissenschaftler, und man neigt ohnehin seit einem Jahr dazu, mit den Hunderten und Tausenden von Milliarden Mark nur so um sich zu werfen, weil das Summen sind, die jenseits des Vorstellungsvermögens liegen. Aber es kommt mir ziemlich plausibel vor, wenn die Fachleute von zumindest fünftausend Milliarden Mark für Osteuropa sprechen. Und dann wäre die Welt zwischen Sofia, Bukarest und Belgrad bestenfalls erst wieder auf dem Stand der Zeit vor dem Sozialismus.

Bis diese Länder wirklich vergleichbar mit Holland oder Belgien sind, werden ganz andere Geldmittel und Zeiträume erforderlich sein. Und dann erst käme die eigentliche Aufgabe – die Sanierung der Ukraine, Weißrußlands und Großrußlands, von den Kaukasus-Republiken und den baltischen Staaten nicht zu reden. Wie die Dinge jenseits des Ural liegen, wage ich mir gar nicht vorzustellen, wenn ich die Berichte aus dem wirklichen Osten, den Regionen der asiatischen Republiken der Sowjetunion höre.

Sie haben natürlich völlig recht, Herr Baring, daß der Osten voller Hoffnungen und Erwartungen auf jenes märchenhafte Deutschland schaut, das es geschafft hat, innerhalb weniger Jahrzehnte aus einem vom Kriege verwüsteten Land zum Wirtschaftsmotor Europas aufzusteigen. Aber es ist eine absurde Vorstellung, dieses winzige Land in der Mitte Europas könne das jetzt auch für den Rest der Welt leisten. Wir werden genug zu tun haben und fast überfordert werden, unser eigenes Land – nicht in drei und fünf Jahren, wie das Bonn vermutete, sondern in zehn oder zwanzig Jahren – auf die Beine zu bringen.

Das sollten wir möglichst deutlich, so unüberhörbar es nur geht, uns selbst und aller Welt sagen, damit nach dem ökonomischen Debakel in Ostdeutschland nicht ein politisches Desaster für ganz Deutschland kommt. Schon jetzt zeichnet sich ab, daß

übertriebene Zuversicht des Auslands in die deutsche Wunder-
kraft zum Gegenteil dessen geführt hat, was alle Welt von uns
erwartet hat. Man hat uns selten so wenig ernst genommen wie
während des Golfkrieges, wir sind das Gespött der englischen
und französischen Zeitungen gewesen. Englische Wirtschafts-
fachblätter sagen, daß man die Deutschen für zumindest zehn
Jahre erst einmal vergessen könne. Die Deutschen hätten genug
mit sich selber zu tun, und Kohls Traum, nach der deutschen
Wiedervereinigung jetzt auch die gesamteuropäische Einigung
zu leisten, sei – freundlich gesprochen – nichts als eine Illusion.

BARING Ich glaube, daß dieses Dilemma unsere eigene Existenz in der Tiefe berührt. Denn wenn uns weder die westeuropäische Einigung noch ein neuer deutscher Nationalstaat glückt,
erhebt sich die Frage: was wird dann aus unserem Land? Europa,
Westeuropa, war für uns immer ein Versuch, mit der Zerstörung
unseres Nationalstaates fertigzuwerden. Hermann Ehlers hat
Anfang der fünfziger Jahre gesagt, der Europa-Gedanke sei die
zeitgemäße Form des Reichsgedankens. Er wollte dem völligen
Debakel des Großdeutschen Reiches etwas Sinn dadurch abge-
winnen, daß er Elemente unserer Tradition auf den westeuropäischen Zusammenschluß von Schuman, de Gasperi und Adenauer übertrug. Wenn sich beide Vorstellungen – die politische
Union und ein homogener Nationalstaat – als nicht verwirklich-
bar erweisen, wird große Ratlosigkeit bei uns einkehren. Die
Bundesrepublik wird dann möglicherweise ein bloßes Trümmerstück ihrer verschiedenen deutschen Vergangenheiten. Und
das müßte die hochgespannten Hoffnungen, die man im Ausland auf uns setzt, ebenso wie die gewaltig übertriebenen
Befürchtungen der Welt um uns herum illusionär machen. Ich
halte tatsächlich für die wahrscheinlichste Entwicklung, daß
beide Ziele sich als unerreichbar erweisen. Wir werden weder
beherzt, tatkräftig und der Fehler unserer Vergangenheit eingedenk die Wiedererrichtung Deutschlands planen. Noch werden
wir wirklich der Motor der Vereinigung Westeuropas sein. In beiden Richtungen sehe ich eine gewisse, übrigens verständliche
Unentschlossenheit, oder anders gesagt: Ich sehe viel Rhetorik
und wenig Energie.

RUMBERG Stellt sich, nachdem die staatliche Einheit verwirklicht ist, nicht die Frage nach »Deutschlands Rolle in der Welt« ganz neu? Von Osteuropa war schon die Rede, aber auch unsere Rolle in der EG und im militärischen Bündnis werden wir doch wohl neu definieren müssen.

Wir waren gern politische Zwerge – und wollen es auch bleiben

BARING Daran können Sie den Unterschied der beiden Lager sehen, von denen ich eingangs sprach. Alle die Landsleute, die der Meinung sind, es habe sich nichts geändert, meinen, daß sich das nach 1945 im deutschen Westen Geschaffene auf Dauer als die ausschließliche, die grundlegende deutsche Position behaupten wird. Ich hoffe das zwar auch – daß soviel wie möglich von der alten Bundesrepublik erhalten bleibt –, aber ich sehe gleichzeitig: wir werden eben doch mit ganz neuen Problemen konfrontiert, mit neuen Lasten beladen sein.

Das ist natürlich eine Situation, die uns überhaupt kein Vergnügen bereitet. Das Wort von Helmut Schmidt, wir seien wirtschaftliche Riesen – womit er, glaube ich, ziemlich übertrieben hat – und politische Zwerge, war zumindest im zweiten Teil richtig: wir waren gern politische Zwerge und wollen es auch bleiben. Ich glaube allerdings nicht, daß wir uns dieses Versteckspiel auf die Dauer werden leisten können.

Ich fürchte, wir kommen außenpolitisch mehr und mehr wieder in die alten Schwierigkeiten hinein, in die vertrackte Position zwischen allen Stühlen. Das, was wir nach 1945 losgeworden waren, durch die Gunst der Stunde, muß man sagen, ist wieder da. Was hier alle als eine große Katastrophe empfunden haben, die Teilung Europas, die Teilung Deutschlands, also die Gespaltenheit des Landes und als Ergebnis dieser kleine Weststaat, ein Handtuch zwischen Rhein und Weser, war zugleich eben ein ganz großes Glück, weil im internationalen Umfeld plötzlich eine radikale Vereinfachung unserer Situation eingetreten war. Wir hatten nicht mehr zahlreiche, grundverschiedene Nachbarn, wir hatten nur noch mit der einen großen westlichen Familie zu tun, in die wir als etwas beschädigtes neues Mitglied aufgenommen wurden. Das war eine ungeheure psychologische Erleichterung für uns Deutsche.

Psychologie ist überhaupt eine Sache, die in der Politik viel zu wenig bedacht wird. Deshalb haben wir auch vollkommen falsche Einschätzungen der DDR-Bevölkerung, falsche Urteile über viele unserer alliierten Partner-Länder, und deshalb sehen wir auch nicht, daß die wesentliche Leistung der Nachkriegszeit eben nicht auf einer eigenen deutschen Anstrengung beruhte – das Wirtschaftswunder ungeachtet –, sondern eine Folge der Beruhigung unserer Außenfronten war. Es gab nur noch eine gefährliche Grenze, und die schützte die Allianz gemeinsam mit uns: historisch eine ganz ungewohnte Lage. Traditionell leben wir – und das wird sich wieder ergeben, wenn wir nicht aufpassen – in der Mitte, unglücklich, aber nicht zu ändern, weil es uns die Geographie vorgibt. Man hat lange Zeit über diese Dinge nicht reden können, denn Geopolitik galt als nazistisch. In Frankreich sah man das ruhiger. Dort gibt es seit einigen Jahren nicht nur Forschungsinstitutionen und Forscher, sondern auch eigene Zeitschriften, die sich mit Geopolitik beschäftigen.

Jeder nüchterne Blick wird immer stärker zeigen: Natürlich sind die Deutschen in einer anderen Lage, weil sie in der Mitte Europas leben. Sie haben immer mehr Nachbarn, mehr Außenbeziehungen, als sie eigentlich verkraften, sind in mehr Kraftfelder eingebunden, spielen eine größere Rolle in diesen Kraftfeldern, als sie vielleicht mit ihren Köpfen bewältigen können. Deutschland ist ein Motor, der stärker ist als der Verstand seiner Lenker.

RUMBERG   Die Mittellage, auf die Sie immer wieder hinweisen, ist also eine besondere Gefahrenlage. Können Sie noch einmal zusammenfassen, welche Auswirkungen das auf die Politik des Landes hat und wodurch wir uns – auch historisch – von anderen Nationen unterscheiden?

BARING   Unsere Gefährdung kommt von einer allzu komplizierten Situation, in der die Zahl der Probleme größer ist als die deutschen Lösungskapazitäten. Es ist eben leichter, sich in Ruhe zu entwickeln, wenn man, wie die Engländer, auf einer Insel lebt, oder wie die Amerikaner praktisch allein auf einem ganzen Kontinent. Anderthalb Jahrhunderte konnten sie aus der Weltpolitik ausscheiden, um ihr Zion, ihr Jerusalem zu errichten, weit entfernt von den beständigen Konflikten der europäischen Welt, die sie aus der Ferne teilnahmslos betrachteten, allenfalls gewillt, mit Europa Handel zu treiben. George Washington hat in seiner Farewell-Address aus Geographie und Geschichte der USA Schlußfolgerungen gezogen, die zur außenpolitischen Leitlinie wurden, an die sich seine Nachfolger und Landsleute bis zu den Weltkriegen unseres Jahrhunderts gehalten haben. Eine vergleichbare Bedeutung in Frankreich hatte Richelieus Testament, seine Rhein-Politik, eine über Jahrhunderte hinweg maßgebliche Marschroute, die eine stetige außenpolitische Orientierung, einen breiten Konsens im Lande sicherten.

Dergleichen haben wir nie gehabt. Nach 1945 brauchten wir uns nicht tiefgründige Gedanken zu machen, weil wir weitgehend in die westliche Welt eingebettet waren, die für uns mitentschied. Jetzt sitzen wir wieder in den alten mitteleuropäischen Schwierigkeiten, und insofern müssen wir uns heute mit der Lage Deutschlands vor 1945 neu beschäftigen, unsere Lektion neu lernen, um alte Fehler zu vermeiden. Wo gehören wir hin? Was ist eigentlich unsere Rolle? Was ist unsere Aufgabe? Was müssen wir tun, was können wir bleiben lassen? Gibt es für uns eine Rangfolge unserer Interessen, eine Prioritätenliste? Ich bin noch immer negativ beeindruckt von einem Gespräch mit einem führenden CDU-Mann, den ich nach unseren außenpolitischen Prioritäten fragte. Ich wollte wissen: Ist unser Verhältnis zu den USA, zu den Westeuropäern, zu den Osteuropäern und zur Sowjetunion in irgendeiner Interessenhierarchie zu sehen? Welcher Bereich, welche Beziehungen sind die wichtigsten für uns? Was kommt an späterer Stelle?

SIEDLER   Das, was Herr Genscher immer ablehnt.

BARING   Ja, auch mein Christdemokrat hat zu mir gesagt: Prioritäten lehnen wir ab, können wir nicht hinnehmen. Alle Beziehungen sind für uns gleichermaßen wichtig.

Ich glaube, das geht nicht. Das wird sich erst recht zeigen bei den verzweifelten Versuchen Bonns, uns von allen Problemen freizukaufen. Man kann, wenn man keine Reihenfolge der Wichtigkeiten hat, gar nicht wissen, wieviel Geld wohin muß. Unsere Mittel sind aber beschränkt. Wir sind nicht der Atlas der Welt. Wir können nicht die Probleme des ganzen Erdballs lösen. Die Größenordnung und Rangfolge aller unserer Probleme müßte im wesentlichen allen Mitbürgern geläufig sein, damit sie das Wichtige als wichtig, Unwichtiges als solches erkennen und entsprechend beiläufig abhandeln könnten. Statt dessen wiegt unsere Führung das Land weiter in der Illusion, daß alles gleich wichtig, alles mit allem vereinbar sei – also alles im Grunde gleichermaßen für uns irrelevant. Man gibt den Menschen ein Gefühl falscher Sicherheit, sagt ihnen nur, was sie hören wollen; wir leben in einer Stimmungsdemokratie – glaubt am Ende selber, daß wir keine wirklichen Probleme, keine Schicksalsfragen zu lösen hätten. Gesundbeterei allenthalben. Wir haben, anders als in den ersten Nachkriegsjahrzehnten, weniger und weniger eine politische Führungsschicht. Wir sind auf die kompliziertere neue Lage in keiner Weise vorbereitet.

SIEDLER   Natürlich macht das wiedervereinigte Deutschland einen desorientierten Eindruck. Aber war nicht ganz Europa im Augenblick des Zerfalls der alten Fronten kopflos? Und war die Furcht vor Deutschland nicht recht plausibel? England hat das von vornherein ziemlich offen gesagt, und auch nicht wenige italienische Politiker haben zu erkennen gegeben, daß ihnen die Vorstellung eines übermächtigen Deutschland nicht besonders angenehm sei. Mitterrand konnte so tun, als habe er Bonn nur übelgenommen, nicht rechtzeitig und vor allem nicht ausreichend informiert worden zu sein, aber im Grunde hat sich niemand in Bonn einer Illusion darüber hingegeben, daß man jenseits des Rheins von der Aussicht schockiert war, ein einiges, übermächtiges Deutschland entstehen zu sehen.

Man braucht gar nicht darum herum zu reden: Ganz Europa war nicht gerade begeistert, weder Italien noch die Benelux-Länder. Als der unumkehrbare Prozeß des Zerfalls der alten Machtblöcke begann, war auch für den Osten nicht absehbar, worauf das hinauslaufen würde. Man vergißt allmählich – und will es vergessen machen –, daß Gorbatschow nicht nur im Herbst 1989, sondern auch noch zu Beginn des Jahres 1990 immer wieder beteuerte, eine Vereinigung der beiden Deutschlands stehe gar nicht auf der Tagesordnung Europas.

In Bonn hat man das nicht viel anders gesehen, übrigens bei allen drei großen Parteien. Kohl und Brandt waren vermutlich die einzigen, die frühzeitig die Chance begriffen, die sich Deutschland bot. Aber auch Kohl schien eine Weile zu glauben, daß man vorsichtig nach einem Zehn-Punkte-Programm vorgehen solle, damit vielleicht am Ende des Jahrhunderts die Wiedervereinigung komme. Was dann innerhalb weniger Monate geschah, ist geradezu ein Lehrstück für Bismarcks Satz: »Die Weltgeschichte mit ihren großen Ereignissen kommt nicht dahergefahren wie ein Eisenbahnzug in gleichmäßiger Geschwindigkeit. Nein, es geht ruckweis vorwärts, aber dann mit unwiderstehlicher Gewalt. Man soll nur immer darauf achten, ob man den Herrgott durch die Weltgeschichte schreiten sieht, dann zuspringen und sich an seines Mantels Zipfel klammern, daß man mit fortgerissen wird, so weit es gehen soll.« Unsere Politiker haben sich fast mitschleifen lassen.

Von der Machtbesessenheit zur Machtvergessenheit

BARING   Sicherlich mußten sich auch die anderen Mächte auf die neue Lage einstellen. Aber nur die Position unseres Landes hat sich durch die Einheit im Innern wie nach außen fundamental verändert, was bei uns noch immer nicht mit hinreichender Klarheit gesehen wird. Zumindest werden die neuen Herausforderungen nicht scharf genug formuliert. Die politische Klasse als solche, die wir nicht haben, die Spitzen der Parteien, der Medien, der Intellektuellen aller Sorten haben eine gravitätische, hochtrabende Art und Weise, über die Probleme hinwegzureden. Unser politisches Vokabular ist heute von erlesener Vornehmheit, einer weltweit menschenfreundlichen, geradezu besessenen Aufklärungsbereitschaft gekennzeichnet, die fast jeden Deutschen bewegt. Wir haben es uns in den letzten Jahrzehnten zunehmend angewöhnt, moralisch so eindrucksvolle Erklärungen abzugeben, daß wir selbst ganz erschüttert sind von all dem, was wir aus dem Dritten Reich angeblich gelernt haben. In Wahrheit müssen wir anderen Völkern als Heuchler erscheinen. Sprechen wir es aus: Der Golfkrieg war eine Stunde der Wahrheit: Viele Deutsche sind verwöhnt, sind denkfaul, sind feige geworden. Bei uns wird weithin rechts gelebt und links geredet. »Betroffenheit« ist daher bei uns in Deutschland inzwischen eine Vokabel, die ich mit einer gewissen Verachtung höre; sie geht so leicht und völlig folgenlos über die Lippen. Ich finde es unglaublich, wie leichtfertig Menschen, die im Wohlstand leben und keinerlei persönliches Risiko eingehen, über alles und jedes ein moralisches Urteil haben; sie wissen genau, was *andere* zu tun hätten. Für alle Fehlentwicklungen gibt es Schuldige – die anderswo zu finden sind.

RUMBERG   Ist das die neue deutsche Überheblichkeit?

BARING   Mehr als das, es deutet sich ein neuer deutscher Größenwahn an – der moralische Größenwahn. Wir glauben, weil wir die Erfahrung des Nationalsozialismus hinter uns haben, seien wir sensibler, aufgeklärter, uns über verantwortungsvolles Verhalten deutlicher im klaren als andere Völker. Ich halte das für ziemlich eingebildet. Es zeigt sich eine neuartige Form des deutschen Wesens, an dem die Welt genesen soll.

Selbst in der hartnäckigen Betonung unserer geschichtlichen Schuld ist nämlich ein Stück Überheblichkeit verborgen: Wir legen Wert darauf, auch bei den Verbrechen einzigartig gewesen zu sein – die größten Verbrecher überhaupt – und leiten aus der angeblichen Verarbeitung dieser tristen Vergangenheit einen moralischen Führungsanspruch ab: Wir hätten ein feineres moralisches Empfinden als andere Völker. Für diese Exzentrik haben diese anderen, fürchte ich, kein Verständnis.

Die seltsam abgehobene, realitätsferne Stimmung in unserem Land fällt vielen Ausländern auf. Nach 1945 haben die Deutschen tatsächlich einen tiefen Wandel durchgemacht. Die brachiale deutsche Machtpolitik mit dem Ziel einer Beherrschung Europas, wenn nicht der Welt, war gescheitert. Die Deutschen waren obendrein durch die Verbrechen diskreditiert, die Hinterlassenschaft der NS-Zeit verheerend. Von daher war offenkundig, daß nur noch moralisch einwandfreie, friedliche, demokratische, versöhnungsbereite Politik für Deutschland in Frage kam.

Aber wir sind von einem Extrem ins andere gefallen, von der »Machtbesessenheit« in die »Machtvergessenheit«, wie Hans-Peter Schwarz es formuliert hat. Deshalb versteht die jüngere Generation heute nicht mehr, daß Macht auch ein Element demokratischer Staaten sein muß. Und zwar immer dann, wenn man in der internationalen Politik auf jemanden stößt, mit dem ein demokratischer Dialog, mit dem Kompromisse nicht möglich sind. Das war bei Adolf Hitler, jetzt bei Saddam Hussein der Fall.

Andere Völker sehen unsere moralische Exaltiertheit bei gleichzeitiger Tatenarmut, wie gesagt, nüchtern; sie wundern sich, was mit uns passiert ist. Früher wollten wir Europa unterjochen, ein Großgermanisches Rasse-Reich errichten, haben viele Millionen kaltblütig massakriert. Heute, fünfzig Jahre später, erklären wir ungefragt aller Welt, wie sie allenthalben moralisch auszusehen hätte. »Nur scheinbar bescheiden präsentiert sich das neue Deutschland«, hat der deutsch-jüdische Politikwissenschaftler Michael Wolffsohn kürzlich geschrieben. Vor allem wollten, sagt Wolffsohn, die neuen Deutschen gute Deutsche werden: moralische Weltmeister. Eine solche Haltung wird unsere Position auf dieser Erde nicht erleichtern.

RUMBERG   Läßt sie sich auf Dauer überhaupt durchhalten?

BARING   Wir konnten uns auf edelmütige Reden beschränken, solange eine mitentscheidende Rolle uns nicht aufgenötigt wurde. Die beiden Supermächte steckten den Handlungsrahmen ab; unser eigener Spielraum war klein. Da wir in die Bündnisse eingebunden waren, wie wir immer etwas verlegen, auch mißvergnügt sagten, stellte sich die Frage nach unseren eigenen Konzepten, nach einem selbständigen deutschen Beitrag nicht. Ich glaube, daß die lange Entmündigung, gegen die wir ja nicht rebellierten, sondern die wir im Gegenteil weithin mit Erleichterung hingenommen haben, eine der Erklärungen dafür ist, warum alle politischen Lager bei uns im Augenblick mit der neuen Situation nicht umzugehen wissen.

RUMBERG Welche Gründe gibt es noch für die Hilflosigkeit unserer Politiker?

BARING Die Rat- und Sprachlosigkeit hängt natürlich auch damit zusammen, daß unsere Politiker sich in den letzten Jahrzehnten immer stärker zu reinen Politik-Managern einer Wohlstandsgesellschaft entwickelt haben, deren Aufgabe es war, die Wirtschaft in Gang zu halten und zu fördern, um anschließend mit Hilfe des sozialen Verteilungsapparats, der ja bei uns wirklich bewundernswert ausgestaltet ist, die entsprechenden Umverteilungen vorzunehmen. Unsere Politiker haben im Grunde während der vergangenen vierzig Jahre nichts anderes gelernt, als Chancen zu verteilen.

Jetzt aber geht es darum, Zumutungen plausibel zu machen. Wir brauchen künftig mehr Nüchternheit, mehr Mut zu unbequemen Einsichten, mehr Realismus, auch mehr Tapferkeit – weniger zweifelhafte moralische Urteile. Und wir brauchen eine politische Führung, die unserem Lande die Wahrheit sagt und den Weg in die Zukunft weist. Wir brauchen jetzt einen Kanzler vom Format Winston Churchills. Ob Helmut Kohl das schafft? Ich hoffe es, von Herzen. Denn wer denn sonst? Etwa der nette, jungenhafte Pfeifenraucher?

Und das aus außen- wie aus innenpolitischen Gründen. So wie es heute aussieht, prophezeie ich, daß trotz aller Anstrengungen der Übergang der alten DDR in Lebensverhältnisse, die den westdeutschen vergleichbar sind, eine Sache von vielen, vielen Jahren, von Jahrzehnten, sein wird. Das sollte man auch offen sagen, immer wieder.

Wir müssen uns an den Gedanken gewöhnen, daß die Probleme der DDR, jedenfalls von uns, zumindest bei den bisherigen beiderseitigen Gegebenheiten, in absehbarer Zeit überhaupt nicht lösbar sind. Wir müssen mit unlösbaren Problemen leben lernen, nicht nur in der früheren DDR. Mir gefällt Oskar Lafontaines Warnung vor dem »Verantwortungsimperialismus«, also vor dem großmäuligen Versprechen – so deute ich das Wort –, man könne, man werde alles drüben bald in den Griff bekommen.

SIEDLER   Noch einmal, Herr Baring, das Wort von dem kopflosen Deutschland, das nach seiner Wiedervereinigung einen hilflosen Eindruck mache. Natürlich stimmt das in gewissem Sinne, und wenn Kohl seinen geschichtlichen Moment hatte, so hat ihn die Wirklichkeit inzwischen eingeholt. Vielleicht genügt es historisch, daß er in einem entscheidenden Augenblick auf der Höhe der Zeit war: Nun kann er wieder in die Normalität, um nicht zu sagen die Banalität, zurückfallen.

Grabbes *Hannibal* schließt so: Der punische Feldherr, nach der endgültigen Niederlage im jahrzehntelangen Krieg gegen Rom von einem Asyl zum anderen getrieben, beschließt, Gift zu nehmen, um der Auslieferungsforderung Roms ein für allemal zu entgehen. Sein Negersklave Turnu fragt, während sie schon den Becher mit dem Gifttrank in der Hand halten, was wohl sein wird, wenn sie ihn ausgetrunken haben. Hannibal, den Becher am Mund, beruhigt ihn: »Aus der Welt werden wir nicht fallen. Wir sind einmal darin.«

Kohl ist mit der Wiedervereinigung endgültig in der Geschichte, nun kann er Wahl nach Wahl verlieren und glanzlos abtreten. Es macht nichts, wird seinen historischen Stellenwert nicht mehr verändern. Die Opposition, selber völlig hilflos, hat ihm damals ständig vorgeworfen, er behandele die deutsche Wiedervereinigung als seine Privatangelegenheit. Das konnte er tun, mußte er tun, weil niemand anders in solcher Klarheit begriff, daß dies ein vielleicht vorübergehender Moment war, in dem sich die Tür der Geschichte einen Spalt breit öffnete.

Aber natürlich bleibt es merkwürdig, wie man sich derart über die Konsquenzen der Einheit täuschen konnte und ganz offensichtlich allen Ernstes glaubte, nach zwei oder spätestens drei Jahren werde der Angleichungsprozeß vollzogen sein und man zur Tagesordnung übergehen können. Aller Voraussicht nach wird das, was in jenen sechs Monaten vollzogen wurde, uns noch Jahrzehnte beschäftigen.

Am Ende wird jedoch ganz ohne Zweifel die innere Wiedervereinigung gelingen. Der deutsch-amerikanische Historiker

Fritz Stern hatte schon recht, als er sagte, daß dies Deutschlands zweite Chance sei. Das Land verlasse das Jahrhundert so, wie es in das 20. Jahrhundert eingetreten sei: als große, wahrscheinlich dominierende Macht in der Mitte des Kontinents. Es müsse sich nun noch einmal und besser der Rolle gewachsen zeigen, die ihm die Geschichte offensichtlich zugedacht habe. Auch die Restbestände Deutschlands erweisen sich nach zwei verlorenen Weltkriegen als die bestimmende Kraft in der Mitte Europas.

Ich möchte noch weiter gehen und eine gewagte These aufstellen: Die kleine Bundesrepublik hat Chancen, die das gewaltige Kaiserreich, dem halb Polen gehörte, und das machtvolle Dritte Reich, das einige Jahre lang den Kontinent beherrschte, niemals hatten. Die russische Gegenmacht ist gelähmt, hat ihren panslawistischen Kredit in Osteuropa verspielt und sieht sich im eigenen Land von zentrifugalen Kräften bedroht. Das weltumspannende britische Empire existiert nicht mehr, England hat Mühe, als Verbündeter Amerikas eine gewisse Sonderrolle zu behaupten, nachdem es mit der wirtschaftlichen auch die militärische und schließlich selbst die politische Macht verloren hat. Wird London wenigstens der erste Finanzplatz Europas bleiben, oder wird auch da die *City* das Feld räumen müssen und eine andere kontinentale Stadt, wahrscheinlich Paris oder Frankfurt, an seine Stelle treten?

Vor diesem Hintergrund der relativen Schwäche der anderen europäischen Mächte waren die Vorbehalte unserer Nachbarn gegen die deutsche Einheit schon verständlich. Dieser wiedererstandene Koloß in der Mitte hat die Kraft, Europa wirtschaftlich zu dominieren. Es irritiert die anderen Mächte nun, daß dieses Land es sich versagt, die politischen Konsequenzen seiner neuen Größe zu ziehen, sich jeder Versuchung enthält, die aus seiner Macht kommen könnte. Sie haben, Herr Baring, gesagt, daß Deutschland gern ein Zwerg gewesen sei und eigentlich immer ein Zwerg bleiben möchte, aber seine Lage werde ihm das nicht erlauben. Deutschland hält sich in der Tat die Augen zu und hofft, daß niemand es sieht.

Aber das ist für seine Nachbarn möglicherweise viel gefährlicher, als wenn es nun auftrumpfte und aus seiner wirtschaftlichen Stärke und aus seiner Stellung in der Mitte des Kontinents politische Konsequenzen zu ziehen suchte. Die überläßt Deutschland offensichtlich gern Amerika, und es geht statt dessen ganz still seinen Geschäften nach.

Japan war ein Jahrzehnt lang die Großmacht des fernen Ostens, es hatte die stärkste Armee, die größte Luftwaffe und eine furchteinflößende Flotte. Aber für Ostasien wirklich gefährlich wurde Japan erst, als es aller militärischen und politischen Macht abschwor und nicht mehr mit Schlachtkreuzern operierte, sondern Autos, Computer und Hifi-Geräte exportierte.

Wenn die Schwierigkeiten der Vereinigung überwunden sein werden – in fünf, zehn oder fünfundzwanzig Jahren –, wird Deutschland gar nicht darum herum kommen, Osteuropa ökonomisch zu durchdringen, und wahrscheinlich wird ihm auf diesem Wege zufallen, was das Dritte Reich mit ein paar hundert Divisionen nicht erreichte – die Vorherrschaft in jenen unabsehbaren Räumen zwischen Weichsel, Bug, Dnjepr und Don. Es könnte sein, daß mit dem Untergang der alten deutschen Provinzen und dem Verschwinden des deutschen kulturellen Elements in Osteuropa der Einfluß Deutschlands im Osten erst eigentlich beginnt. Nicht nur die Bürgermeister von Leningrad und Moskau haben in dieser Hinsicht erstaunliche Bemerkungen gemacht. Selbst von der südlichen Wolga sind Töne zu hören, die zwei Generationen nach Stalingrad merkwürdig anmuten. Insofern sind wir vielleicht wirklich jener »ängstliche Riese«, von dem Sie in Ihrem Buch von 1977 gesprochen haben. Wir sind ein Riese, und Exporte sind wahrscheinlich eine wirkungsvollere Waffe als Kanonen.

BARING Ich bewundere Ihren Optimismus. Auf Osteuropa sollten wir später zurückkommen, auch wenn es mich reizt, Ihnen sofort zu widersprechen. Aber lassen Sie uns für einen Augenblick noch bei den deutschen Kalamitäten bleiben. Es ist mir rätselhaft, weshalb so viele Politiker, auch der gegenwärtige Kanzler, sich immer wieder dazu hinreißen lassen, feste Jahreszahlen zu nennen: dann und dann werde es in den neuen Bundesländern bestimmt aufwärts gehen, besser werden, großartig sein. Er weiß so wenig wie wir alle, wie lange die Übergangsphase dauern wird. Nur eines ist ziemlich sicher: es wird alles sehr viel länger brauchen. Dann haben wir aber eben auch anhaltende Krisen – im ganzen Lande, nicht nur in der ehemaligen DDR.

Wir haben auf viele Jahre hinaus in Deutschland und erst recht außerhalb Deutschlands, zumal östlich von uns, sehr viel mehr Probleme, als wir im Augenblick sehen und als wir eigentlich auch hinzunehmen, anzunehmen bereit sind. Unser Problemhaushalt, falls das Wort paßt, ist plötzlich ein ganz anderer, ein viel größerer als noch vor kurzem.

Und daraus ergibt sich: das politische Personal der Republik, trainiert nach den Regeln der letzten vierzig Jahre, wird für die nächste Phase nicht ausreichen.

Ich will keine Untergangsszenarien entwickeln. Aber ich will doch sagen: es kommt für uns alle darauf an, daß das Land ein anderes Bewußtsein bekommt – ernsthafter, wacher, tapferer, auch opferbereiter wird. Geschieht das nicht, werden wir den Rahmen des Wohlstands und der Sicherheit, den wir gewohnt sind, nicht halten können.

Nur ein Teil der Katastrophen, die Kenner für Osteuropa voraussagen, muß eintreten, um uns von Grund auf zu erschüttern. Wir alle, nicht nur die Politiker, sind auf diese Herausforderungen nicht vorbereitet. Von daher rührt die Schwierigkeit und gleichzeitig die Notwendigkeit, endlich eine Diskussion unter uns Deutschen in Gang zu setzen.

Es wird hoffentlich eine große Debatte werden. Wir müssen bei ihr über Deutschland hinaus immer auch die Polen, die Tschechen, die Ungarn, natürlich die Russen und Amerikaner, die Engländer, Franzosen, Italiener und Spanier und wen immer im Auge behalten, müssen aufpassen, daß die Debatte sich nicht ausschließlich auf Deutschland, auf unsere Lage und Interessen beschränkt. Denn täte sie das, würde sie jene Isolierung bewirken, die meines Erachtens die größte Gefahr für unser Land ist und bleiben wird.

Nichts wäre schlimmer für uns, als wenn wir über der dringenden Erörterung der neuen Herausforderungen für Deutschland die Außenwelt vergäßen, weil die eigenen Probleme uns plötzlich so faszinierten und irritierten, daß wir nur noch über Deutsches nachdächten.

Der alte Zivilisationsbruch

SIEDLER   Alle Welt geht immer, auch wir tun es in unseren Gesprächen, davon aus, daß die deutsche Öffentlichkeit leidenschaftlich mit der Vereinigung beschäftigt ist. Aber stimmt das denn wirklich? Wenn Sie nicht an die Politik-Macher in den Parlamenten oder Redaktionen denken – ist der Zahnarzt in Dingolfing oder der Anwalt in Rendsburg wirklich so bekümmert über die desolate Lage in Chemnitz oder Halle? Man muß sich hüten, seinen eigenen Emotionen zu erliegen. Es könnte ja sein, daß das Leben in der Eifel oder im Bayerischen Wald ganz unbeschwert von dem weitergeht, was sich da hinten irgendwo im Osten Deutschlands tut.

Ich habe immer meine Zweifel gehabt, ob man sich in der Bundesrepublik, abgesehen von der Rhetorik der Parteien, viele Sorgen um die Deutschen im Herrschaftsbereich Ulbrichts oder Honeckers machte. Der 17. Juni war jahrzehnte lang ein höchst zweifelhafter Feiertag...

BARING   Wieso denn? Er wäre jetzt angebrachter, gerechtfertigter denn je, ungleich symbolhafter als der papierene 3. Oktober, mit dem sich nichts verbindet, was die kollektive Erinnerung prägen könnte!

SIEDLER   Aber er wurde früher nur als zusätzlicher Urlaubstag genommen. Hat denn jemand ernsthaft an die sechzehn Millionen gedacht, die in jeder Hinsicht, nicht nur was den Lebensstandard anlangte, das schlechtere Los gezogen hatten?

Das war vielleicht die eigentliche Aufgabe Berlins, über die Jahrzehnte hinweg in Erinnerung zu halten, daß es ein zweites Deutschland gab. Man hat zuviel hergemacht von seiner Aufgabe als Insel im Roten Meer, als Vorposten der Freien Welt, als Schaufenster des Westens. Vielleicht war es ganz einfach der Pfahl im Fleische beider Teilländer.

Hätte es das doppelte Berlin nicht gegeben, wäre der Osten vielleicht wirklich der Osten geworden und der Westen rein der Westen. Die Stadt bewahrte ganz gegen den eigenen Willen, denn nur allzu oft hätte sie sich gern über Nacht in die Lüneburger Heide wiedergefunden, das Gefühl deutscher Gemeinsamkeit.

Aber man darf das auch nicht übertreiben. Die politische Trennungslinie der beiden Machtblöcke war ja identisch mit jener inneren Grenze, die schon immer durch Deutschland und Europa ging, und insofern kann man sagen, daß Stalins zufällige Grenzziehung einer historischen Zweiteilung Europas entsprach oder ihr doch sehr nahe kam. Man soll den Vorwurf an die Bewohner von Oldenburg oder Speyer nicht zu weit treiben, sie kümmerten sich nicht um das, was in Stralsund oder in Görlitz vorgehe. Wer hat sich denn früher darum gekümmert? Hatte denn der Bewohner Emdens oder Triers Verwandte oder Bekannte in Rostock oder Neuruppin, von Trakehnen oder Eydtkuhnen ganz zu schweigen?

Nehmen wir doch nur Berlin. Ich wüßte gern, wie viele Berliner Verwandte am Rhein, am Main oder an der Isar hatten. Sieht man auf die eigene Familie, so hat man wohl einen Großvater in Danzig, einen Vetter in Breslau und einen ganzen Zweig der Familie in Königsberg. Vor den Rheinländern stand aber schon die Barriere der Konfession, denn das alte und auch das jetzige Ostdeutschland war eben wesentlich eine protestantische Welt, und die trennte viel von den Regionen, aus denen Adenauer kam. Das hat sich ein wenig am Ende des 19. und zu Beginn des 20. Jahrhunderts geändert, als die großen Einwanderungswellen aus Posen oder Lemberg kamen, die dann zum Teil nach Berlin, zu einem größeren Teil gleich weiter ins Ruhrgebiet zogen, wie man noch heute an den Telefonbüchern aller großen Industriestandorte ablesen kann.

Das Desinteresse am Osten, das man heute oft beklagt, war immer da, und ihm entsprach ein Gefühl der Fremdheit, das man im Osten auch umgekehrt gegenüber dem Westen empfand. Ich habe meine Bedenken, ob es wirklich nur oder hauptsächlich die vierzigjährige Trennung ist, die jetzt überwunden werden muß. Man könnte auch sagen, daß alte Scheidungen wieder aufbrechen und es gar nicht so verwunderlich ist, wenn man am Niederrhein oder an der Mosel den Verhältnissen in der Lausitz oder im Barnim ziemlich fremd, um nicht zu sagen gleichgültig, gegenübersteht. Ich will damit sagen, daß Deutschland in anderem Maße als andere europäische Länder zwei verschiedenen seelischen Landschaften angehört. Auch das meinte das Wort »Ostelbien«.

BARING   Aktuell kommt hier sicherlich hinzu, daß die West- wie die Ostdeutschen durch die Entwicklung der letzten beiden Jahre völlig verblüfft und überrollt worden sind. Der Gedanke, daß unverhofft zwischen ihnen und Moskau sich lauter freie, befreite Räume finden, bewohnt von glücklichen, westlich gesinnten Menschen, hat sie einen Augenblick lang mit Euphorie erfüllt.

Der Kalte Krieg war zu Ende; Europa schien endlich wieder zu sich selbst zu kommen und damit der Vision eine Chance zu eröffnen, sich in einen Kontinent der Demokratie, des Wohlstands, der sozialen Gerechtigkeit zu verwandeln – wenn nicht sofort, so doch in relativ kurzer Zeit. Nun erweist sich, daß das überhaupt nicht der Fall ist.

Trotz aller aufgewandten Finanzmittel, trotz der in die frühere DDR zu Zehntausenden entsandten Westdeutschen, trotz aller Bonner konzeptionellen Anstrengungen wachsen die Probleme der neuen deutschen Bundesländer von Woche zu Woche. Wie soll es in den befreiten Staaten Ostmitteleuropas, die auf vergleichbare materielle, personelle und planerische Hilfen verzichten müssen, besser gehen?

Natürlich läuft es nicht besser; leider läuft nirgendwo genug. Wir haben ein riesiges Problemfeld vor uns, und da fällt der Bundesrepublik eigentlich nur ein: »Das muß die EG lösen!« Sie wird es aber nicht tun. Denn der Aufwand, der da notwendig wäre, wird leider von den Westeuropäern als unerträgliche Zumutung empfunden.

Verbal besteht sicherlich unter den westlichen Regierungen und in den westlichen politischen Eliten Übereinstimmung darüber, daß wir gemeinsam beim Übergang zur Demokratie in Ostmitteleuropa großzügig helfen sollten. Aber wie viele Politiker sind bereit, mehr als Lippenbekenntnisse abzulegen? Wer zieht Maßnahmen in einer Größenordnung in Erwägung, wie sie die westdeutsche Regierung in der ehemaligen DDR für notwendig hält? Und vor allem: wie viele westeuropäische

Politiker sind ernsthaft willens, bei ihren Wählern eine mehr als atmosphärisch wirksame Hilfsaktion durchzusetzen? Wo bleibt der oft angemahnte »Marshallplan für Osteuropa«? Wenn man ihnen eine derartige Rechnung präsentiere – schrieb Timothy Garton Ash Anfang diesen Jahres –, würden die meisten westeuropäischen Wähler, fürchte er, wohl bedauernd abwinken. Ironischerweise bringe gerade der Typus der westlichen Konsumdemokratie, den die ostmitteleuropäischen Völker so heiß ersehnten, am wenigsten Hilfsbereitschaft ihnen gegenüber auf.

SIEDLER   Ich bin unsicher, Herr Baring, ob man so generell die Ostdeutschen und die Osteuropäer in einem Atemzug nennen darf, als ob es sich um ein und dasselbe Problem handele, das nur verschieden scharf ausgeprägt sei. Das hört sich sehr gut an und hat einen moralischen Akzent: Deutschland müsse für die Wiedervereinigung Europas sorgen, nachdem ihm die eigene gelungen sei.

Gab es aber denn jemals ein einiges Europa, vor den beiden Katastrophen von 1939 und 1914? Schon innerhalb des Deutschen Reiches war ja das alte Ostelbien etwas anderes als das Rheinland, und man sprach ironisch nicht zu Unrecht von den drei deutschen Zonen, dem Weinland im Westen, dem Bierland in der Mitte und dem Schnapsland im Osten. Und östlich davon ging es, simplifizierend gesprochen, in die russisch-polnische Wodkawelt über.

Natürlich gehörten Warschau, Prag und in gewissem Sinne auch Budapest zu den Herzländern des alten Europa, aber doch nur in religiöser und kultureller Hinsicht. Der Lebenszuschnitt, auch der Lebensstandard, war eben im Posenschen und im Slowakischen, von der ungarischen Tiefebene ganz zu schweigen, ein ganz anderer als im Westen Europas.

Man betrügt sich und andere, wenn man jetzt immer davon redet, daß man nur die Erbschaft des Kommunismus abschütteln müsse, um die osteuropäischen Länder für die westliche Zivilisation wiederzugewinnen. Der gehörten sie um 1730 wie um 1830 und um 1930 niemals an. Die Walachei ist eben etwas anderes als die Toskana.

Lauter neue Pflichten

BARING   Sicher, nur was geschieht, wenn nichts geschieht –
nichts Durchgreifendes für Osteuropa? Da wir Deutschen die
geographisch nächsten sind, auch als besonders tüchtig gelten,
richten sich die Erwartungen in erster Linie auf uns. Wenn diese
hochgespannten Hoffnungen nachhaltig enttäuscht werden,
Osteuropa im Chaos versinkt, werden unkalkulierbare Massen
von Menschen zeitweilig oder auf Dauer im Westen Zuflucht
suchen – das heißt in erster Linie bei uns. Wir leben ja im Jahrhundert allgemeiner Beweglichkeit, zumal des Autos. In Europa
wird heute nirgendwo mehr, wie in früheren Zeiten, Elend vor
Ort lethargisch ertragen, notfalls der Hungertod ganzer Gruppen still erlitten werden. Und selbst die Sowjetunion hat sich
mittlerweile von unseren langjährigen Forderungen erweichen
lassen und ihren Bürgern, ab 1993, die Reise- und Ausreisefrei-
heit zugestanden.

Wenn wir in einer Krisensituation unsere westlichen Nachbarn um Mithilfe bei der Bewältigung großer Migrations- und
Emigrationsnotstände bitten, werden wir vermutlich eine unan-
genehme Überraschung erleben. Kalt lächelnd werden uns etwa
Holländer und Belgier die Nachteile unserer geographischen
Position verdeutlichen. Franzosen, Spanier und Italiener werden
zudem betonen, sie seien mit der Zuwanderung aus Nordafrika
möglicherweise noch stärker belastet als wir. Die Deutschen
werden unvermeidlich die Schutzzone, die Barriere der EG
gegenüber den östlichen Völkern. Und auf eine solche Rolle sind
wir natürlich überhaupt nicht vorbereitet.

Nochmals: Die Bonner Szenerie hat zunehmend politische
Figuren hervorgebracht, die sich für diesen wirtschaftlich leistungsfähigen, sozial orientierten Verteilungsstaat eignen, die
also Politik im Kern als Ermöglichung und Umverteilung von
Sozialchancen begreifen. Mit solchen Vorstellungen allein wird
aber nichts Rechtes anzufangen sein in einer Zeit, in der die
Masse deutscher, osteuropäischer Armer plötzlich schwindeler-
regend ansteigt, die Not überhandnimmt. Dann dürfen nicht
Vorteile versprochen, sondern müssen Pflichten auferlegt werden. Das setzt einen anderen Typ des Politikers voraus, als wir

ihn bisher hatten, und vor allem auch ein ganz anderes Wahlvolk, eine andere Grundeinstellung der Bürger, denen die Politiker nun mit Forderungen statt mit Vergünstigungen kommen werden.

RUMBERG   Sie fordern also außer einem neuen Politikertyp auch ein neues Pflichtbewußtsein. Ist das zeitgemäß? Mindestens seit 1968 gilt doch als ausgemacht, daß dies eine eher verachtenswerte Charaktereigenschaft sei, Widerstand gegen die Zumutungen des Staates dagegen vornehme Bürgerpflicht.

BARING   Es ist oft gesagt worden, es sei ein Mangel unserer Verfassung, daß anders als in der Weimarer, die Grundrechte und Grundpflichten enthielt, im Grundgesetz nur von Rechten die Rede sei. Das lag natürlich am Mißbrauch, den das Dritte Reich mit dem Gedanken, daß jeder Bürger auch Pflichten habe, getrieben hatte.

Jetzt aber kommen lauter Pflichten auf uns zu. Im Maß des uns Möglichen müssen wir uns mit Ernst und Einfühlung der Probleme der Bewohner der ehemaligen DDR annehmen und, nach meiner Einschätzung, zumindest auch der östlich an uns angrenzenden Gebiete, vor allem also Polens, mit dem wir ja vielfältig historisch verflochten sind, nicht zuletzt durch die, wenn man so will, gemeinsamen Territorien.

RUMBERG   Gemeinsame Territorien? Was meinen Sie denn damit?

BARING   Die neuen Siedlungsgebiete unserer polnischen Nachbarn sind uns Deutschen natürlich besonders nahe oder sollten es doch sein. Mir sind sie wichtig, obwohl niemand aus meiner Familie dorther stammt. Aber wer je die herrlichen, hohen Lindenalleen durchfahren hat, die sich um Varzin zwischen Wäldern und Feldern kilometerlang still über die sanften, menschenleeren Hügel ziehen, wird besser verstehen, weshalb Bismarck als Reichskanzler oft monatelang aus dem lauten Berlin dorthin flüchtete. Und welche Verbundenheit symbolisieren alle gotischen, backsteinernen Marienkirchen, die östlich von

Lübeck die ganze Ostsee säumen! Mit Rührung sieht man in Breslau Scharen lebhafter, fröhlicher Studenten die alten Klöster und Stifte am südlichen Oderufer bevölkern; ehrfürchtig betritt man die Leopoldina, die Universitäts-Aula im früheren Jesuitenkolleg, in der noch immer, neben anderen Herrschern, das Porträt Friedrich des Großen hängt, inmitten antiker Philosophen und der Propheten des Alten Testaments.

Diese Landschaften, Städte und Stätten bleiben uns verwandt und hoffentlich bekannt. Weder Deutsche noch Polen können und sollen vergessen, in welchem Maße diese Räume deutsch geprägt sind. Das verpflichtet uns wie die Polen. Wir müssen künftig gemeinsam mit ihnen für die Erhaltung unserer kulturellen Hinterlassenschaft dort sorgen.

»Was zur Kultur einer Nation gehört, bleibt für immer ihre Errungenschaft und ihr Ruhm.« Diese Worte stammen nicht von einem Deutschen, schon gar nicht von Sprechern der Vertriebenen, denen man sie übel nehmen würde, sondern von dem polnischen Publizisten und Senator Jan Josef Lipski. Im vergangenen Jahr erinnerte er mit einem vielbeachteten Text seine Landsleute an die Pflichten, die sie als Treuhänder der von Deutschen übernommenen Kulturdenkmäler zu erfüllen hätten. In erster Linie dürfe man sie nicht zerstören oder verfallen lassen. Es stelle dem polnischen Patriotismus kein gutes Zeugnis aus, wenn man die Zeugnisse der deutschen Kultur vernachlässige, weil sie, wie er schrieb, »nicht unsere sind«. Ihre deutsche Herkunft solle im Gegenteil völlig respektiert werden.

Damit ist indessen noch nicht viel getan, wie auch Lipski weiß. Man muß die Bauwerke unterhalten, was Geld kostet. Polen aber ist arm. Daher machte Lipski einen kühnen, hoffentlich erfolgreichen Vorschlag: Wenn Polen heute außerstande sei, sich um die deutschen Rathäuser und Bürgerbauten, Burgen und Schlösser angemessen zu kümmern, auch um manche Kirchen, dann solle man die Deutschen ansprechen, die an diesem Erbe besonders interessiert und unvergleichlich wohlhabender seien. »Es könnte jemandem mißfallen« – setzte er hinzu –, »daß die Deutschen so in die Gebiete kämen, die vor nicht allzu langer Zeit ihnen gehörten, heute jedoch ein integraler Bestandteil der Republik Polen sind. Aber die Deutschen sind dort bereits anwesend, dank ihrer Kulturdenkmäler. Deren gemeinsame Rettung und ihr Schutz könnte uns einander näher bringen.«

Welch kühne, zukunftsfähige Vision! Laßt uns als einzelne oder auch in Gruppen Gleichgesinnter Patenschaften für schöne alte Bauwerke übernehmen! Die Herausforderung ist weitläufig. Denn Denkmäler deutscher Vergangenheit finden sich nicht nur in Polen, sondern in weiten Teilen Osteuropas. Jedes von ihnen könnte eine Brücke der Verständigung werden, ohne alle Ansprüche oder Forderungen außer denen, die ihre Schönheit an uns stellt!

Wir müssen also aus ganz verschiedenen, aber verwandten Gründen mithelfen, daß unsere östlichen Nachbarn eine glücklichere Zukunft haben, müssen das Unsere zu einer neuen Blüte ihrer Gebiete beitragen. Auch wenn nicht alle Probleme gelöst werden können, muß man doch so viel wie möglich tun, und dies nicht nur aus Menschenfreundlichkeit, sondern durchaus auch in unserem eigenen Interesse. Wenn wir nur unsere eigenen Angelegenheiten regeln, aber die umliegenden Gebiete Notstandsgebiete werden, strahlt das Elend der Nachbarn auf uns aus. Wenn wir auf die Dauer unseren Wohlstand nicht gefährden wollen, müssen wir etwas tun – viel tun.

Das beginnt mit der früheren DDR. In sehr viel höherem Maße als ursprünglich erwartet werden wir Opfer bringen, Einschränkungen in Kauf nehmen müssen, wenn die Einigung Deutschlands und des Kontinents gelingen soll. Es geht bei dieser wirklichen Jahrhundertaufgabe nicht nur ums Geld, wie die deutschen Altbundesbürger anzunehmen geneigt scheinen – sondern es geht um weit mehr als Geld. Es geht um eine neue Grundeinstellung, eine den neuen Herausforderungen angemessene Gesamthaltung unseres Volkes. Der Bundeskanzler ist 1990 ängstlich davon ausgegangen, daß viele Landsleute für die Einigung keine materiellen Einbußen hinzunehmen bereit seien; noch stärker verinnerlichte die SPD den in Westdeutschland angeblich fehlenden Enthusiasmus für die Einheit. Dieser in unserer Führung verbreitete Kleinmut, diese Kurzsichtigkeit war ein elementarer Fehler, den Johannes Gross in seinem *Notizbuch* unter dem 1. März 1991 folgendermaßen beschrieb:

»Es ist früh bemerkt worden, daß die Ankündigung von Kanzler und Koalition, es bedürfe keiner Steuererhöhung der deutschen Einheit wegen, falsch war – aber gedacht wurde dabei immer an die Finanzbedürfnisse der neuen Länder und den Haushalt der Republik. Doch falsch war die Ankündigung in einem fundamentalen Sinne. Das Beharren darauf, daß die deutsche Einheit die Deutschen nichts koste, hat sie in den Seelen der Deutschen entwertet und ihren Gewinn ins Alltägliche verbilligt. Kohl hat den Mantel des Weltgeistes mutig ergriffen und dann als Fetzen vor den lieben Deutschen geschwenkt.«

Wie wahr. In einem Augenblick, in dem unser Land wahrscheinlich bereit gewesen wäre, jedenfalls bereit gemacht werden mußte, die unerwartete Aufgabe anzupacken, wurde es mit Redensarten beruhigt und eingeschläfert.

RUMBERG Sie haben, als die Vereinigung kam, sozusagen ein Notopfer für die neuen Bundesländer erwartet?

BARING Ja, beispielsweise eine auch privat finanzierte Nationalstiftung zum Wiederaufbau der einzigartigen alten Städte der DDR, aber weit mehr als das: Ich vermisse, habe von Anfang an vermißt, daß die neuen Szenarien nicht vor dem Lande ausgebreitet wurden.

RUMBERG Was meinen Sie? Hat Sie die Behauptung gestört, daß die Einheit zum Nulltarif zu haben sei? Daß man 1990 nicht gesagt hat: Wir haben eine nationale Aufgabe vor uns, die uns teuer sein muß?

SIEDLER Es ist ja tatsächlich schwer begreiflich, daß beide Koalitionspartner es angesichts der Wiedervereinigung empört von sich wiesen, dieser Prozeß koste auch die Westdeutschen einiges. Vergegenwärtigt man sich nachträglich die Steuererhöhungsdebatte vom vorigen Jahr, so macht die Empörung einen grotesken Eindruck, mit der man emphatisch ablehnte, Deutschland müsse für die Erfüllung seines jahrzehntealten Traums der Vereinigung irgend etwas bezahlen. Das Allermerkwürdigste ist, daß Kohl und Lambsdorff das nicht nur aus Wahlkampfgründen behauptet, sondern allen Ernstes geglaubt zu haben scheinen.

Lafontaine hat zwar eine seltsame und schwer nachvollziehbare Rolle im deutschen Einigungsprozeß gespielt, aber seine Schätzung von einhundert Milliarden als Anschubfinanzierung, die als absurde Schreckensvision abgetan wurde, hat sich nachträglich als ziemlich korrekt herausgestellt. Es war nur unerträglich, wie er alle diese Argumente mit dem Tonfall hämischer Genugtuung hervorbrachte, als warne er vor der Wiedervereinigung, weil sie zuviel koste und als ob man sie sich unter diesen Umständen noch einmal überlegen solle. Ich will nicht sagen, daß Lafontaine tatsächlich so empfunden hat, aber es klang für die Öffentlichkeit so, und es hilft wenig, daß er nun darauf verweist, er habe es ja immer gesagt. Das wirkt heute so rechthaberisch wie gestern seine Warnung vor der Übereile.

Kohl hatte gar keine Wahl, er war mehr Getriebener als Treibender, und sein Zehn-Punkte-Programm ging noch von einer staatsrechtlichen Wiedervereinigung erst im nächsten Jahrzehnt aus. Seine Vertrauten berichten, daß er damals im internen Kreis davon sprach, etwa um die Jahrtausendwende werde die Wiedervereinigung kommen.

Aber bleiben wir bei den Kosten. Ich glaube, die Politiker aller Parteien unterschätzten völlig die Bereitschaft, Opfer zu bringen, ja in gewissem Sinne die Faszination der großen Herausforderung, die Verführung, die Lockung, die vom Ernstfall ausgeht. Man hat immer wieder den Eindruck, daß Wahlkampf-Strategen nicht nur die Technik, sondern auch den Inhalt der Politik bestimmen. Oder: Sind allzu viele unserer Politiker im Grunde nur Wahlkampfgewinner? Es fehlt die Glaubwürdigkeit, die über den Tag hinaus reicht. Man darf gar nicht mehr nachlesen, was vor nur einem Jahr alles versprochen wurde.

Kein Politiker legt sich gern auf Prophezeiungen fest, die innerhalb eines Jahres schon von der Wirklichkeit widerlegt werden. Also sollte man, bis zum Beweis des Gegenteils, einmal von der Annahme ausgehen, daß man vor zwölf Monaten tatsächlich geglaubt hat, was man damals verheißen hat. Insofern ist das Gerede vom Wahlbetrug vollkommen falsch, denn das setzte ja voraus, daß die Spitzen von CDU und FDP gewußt, aber nicht gesagt hätten, was in Wirklichkeit auf uns zukomme. Es ist viel schlimmer. Man hat den gegenwärtigen Zustand und die voraussichtliche Entwicklung vollkommen falsch gesehen, übrigens auch in der SPD – bis auf den wunderlichen Masochisten Lafontaine, der darauf versessen schien, die Wahl zu verlieren –, denn auch ihr Führungspersonal scheint nicht gesehen zu haben, was da kam. Anders Karl Otto Pöhl und einige Industrieführer. Sie haben bemerkt, auf welches Experiment sich Deutschland einließ.

Es ist kaum zu verstehen, wie wirklich kluge Leute solcher Fehleinschätzung erliegen konnten. Hat das Gerede von der DDR als der zehntgrößten Industriemacht der Welt auch unsere Politiker und Industriellen blind für die Realität gemacht? Wenn man nicht nur mit Politikern, sondern auch mit Experten aus der westdeutschen Industrie und Wirtschaft sprach, so redeten sie zwar nicht voller Sympathie, aber doch voller Hochachtung von all den mediokren Figuren wie Mittag, Axen oder Schalck-Golodkowski, die – so hieß es – in jedem westdeutschen Unternehmen Führungspositionen übernehmen könnten. Ganz offensichtlich hatten sie keinen Begriff vom desolaten Zustand der Industrie in der DDR. Sie haben sich immer voller Anerkennung über die Liefer- und Zahlungstreue des Regimes geäußert, ohne viel darauf zu achten, wie der Zustand der Werke war, die all die Waren produzierten, die die DDR exportierte, mit deren Hilfe ein archaischer Tauschhandel florierte. Natürlich machte man seine Scherze über den Leukoplastbomber Trabant, und man sah, daß Carl Zeiss Jena und die Plaste und Elaste aus Schkopau keine Konkurrenz mit der westdeutschen Industrie bestehen konnten. Aber man scheint in keiner Partei, in keinem Konzern und in keiner Großbank gesehen zu haben, daß die gesamte Wirtschaft des Honecker-Staats eine Chimäre war, deren Probleme sich, wie Edzard Reuter gesagt haben soll, am leichtesten durch den Bagger lösen ließen.

Wie war eine solche Fehleinschätzung möglich? Das ist das wirkliche Problem, und es liegt jenseits des parteipolitischen Gerangels. Genauso unbegreiflich ist, daß man die Jahre, die bis zur industriellen Erneuerung und damit bis zum Funktionieren des westlichen Marktes vergehen würden, durch den osteuropäischen Markt zu überbrücken hoffte. Es ist schwer nachzuvollziehen, daß auch fast alle unsere Wirtschaftsforschungs-Institute davon ausgegangen zu sein scheinen, daß der COMECON zumindest noch eine Reihe von Jahren existieren und diese Spanne reichen würde, die Werftindustrie von Rostock und die chemische Industrie von Bitterfeld auf ein konkurrenzfähiges Niveau zu bringen. Hat wirklich niemand vorausgesehen, daß mit der Einführung der D-Mark am 1. Juli 1990 der DDR-Osthandel sofort zusammenbrechen mußte?

Ich würde sagen, daß Kohl zwar eine Reihe schwer begreiflicher und unentschuldbarer Fehler gemacht hat, aber er ist dabei von unseren Spitzenmanagern beraten worden. Mit wenigen Ausnahmen, zu denen Karl Otto Pöhl gehört, sind sie alle fremdem Lügengespinst und eigenem Wunschdenken erlegen. Es läuft immer wieder darauf hinaus: Die Deutschen wären damals durchaus bereit gewesen, auf eine Churchillsche »Schweiß-und-Tränen-Rede« zu hören. Unser Volk hat einen solchen Appell sogar erwartet. Aber für solche Reden braucht es eben einen Churchill.

Deutsche Spurensuche

BARING   Mich überraschte, abseits aller fiskalischen Details, daß so völlig jedes Pathos fehlte, ein Gespür für den historischen Augenblick, ein Gefühl allgemeiner Erleichterung und Dankbarkeit, eine stille, würdevolle Freude. Es wurde nie deutlich, daß uns da etwas ganz Großartiges in den Schoß gefallen war. Niemand hat wirklich den großen Reichtum gewürdigt, den die Heimkehr dieser deutschen Kernlande in den gemeinsamen Staat für uns alle bedeutete. Ich bin in den siebziger, achtziger Jahren regelmäßig in der damaligen DDR gereist, erzählte anderen gern aus »meiner DDR« und hatte dabei oft Schwierigkeiten, selbst Freunden verständlich zu machen, was ich mit *meiner* DDR meinte. Natürlich nicht das klägliche Regime, die Mauern und Schikanen, seine Staatssicherheit und alle sonstigen kleinkarierten, auch boshaften Unzulänglichkeiten. Meine private Entdeckerfreude galt all dem, was darunter, dahinter lag – verschüttet, verwahrlost, vergessen: dem alten Deutschland, das mir bis dahin weithin unbekannt geblieben war.

Ich hatte jahrzehntelang keine Ahnung vom unglaublichen kulturellen Reichtum dieser historischen Räume – besonders zwischen Wittenberg und Weimar, in der Lausitz, der Altmark, dem Saale- und Unstruttal. Wie herrlich die alten Städte – Bautzen, Meißen, Naumburg, Wismar! Goethes Gedichte kann man nur richtig verstehen, fand ich, wenn man durch die Hügellandschaft Thüringens reist, und Caspar David Friedrichs romantisches Genie erst dann ganz begreifen, wenn man seine Bilder mit ihren bescheidenen Vorlagen, etwa in Eldena, vergleicht. Entdeckungen überall: Barlachs melancholische Güstrower Schwere. Gothas dreihundertjähriges Hoftheater. Natürlich Wörlitz. Pücklers Park in Branitz. Auch die Schlachtfelder von Frankenhausen und Roßbach. Friedrichs Sanssouci. Bachs Thomaskirche. Die Brandenburger, Mecklenburger Alleen.

Ich habe erst auf diesen Reisen begriffen, wo zumindest wir norddeutschen Protestanten die Fundamente unserer Identität finden, und so war jede dieser Erkundungsfahrten eine Heimkehr, ein Stück glücklicher Wiederentdeckung eigener Wurzeln, eine lang entbehrte Selbstvergewisserung. Sobald man die ärgerlichen Banalitäten des unsäglichen Regimes hinter sich gelassen hatte, konnte man sich sogleich zu Hause fühlen, war im eigenen Deutschland angelangt, was meinen Bonner Verfassungspatriotismus nicht ausschloß, sondern ganz im Gegenteil vertiefte und beflügelte.

Ist den Westdeutschen in ihrer großen Mehrheit eigentlich je bewußt geworden, welch ungeheure Verarmung jeder von ihnen 1945 dadurch erlitten hatte, daß die Hälfte des Landes an die Polen, die Russen und die deutschen Kommunisten verloren gegangen war? Vermutlich kann ein Volk eine Katastrophe solchen Ausmaßes zunächst nur dadurch überleben, daß es sie verdrängt, vergißt. Die phantastische Schrumpfung unseres historisch-räumlichen Erinnerungsvermögens in den Nachkriegsjahrzehnten wird im Rückblick die nach uns Kommenden eines Tages ganz besonders erstaunen, glaube ich.

Wir haben in einem tieferen Sinne 1990 eher stumpf auf die Neuvereinigung Deutschlands reagiert. Indem wir auf jedes Pathos verzichteten – es kam uns gar nicht in den Sinn –, haben wir uns nicht als besonders aufgeklärte, moderne Europäer, sondern als armselige, kurzsichtige Deutsche erwiesen. Durch diese Dumpfheit wurde die Angliederung der DDR zu einer Bagatelle, zu einem Routinevorgang gemacht, obwohl die Lage Ungewöhnliches verlangte und Alltagstrott eigentlich verbot.

Wenn Sie, Dirk, von einer »nationalen Aufgabe« sprechen, dann ist die Wortwahl richtig. Aber gleichzeitig wird bei einem solchen Begriff doch sofort klar, wird heute viel deutlicher als in früheren Jahren, daß es Deutschland als Nation eigentlich gar nicht mehr gibt. Siedler sagt uns immer wieder, Preußen sei endgültig untergegangen. Mir scheint: auch Deutschland ist, momentan zumindest, nicht mehr da. Es gibt nach wie vor die Bundesrepublik – Deutschland ganz leise hinterhergesagt. Und irgend jemand, ich glaube Lothar de Maizière, hat einmal gemeint, der Gang der nächsten Jahre werde, wenn das Ganze gelingt, dazu führen, daß man mehr und mehr das zweite Wort stärker betone, also von der Bundesrepublik *Deutschland* spreche und eines Tages überhaupt nur noch von Deutschland. Im Augenblick sieht es nicht danach aus – noch nicht.

RUMBERG Wäre das wirklich so wichtig? All die Identitäts- und Sinnstiftungsdebatten der vergangenen Jahre haben doch auf mich, wie wohl auf die meisten meiner Generation, eher künstlich, oft auch peinlich gewirkt – sofern man sich überhaupt dafür interessierte und nicht verständnislos, kopfschüttelnd abwandte.

BARING Die Vorstellung einer deutschen Identität, einer historischen Kontinuität ist vollständig verschwunden. Ich kritisiere das nicht. Ich bin wirklich überzeugt: Das Land hätte die totale Niederlage von 1945, die jenseits aller Sieger-Rhetorik eben doch ein ganz, ganz tiefer Fall war, ein Zerfall Deutschlands war, nicht überlebt, wenn es sich im Westen wie im Osten nicht völlig von allen alten Vorstellungen getrennt hätte, was Deutschland sei, Deutschland ausmache. Ob das nun ein Verdrängungsprozeß war oder ein glückliches Vergessen, wollen wir dahingestellt lassen. Aber die entschlossene Abwendung von unserer Geschichte hat meiner Ansicht nach den energischen Neuanfang im Westen überhaupt erst möglich gemacht. Denn wäre man sich des ganzen Ausmaßes der Katastrophe bewußt geworden, die das Werk von Jahrhunderten zunichte machte, wäre man möglicherweise gelähmt gewesen. So aber endete die Vorstellungswelt der Westdeutschen an der Wartburg; östlich von ihr begann undurchdringliche Wildnis. Man war gut beraten, falls man sich nicht trostlos grämen wollte, die Gebiete, die hinter der Mauer lagen, möglichst vollständig links liegen zu lassen – zu vergessen.

SIEDLER   Ja, das habe auch ich stets beklagt. Es ist in der Tat sehr merkwürdig, daß in den Reisebüros mehr Flüge auf die Malediven oder nach Kenia gebucht werden als Omnibusfahrten nach Thüringen oder Sachsen. Die Leute wollen den Taj Mahal lieber sehen als den Dom von Freiberg in Sachsen mit seiner berühmten Goldenen Pforte, dem romanischen Wunder, das einst über Bamberg und Naumburg hinausging. Wer hat nicht alles noch vor einem Menschenalter vom Land der deutschen Seele gedichtet: »Land, dem viel Verheißung innewohnt«? Aber das ist vorbei, und nicht nur, weil die Grenze davor lag.

Man fährt eben lieber in den Süden als nach Osten, und wenn man ehrlich ist, geht es einem ja selbst so. Es ist zwar rhetorisch wirkungsvoll, darüber Trauer auszudrücken, aber fahren denn unsere Kinder nicht lieber nach Aix-en-Provence als nach Zinnowitz? Wer will denn Meißen gegen Siena eintauschen? Wir haben im Interhotel in Dresden zwar staunend den Meißener Wein getrunken und ihn überraschend gut gefunden, aber bei Lichte besehen mögen wir den Wein aus der Gegend von Greve doch lieber.

Ich möchte davor warnen, auch mich selber, daß man das romantische Sentiment für den Osten über den natürlichen Hang zum Süden stellt. Insofern hat sich etwas in unserem Verhältnis zum eigenen Land geändert, und das hat gar nichts mit der politischen Lage zu tun. Übrigens macht sich ja schon jetzt bemerkbar, daß es auch einen Bewohner von Jena und Eisenach leidenschaftlicher nach Rom und Paris zieht als nach Warschau und Bukarest, selbst wenn die Sachsen vielleicht noch nicht die Mittel haben, diese Sehnsucht zu befriedigen, und vorläufig schon Freiheit erleben, wenn sie in Bayern sind.

Ich will damit sagen, daß der Osten – Ostdeutschland wie Osteuropa – es auch in Zukunft schwer haben wird, gegen den Süden und Westen anzukommen. Die Schwärmerei für das alte östliche Mitteleuropa, die melancholische Erinnerung an das Zwischeneuropa, von dem Naumann wie Zehrer sprachen, ist eine Sache der Literatur. Wilna, Lemberg und Krakau liegen eigentlich nur in der Geographie unseres Herzens. Die Landschaften unserer Wirklichkeit sehen ganz anders aus.

BARING   Aber lebten wir in der Bundesrepublik nicht in einem Gebiet, in dem sich in den letzten Jahrhunderten geistesgeschichtlich wenig abgespielt hat, frage ich von meinem norddeutsch-protestantischen Gesichtspunkt aus? Ein Teil der Veränderung nach 1945 war ja, daß plötzlich der katholische Volksteil die Minderheitsposition, die er im Reich von 1871 immer gehabt hatte, verlor und mit einem Male den Evangelischen gleichberechtigt, ja vielleicht sogar überlegen war auf Grund der Tatsache, daß das Rheinland und Bayern in der CDU/CSU – und damit in Bonn – eine größere Rolle spielten als die norddeutschen Gebiete. Das war nur *ein* Aspekt einer sehr viel umfassenderen Machtverlagerung. Sie gelang, weil man *alles* Frühere und alles östlich der Elbe Gelegene einfach vergaß, wie ich eben schon sagte.

Jetzt erleben wir die Kehrseite dieses Vorganges. Das gründliche Vergessen hindert uns heute, die neue Situation als das zu begreifen, als was Rumberg es benannt hat: als eine nationale Aufgabe. Die Worte »nationale Aufgabe« sagen der Masse unserer Landsleute gar nichts mehr. Sie würden erstaunt die Köpfe schütteln, wenn jemand so spräche.

SIEDLER   Schon sprachlich anachronistisch.

Die Gefahr der Ver-Ostung

BARING   Wir alle unterschätzen nach wie vor die Schwierigkeit, Deutschland zusammenwachsen zu lassen – es ist noch nicht ausgemacht, ob es überhaupt und wann es gelingt. Die

Größenordnung hat uns getäuscht. Man sah immer nur auf die sechzehn Millionen und sagte sich: Wir sind sechzig und die sind sechzehn, schlimm kann es eigentlich nicht werden, ein Fünftel der Passagiere kann ja nicht das ganze Schiff zum Kentern bringen! Kann es vielleicht doch.

Erst recht drohen uns gewaltige Schwierigkeiten, sobald hinter den sechzehn Millionen noch die übrigen Osteuropäer in Massen auftauchen. Dann sieht die Sache für uns ganz schlimm aus! Ich weiß noch, wie ich zu Jens Reich Anfang 1990 sagte: »Die Magnettheorie hat sich doch wunderbar bewahrheitet, vielleicht nicht in der Form Kurt Schumachers, der nur auf die Anziehungskraft der Bundesrepublik baute, während Adenauer sagte: Nein, es muß die wirtschaftliche Leistungskraft ganz Westeuropas sein; denn nur Westeuropa gemeinsam hat die Kraft, wirtschaftlich, sozial, politisch so attraktiv zu werden, daß es dann den ganzen Osten anzieht!« Da sagte Jens Reich zu mir: »Na, alles schön und gut. Sie denken an die sechzehn Millionen. Ich frage Sie: Wer zieht denn wen magnetisch an? Ich sage Ihnen: der Sog wird von Osteuropa ausgehen! Da sind hundertundzwanzig Millionen Ostmitteleuropäer, die den Lebensstandard der Bundesrepublik erreichen wollen! Welche Prozesse werden sich da abspielen? Wenn hundertundzwanzig Millionen an den sechzig Millionen der Bundesrepublik zerren, dann sieht möglicherweise das Bild – und das Ergebnis – eines Tages ganz anders aus.«

RUMBERG Sie befürchten also, die Gefahr der Veröstlichung, der Ver-Ostung, der wir im Westteil Berlins bereits täglich begegnen, bestehe durchaus auch für die alte Bundesrepublik insgesamt, einfach infolge der schieren Zahl der anderen?

BARING Ja, einerseits drohen Geldmangel – er ist in Berlin überall schmerzlich spürbar –, eine gewisse Verwahrlosung, die Proletarisierung der Stadt. Außerdem muß ich in letzter Zeit immer wieder an das fatale Plakat aus der Zeit Wilhelm II. anläßlich seiner Hunnenrede denken: »Völker Europas, wahret Eure heiligsten Güter!« Ich denke mit einem ironischen, etwas verschämten Lächeln an dieses berühmt-berüchtigte Bild, denn die heiligsten Güter sind natürlich heute die Konsumgüter von uns

Westdeutschen. Man hat den Eindruck: der Lebensstandard, den wir hier zustande gebracht haben und den viele mit einer ärgerlichen Aufdringlichkeit protzend zur Schau stellen, ist leider von einer solchen Ausstrahlung, man möchte sagen: Leuchtkraft, und er hat in den Berichten und Gerüchten Osteuropas solch märchenhafte Ausmaße angenommen, daß natürlich kaum einer dort sieht, daß unsere Leistungskraft beschränkt ist und streng an bestimmte Voraussetzungen gebunden, die da heißen: zielstrebige, harte und initiativreiche Arbeit. Das wird bisher in Osteuropa, auch in der DDR weithin nicht wahrgenommen, weil individuelle, originelle Tatkraft lange Zeit dort keine Rolle gespielt hat.

Ein Mitarbeiter der Treuhand hat neulich im Fernsehen erklärt, die Arbeitslosigkeit in der DDR sei gar nichts Neues. Die DDR habe immer eine hohe Arbeitslosigkeit gehabt, sie nur kaschiert durch enorme Überbesetzungen in den Fabriken, den Behörden, in Universitäten wie Akademien, eben einfach überall. Die Zahl der Hochschullehrer in der DDR war ebensogroß wie die der Bundesrepublik, bei einem Fünftel der Bevölkerung. Mit anderen Worten: es muß ungeheuer bequem gewesen sein, an einer DDR-Universität zu lehren.

Ein anderes Beispiel: Mir sagte neulich jemand vom IPW, diesem Elite-Institut für Internationale Politik und Wirtschaft, von dem wir immer dachten, es sei der *think-tank* der DDR-Regierung, sie hätten für die Staatsführung so gut wie nichts gemacht, denn die alten Herren dort hätten immer so getan, als ob sie selber alles besser wüßten – und so haben sie ja auch regiert. Von den vierhundert Mitarbeitern in dem – wie gesagt: hochrenommierten – IPW hätten nur dreißig überhaupt wissenschaftlich gearbeitet.

RUMBERG   Da fragt man sich: Was haben denn die anderen gemacht?

BARING   Das habe ich auch gefragt. Ich bekam die Antwort: »Ja, was machte man? Man las Zeitung, hielt Sitzungen ab, Kaderarbeit, hielt Vorträge irgendwo, erledigte nebenbei die Dinge des Alltags, die immer notwendigen Besorgungen, saß vielleicht aber auch einfach zu Hause mit der Familie, versorgte den Garten, trank Kaffee.« Können Sie sich das vorstellen? 370 Leute an einem solchem Institut, die nichts taten?

Von dem Ausmaß aller Mißstände in der früheren DDR macht man sich bei uns keinen Begriff; sie übersteigen unsere Phantasie. Daß solche Leute nicht plötzlich Initiativen ergreifen, jedenfalls nicht die 370, sondern still abwarten und sich ressentimentgeladen vielleicht hinter der PDS verschanzen, irgendwo als Kampfgruppe Unqualifizierter überdurchschnittliche Bezahlungen ergattern wollen, ist doch sehr naheliegend. Naja, Sie lachen, aber das wird uns in den nächsten Jahren noch enorm zu schaffen machen. Es ist ein Massenphänomen, keineswegs beschränkt auf parteinahe Forschungsinstitute und Funktionärskreise. Lech Walesa hat vor einiger Zeit die Frage nach dem besten Wirtschaftssystem für Polen dahin beantwortet, daß man das Beste des Kapitalismus mit dem Besten des Sozialismus verbinden müsse. Was das sei? Der Kapitalismus sei leistungsstark, aber im Sozialismus brauche man nicht viel zu arbeiten; das müsse beibehalten werden. Mit Computern sei das zu schaffen. So redet ein Staatspräsident, der sein Ohr am Mund des Volkes hat! Auch bei uns wird es immer wieder Leute in den Gewerkschaften, in Arbeitsgerichten, in Kirchengemeinden geben, die uns erklären werden: »Das war ein Hauptabteilungsleiter. Der soll nichts können, soll unfähig sein? Das ist doch wohl eine unglaubliche Anmaßung, ist westlicher Hochmut, reine Siegerpose, wenn man diesem Menschen nachsagt, der da redlich vor uns sitzt und auch zwei Kinder hat, er sei unbrauchbar? Wir können doch nicht Hunderttausenden von Leuten sagen, sie seien nichts wert.«

RUMBERG Etwas taktvoller sollte das sicherlich geschehen, aber viele Qualifikationen sind in der Tat sehr zweifelhaft.

BARING Der Umgang mit der Wahrheit in Deutschland ist schwierig. Anmaßung und Schönfärberei müssen gleichermaßen vermieden werden, wenn ein Westdeutscher zu Ostdeutschen spricht. Das ist gar nicht so leicht.

Vor allem eröffnet die gegenwärtige Krisenlage in den neuen

Bundesländern reale Möglichkeiten, wenn Sie sie etwa vom Standpunkt eines linken IG-Metallers aus sehen, Elemente des Klassenkampfes wiederzubeleben. Die Vermutung, die so häufig geäußert wird, der Sozialismus sei tot, ist natürlich ganz absurd. Als System ja: Es wird kein geschlossenes Denkgebäude mehr geben, und wahrscheinlich glauben die wenigsten, jedenfalls im Augenblick, daß noch immer eine alternative sozialistische Wirtschaftsordnung denkbar sei – aber nicht einmal da bin ich ganz sicher. Man kann ja in der DDR durchaus zu der Meinung kommen: wir waren vorher besser dran; das ganze frühere System war für uns vorteilhafter als das neue.

RUMBERG   Wie viele Menschen wirklich glauben, daß es ihnen vor der sogenannten Wende besser ging als heute, versucht man mit Umfragen in der ehemaligen DDR herauszufinden ...

BARING   Das hängt sehr davon ab, wie der Kontext der Fragen aussieht. Zunächst einmal ist eine offene Frage, was Freiheit, vor allem Geistesfreiheit, für die Mehrheit der Menschheit bedeutet. Wir tun immer so, als ob für die gesamte Bevölkerung gleich wichtig sei, daß ein Buchladen ein Buchladen ist und nicht eine Verteilungsstelle von Staatspropaganda. Stimmt das? Außerdem sehen die Buchläden in der früheren DDR jetzt viel trauriger aus als vorher. Früher konnte man dort das eine oder andere klassische Werk erstehen, das man billiger mit nach Hause nahm, als wir es im Westen hätten kaufen können. Jetzt findet man da oft nur noch grauenhafte Zweckliteratur, etwa Steuerratgeber – obwohl doch bisher kaum einer solche Ratgeber dort brauchen kann. Mit einem Teil der ehemaligen »kulturellen Errungenschaften«, wenn Sie so wollen, steht es eindeutig nicht zum Besseren in der neuen Ära.

Die frühere DDR: ein kopfloses Land

SIEDLER   Woran liegt die Verelendung der ehemaligen DDR? Liegt die Perspektivenlosigkeit an den Millionen Flüchtlingen aus dem Sozialismus? An all denen, die weggegangen sind – und nicht mehr zurückkehren?

BARING Wesentlich. Die frühere DDR ist weithin ein kopflo-
ses Land. Wer energisch, zielstrebig, initiativreich war, ist rechtzeitig gegangen – oder ist später gegangen worden.

Auch die Vergangenheitsbewältigung stellt sich ganz anders
dar als nach 1945 im Westen. Nach 1945 war in der Masse der
Fälle an der fachlichen Qualifikation der Betroffenen gar nicht zu
zweifeln. Denn die meisten von ihnen hatten ihre Ausbildung
noch im Kaiserreich oder in der Weimarer Republik gehabt.
Selbst bis zum Ende der dreißiger Jahre waren die deutschen Universitäten durchaus noch leistungsfähige Gebilde. Erst im Kriege
wurde das zweifelhaft. Mit anderen Worten: die Verheerungen
im Erziehungswesen des Dritten Reiches halten sich in vergleichsweise engen Grenzen. Die einzige Frage war daher nach
1945: Sind die politischen Belastungen des einzelnen so stark,
daß sie ausschließen, von den – unbestrittenen – Qualifikationen
des Mannes Gebrauch zu machen? Globke ist nur ein Beispiel für
diese Diskussion.

SIEDLER Es war jahrzehntelang tabu, die beiden deutschen
Diktaturen miteinander zu vergleichen, den Kommunismus in
der Prägung Ulbrichts und Honeckers neben den Nationalsozia-
lismus Adolf Hitlers zu stellen. In der Tat macht das Ausmaß der
Verbrechen eine gewisse Unvergleichbarkeit aus, so daß man
Habermas und seinen sogenannten Historiker-Streit schon ver-
steht. Auschwitz steht in gewissem Sinne tatsächlich vor jeder
Parallelisierung.

Aber historisch gesehen war das Dritte Reich natürlich nur ein
autoritäres Regime, wenn auch mit gewaltiger krimineller Energie und geprägt von der Theorie des unterschiedlichen Wertes
der einzelnen Menschen und Völker. Das bürgerliche Leben
Deutschlands ging nach 1933 im großen und ganzen unverän-
dert weiter, was zu der seltsamen Fehleinschätzung geführt hat,
der Nationalsozialismus sei sogar die extremste Herrschaft des
Bürgertums gewesen.

Das war natürlich Unsinn. Aber bürgerlich geprägt blieb
Deutschland auch unter der Herrschaft der nationalsozialistischen Desperados. Bis in den Krieg hinein las man dieselben
Bücher, Thomas Wolfe und Ernest Hemingway hatten ihre
größten Erfolge.

BARING   Wirklich?

SIEDLER   André Gide und Jean Giraudoux hatten höhere Auf-
lagen als die eigentliche NS-Literatur, und die Spielpläne der
Theater unterschieden sich wenig von denen der Weimarer Zeit.
Nur daß eben die jüdische Literatur verbrannt oder vertrieben,
die kommunistische verboten war und die demokratische emi-
griert.

Der real existierende Sozialismus war dagegen ein wirklich
totalitäres Regime, wenn auch ganz hinten, irgendwo in der
Ferne, ein unfaßbares humanitäres Ideal stand. Aber die Wirklichkeit war vom Staatsopern-Ballett »Unter den Linden« bis
zum Seebäder-Konzert in Heringsdorf vollkommen reglemen-
tiert, was schon ein Vergleich des Leihbücher-Angebots zeigen
würde.

BARING   Wenn Sie die Regime nach den Seebäder-Konzerten
und Leihbücherei-Angeboten beurteilen, wundert mich keine
Minute, zu welchen Klassifizierungen sie kommen.

SIEDLER   Heute behandelt man in Memoiren gelegentlich die
späte Honecker-Welt als bürokratische Entartung des idealisti-
schen Ulbricht-Regimes, weshalb immer wieder Versuche unter-
nommen werden, den frühen Elan des Aufbruchs herauszustrei-
chen. Damals seien ja charakteristischerweise nicht nur Brecht
und Zweig, sondern auch Bloch und Mayer aus der Emigration
in den Osten gegangen; es habe eine Zeitlang tatsächlich so ausgesehen, als sei die entstehende kommunistische Welt eine wirkliche Alternative zum restaurativen Staat Adenauers gewesen.

Das ist eine Verkehrung der Wirklichkeit. Vom ersten
Moment an war die Herrschaft des Kommunismus auf deutschem Boden ein terroristischer Polizeistaat – gerade in den
ersten Jahren. Eigentlich war alles verboten, was nicht von Zen-
tralkomitee und Politbüro ausdrücklich erlaubt worden war. Die
Romantisierung der Anfänge verkehrt die Dinge in ihr Gegenteil. Um beim Beispiel der Literatur zu bleiben: Natürlich waren
Proust und Joyce verboten, aber auch Kafka und Musil, von Rilke
und Hofmansthal ganz zu schweigen. Selbst die französischen,

englischen oder amerikanischen Kommunisten hatten es schwer, wenn sie nicht gerade wie Picasso eine Friedenstaube für Stalin gezeichnet hatten – das eigentliche Werk Picassos durfte natürlich nicht gezeigt werden, und Bildbände darüber waren verboten.

Ich will mich jetzt nicht in Einzelheiten verlieren, aber diese Romantisierung der Anfänge der DDR, die seit neuestem Mode wird – zum Beispiel in den Memoiren Jankas oder Harichs –, ist eine Sache sehr träumerischer und sehr vergeßlicher alter Herren, die an der Idee des Kommunismus über alle Enttäuschungen hinweg festhalten wollen. Allerdings müssen sie zugeben, daß die Realität des deutschen Kommunismus in der Weimarer Republik, im Spanischen Bürgerkrieg, in der russischen Emigration und im real existierenden eigenen Staat leider enttäuschend gewesen sei. Jetzt möchten sie, wie Janka und Harich trotzig sagen, am liebsten einen neuen Versuch mit einem idealen Kommunismus machen. Glücklicherweise sind sie dazu zu alt.

Mein Vergleich läuft darauf hinaus, daß man nach 1945 im Westen nur Hitler und seine Herrschaftsinstrumente, die Spitzen der Partei und der SS beiseite räumen mußte, und hinter all den Zerstörungen des Krieges kam eine wesentlich intakte Gesellschaft zum Vorschein. Das steckt auch hinter der polemischen Vokabel der Restauration, also hinter der Behauptung, die Adenauer-Gesellschaft habe restaurative Züge getragen. Das Instrumentarium des Kaiserreichs, der Weimarer Demokratie, des Dritten Reichs und der wieder aufgerichteten Demokratie war tatsächlich weitgehend dasselbe und natürlich auch das Personal. Das meint der scharfsinnige Satz Hermann Lübbes, Adenauers Leistung habe darin bestanden, keine radikale Reinigung der Gesellschaft vorzunehmen, die bürgerliche und kleinbürgerliche ehemalige Führungsschichten daran gehindert hätte, sich mit dem neuen Staat zu identifizieren.

So wurde aus dem Staatsvolk des Dritten Reiches die Bürgerschaft der Republik. Es ist das wirkliche Wunder von Bonn, daß es niemals zu einer deutsch-nationalen Opposition gekommen ist, die über Splittergruppen hinausging. Es gab zwar nach dem Untergang des Dritten Reiches Millionen ehemalige Mitglieder der Partei, weitere Millionen waren in der SA gewesen und einige

Hunderttausend in der SS, aber fast alle empfanden den neuen Staat, kaum daß er etabliert war, schon als ihren Staat. Der immer wiederholte Protest etwa der Gruppe 47 gegen die »Ehemaligen« hatte gar nicht begriffen, daß dieser Tatsache der politische Erfolg Bonns zu verdanken war.

Mit der Hinterlassenschaft des sich sozialistisch nennenden Systems verhält es sich genau entgegengesetzt. Daher unsere Mühen, eine funktionierende Demokratie dort auf die Beine zu stellen! Dieses wahrhaft totalitäre System – aber, wie gesagt, ohne große kriminelle Energie – hat eine Wüste in jederlei Hinsicht hinterlassen, und damit sind nicht nur das Wasser, die Luft, der Boden gemeint. Am deutlichsten greifbar ist die Zerstörung der Städte, die einem in die Augen fällt, ob man nun nach Ost-Berlin, Chemnitz oder Jena kommt.

Die Vernichtung der gesellschaftlichen Substanz aber ist das eigentlich Gravierende, was Helmut Schmidt sehr früh gesehen hat, als er auf die Schwierigkeiten aufmerksam machte, einen Staat ohne Finanzämter, ohne Liegenschaftsämter und all die anderen bürgerlichen Institutionen wieder aufzubauen, die den Faschismus in Spanien wie in Italien und den Nationalsozialismus in Deutschland unbeschädigt überstanden hatten.

Die menschliche Verheerung ist es, die den Anfang heute so schwierig macht. Nun macht sich bemerkbar, daß Millionen Menschen aus dem Land gegangen sind, die Bürger, der Adel, die Bauern und die Handwerker, die bei der Kollektivierung zu Hunderttausenden das Land verließen. Die Zahlen, die genannt werden, weichen natürlich voneinander ab, denn niemand hat damals eine Statistik geführt. Aber es wird schon wahr sein, daß weit über eine halbe Million Bauern in den Westen gingen, als das Politbüro beschloß, die bäuerliche Welt zu industrialisieren und jene unsäglichen Pflanzen- und Tierproduktionen zu etablieren, die heute von Mecklenburg über Brandenburg bis Anhalt reihenweise in Konkurs gehen.

Insofern hinterläßt der Sozialismus wirklich eine Wüste, zwar ohne Leichenberge, aber eine in der Tiefe verheerte Welt. Daher mißtraue ich all den zeitlichen Schätzungen, die für die Restauration Ostdeutschlands genannt werden, und die jüngsten Zahlen, die jetzt euphemistisch von fünf Jahren sprechen, scheinen mir genauso unrealistisch zu sein wie die zuerst genannten Fristen. Sagen wir, daß in vielleicht zehn Jahren die schlimmsten Schäden beseitigt sein werden, aber ich vermute, daß ein wirklicher, umfassender Aufbau der Gesellschaft ebensolange dauern wird, wie es gedauert hat, sie zu ruinieren, sagen wir eine Generation. Im Grunde müßte eine neue Ostsiedlung stattfinden, genau jene Kolonisten-Bewegung, vor der Grass, Gaus und Jens warnen.

BARING   Die heutige Lage in der ehemaligen DDR ist in der Tat vollkommen anders als bei uns nach 1945. Das Regime hat fast ein halbes Jahrhundert die Menschen verzwergt, ihre Erziehung, ihre Ausbildung verhunzt. Jeder sollte nur noch ein hirnloses Rädchen im Getriebe sein, ein willenloser Gehilfe. Ob sich heute einer dort Jurist nennt oder Ökonom, Pädagoge, Psychologe, Soziologe, selbst Arzt oder Ingenieur, das ist völlig egal: Sein Wissen ist auf weite Strecken völlig unbrauchbar. In den meisten Fällen fehlt heute vom Fachlichen her eine Berufsperspektive in den Bereichen, in denen man ausgebildet wurde. Wir können den politisch und charakterlich Belasteten ihre Sünden vergeben, alles verzeihen und vergessen. Es wird nichts nützen; denn viele Menschen sind wegen ihrer fehlenden Fachkenntnisse nicht weiter verwendbar. Sie haben einfach nichts gelernt, was sie in eine freie Marktgesellschaft einbringen könnten.

RUMBERG   Das macht die völlige Unvergleichbarkeit der Lage nach 1945 mit der von heute für die betroffenen Menschen aus. 1945 starteten alle im Westen von gleichen, zumindest sehr ähnlichen Voraussetzungen aus, mußte sich eine ganze Gesellschaft lediglich in neue Formen der Politik und der Wirtschaft finden. An den fachlichen Qualifikationen konnte es schon deshalb keinen Zweifel geben, weil es niemanden gab, der etwas grundsätzlich besser konnte – zumindest keine Deutschen.

Hätten uns die Alliierten 1945 nicht nur besetzt, sondern, sagen wir, mit allen Konsequenzen als Bundesstaat der USA politisch organisiert, hätte das Bild möglicherweise ganz anders ausgesehen. Dann wäre die Lage der Menschen damals mit der in den fünf neuen Bundesländern von heute vergleichbar – ganz abgesehen davon, daß die real-sozialistische Wirklichkeit in einem Teil Deutschlands eben fast viermal so lange geherrscht hat wie der Nationalsozialismus in ganz Deutschland. Die Menschen in der DDR müssen sich von einem Tag auf den anderen in einem ihnen gänzlich fremden politischen und wirtschaftlichen System zurechtfinden.

Sie konnten, wie Sie eben gesagt haben, im Sozialismus nichts lernen, was sie in eine freie Marktgesellschaft einbringen könnten. Gilt das Ihrer Meinung nach eigentlich für alle Bereiche gleichermaßen?

BARING Besonders schlimm steht es um den alten Verwaltungsapparat der DDR. Man sollte an sich annehmen, daß man unter dem SED-Regime, diesem Zentralverwaltungsstaat, wenigstens das Administrieren gelernt hätte. Doch selbst das stimmt nicht. Unter rechtsstaatlichen Verhältnissen, auch unter Gesichtspunkten der simpelsten Effizienz, ist die Masse der Funktionäre aller Ebenen, Hunderttausende von Menschen, unzulänglich qualifiziert. Um so bedrückender ist die Nachricht, daß nur zehn Prozent der Verwaltungsangestellten in den fünf neuen Bundesländern von den angebotenen Fortbildungsangeboten Gebrauch machen.

In der Sowjetunion ist die Größenordnung des Problems übrigens noch eine ganz andere – falls Sie das tröstet! Dort gibt es rund zwanzig, vielleicht vierundzwanzig Millionen Menschen, die in den Verwaltungsapparaten des Regimes – schlecht und recht – tätig sind. In einer künftigen Marktwirtschaft, einer Gesellschaft der Eigeninitiative, sind sie alle zu nichts zu gebrauchen. Man kann sie ja nicht alle nach Sibirien schicken, weil das den neuen Erwartungen allgemeiner Menschenrechte widerstreitet. Sie sind aber auch nicht in eine freie Gesellschaft integrierbar, kämpfen überdies zäh um die Bewahrung ihrer bisherigen Privilegien, werden sich im Zweifel nicht von jener historischen Schuld belastet fühlen, wie das doch viele Diener des Dritten Reiches taten, denen jahrzehntelang eine wache, kritische Öffentlichkeit im Nacken saß.

Das Dritte Reich war selbst in den Augen seiner Anhänger 1945 so diskreditiert, daß wirklich kaum ein Mensch, der diesem Regime einmal angehangen hatte, nach dem Zweiten Weltkrieg noch ernsthaft daran dachte, es irgendwie fortzusetzen. Das scheint mir offenkundig zu sein.

Dieses völlig gebrochene Selbstgefühl sehe ich in der Sowjetunion überhaupt nicht. Sie hat keinen Krieg verloren, ist von fremden Mächten unbesetzt, hält in beträchtlichen Teilen der Partei, des KGB, der Armee an den alten Überzeugungen fest. Ob das in der ehemaligen DDR wirklich ganz anders ist? Wir gehen alle davon aus: die SED sei mausetot, die PDS ohne Zukunft. Es ist sehr die Frage, ob das stimmt. Außerdem fordert unser Rechtsstaat geradezu Dreistigkeit heraus.

Jetzt halten sich die Funktionäre und Förderer der SED-Elite noch auffällig ruhig. Aber bleibt das so? Wird uns nicht bald ein Großteil der Träger und Mitträger des früheren Regimes mit unverschämten Forderungen auf Gleichbehandlung, auf gleiche Bezüge, Renten und Pensionen konfrontieren? Und es geht ja nicht nur um Geld. Wird es nicht, angesichts all der neuen Probleme, zu einer nachträglichen Idealisierung der alten DDR kommen, zu ihrer Blattvergoldung im Nachhinein? Wird die jetzige Verweigerungshaltung und Selbsterniedrigungssucht drüben nicht bald da und dort in trotzige Selbstbehauptung umschlagen, wird man in den neuen Bundesländern nicht das Recht auf Eigenbestimmung, auf Autonomie einklagen? Deutet sich im neuen, besonderen DDR-Bewußtsein nicht ein mentaler Separatismus, ein ostdeutscher Sonderweg an?

Die frühere DDR ist heute ein Land ohne allgemein akzeptierte, akzeptable Führungsschichten. Das Problem der Vergangenheitslasten stellt sich daher heute sehr viel schärfer als 1945. In allen Bereichen der Gesellschaft, nicht nur in den politischen Gruppierungen, hat erst die Sowjetunion, dann die SED die traditionellen, funktionalen Eliten vernichtet, zumindest vertrieben. Es wird Jahrzehnte dauern, bis da genug nachwächst.

SIEDLER Die Verheerung, die Verwüstung der alten Kulturlandschaft Mitteldeutschlands ist ungeheuer. Die Illusion war, wenn das Regime und die Partei gestürzt seien, blühe alles wieder auf. Nichts blüht auf, da ist nichts mehr. Man muß ja nur einmal durch Neuruppin oder durch Potsdam oder durch Prenzlau gehen: daher kommen Schinkel und Fontane. Von dort kam der pflichtbewußte preußische Geist. Aber in den Landstädten ist heute nichts mehr von den Trägern dieser Haltung geblieben. Landarbeiter und Handwerker findet man – na, Handwerker auch nicht, Fabrikarbeiter, denn die Handwerker sind ja auch ausgewandert bei der Kollektivierung. Das ganze alte Handwerkertum Mitteldeutschlands ist bis auf kleine Reste ausgewandert.

BARING Es war wirklich ein flächendeckender Proletarisierungsvorgang. *Ein* Ergebnis ist, daß jetzt, nach dem Ende des Kommunismus, sich selbst die Goldene Aue oder die Magdeburger Börde und natürlich ganz Mecklenburg nicht in blühende Einzelbauern-Gebiete zurückverwandeln.

SIEDLER Nur drei Prozent der befragten Landarbeiter der LPGs wollen Bauern werden. Man dachte: wenn der Zwang wegfällt, die Verstaatlichung der Landwirtschaft nicht länger von oben verordnet ist, dann werden sie alle wieder Bauern sein wollen. Sie denken gar nicht daran!

BARING Ja, wissen Sie warum? Ich habe das selber bis vor kurzem nicht gewußt: Die Spezialisierung in den LPGs war so weit fortgeschritten, daß jemand, der dazugehörte, nicht mehr Bauer, also Genossenschaftsbauer war, der jetzt wieder selbständig weiterarbeiten könnte, sondern wirklich nur noch ein Landarbeiter im eigentlichen Sinne. Er fuhr wie ein Fabrikarbeiter drei, vier Dörfer weiter, an seinen Arbeitsplatz, wo er beispielsweise nur für eine bestimmte Tierart zuständig war und gar nichts mehr von anderen Tieren oder gar von Kartoffel- oder Getreideanbau verstand. Eine Erhaltung von LPGs, ihre Verwandlung in echte Genossenschaften, hätte vorausgesetzt, daß der Bundesregierung ein Programm eingefallen wäre, wie sich solche Zusammenschlüsse heute lebensfähig machen ließen. Das war, von Ausnahmen abgesehen, wahrscheinlich gar nicht möglich, weil der Personalaufwand auch auf dem Lande, wie in allen Bereichen der DDR, in anderen sozialistischen Ländern auch, ungeheuer war. Nach unseren Begriffen waren alle Betriebe personell wahnsinnig übersetzt. In großem Umfang ist auch hier gar nicht richtig gearbeitet worden.

SIEDLER Man kann den estnischen Präsidenten zitieren, nach Ihrem Walesa-Ausspruch vorhin. Er hat als Ideal seines Volkes formuliert: Zu leben wie die Finnen, zu arbeiten wie die Russen und dabei freie Esten zu werden.

Das ist der Traum und das Problem des ganzen Ostblocks. In der alten DDR herrschte im Grunde, wie man es früher formuliert hätte, polnische Wirtschaft. Als Variation davon hat mir neulich jemand, die Provokation auf die Spitze treibend, gesagt: »und aus den Menschen dort sind weithin deutsch sprechende Polen geworden.«

BARING Man kann gar nicht oft genug wiederholen: Es wird nie und nirgendwo möglich sein, die »Errungenschaften des Sozialismus«, nämlich angenehm sanfte Arbeitsbedingungen, zu deutsch: Schlendrian, mit den Ansprüchen und Leistungen der Konsumgesellschaft des Kapitalismus zu verbinden. Wenn unsere neuen Landsleute und auch die neuen Europäer im Osten das nicht begreifen und rasch verinnerlichen, wird Stagnation, weiterer Niedergang die Folge sein, verbunden mit erheblichen Ressentiments. Starke Feindseligkeiten findet man schon jetzt im Osten untereinander, Neid auf kühnere, unternehmerische Nachbarn. Da wird aus Mißgunst manch ein Neuanfang verhindert. Die Gleichheit war ja im Sozialismus ein hohes Gut; das wirkt nach. Erst recht gibt es Ressentiments gegenüber denen, die besser weggekommen sind im Leben, also den Westeuropäern, in unserem Falle den Westdeutschen gegenüber. Die wahrscheinlichste Prognose heute ist eine neue, psychologische Mauer: wechselseitig sich aufschaukelnde Empörung.

Eine neue Ostsiedlung wäre die Rettung

RUMBERG Auch weil vielen von uns die Vorbehalte gegen »Wessis« bekannt sind, gehen so wenige in den Osten; auf sieben Westwanderer kommt ein Ostwanderer. Aber wäre ein gewaltiger Bevölkerungstransfer in die alte DDR nach all dem, was wir eben erörtert haben, nicht die wichtigste Voraussetzung dafür, daß die neuen Bundesländer in nicht allzuferner Zukunft tatsächlich ein vollgültiger Teil der Bundesrepublik werden?

BARING   Aus der alten DDR kann nur etwas werden, wenn sie ein begehrtes deutsches Einwanderungsland wird, wie das etwa in der englischsprachigen Welt die USA und Kanada in ihren besten Zeiten gewesen sind. Nur wenn sich Hunderttausende, ja mehrere Millionen dort dauerhaft niederlassen, heimisch werden, können die neuen Bundesländer rasch auf die Beine kommen. Aber das wird nicht passieren. Denn unser Verhältnis zu den Ostdeutschen oder Mitteldeutschen ist ja nicht so, daß wir sie sämtlich liebten, ihnen unbesehen freudig und selbstlos zu Hilfe eilten. Viele von ihnen irritieren uns gewaltig, erinnern sie uns doch unliebsam an unser eigenes, früheres Auftreten und Gehabe. Sie wirken auf uns, wie arme Verwandte aus der Provinz auf neureiche Aufsteiger wirken; beiderseits benehmen wir uns oft auch so. Sie erwarten, ja fordern unsere umfassende Hilfe und lehnen gleichzeitig gute Ratschläge, sachkundige Vorschläge mit der kompensatorischen Arroganz des unterlegenen Schwächeren ab. Auch sie lieben uns nicht. Deshalb werden auf absehbare Zeit nur relativ wenige Westdeutsche – und auch nur dann, wenn entsprechende finanzielle Anreize gegeben werden – zeitweilig nach drüben gehen, ostwärts ziehen. Und das ist natürlich überhaupt nicht ausreichend, um die Dinge dort zum Besseren zu wenden.

SIEDLER   Genau umgekehrt läuft es. Man rechnet mit ein bis zwei Millionen westwärts Wandernden in den nächsten Jahren. Sie wandern ein nach Württemberg, Baden, nach Bayern und ins Rheinland.

BARING   Ich sehe das genauso. Ich glaube, daß die DDR sich entvölkern wird. Es fehlt ihr überall an geeigneten Industriestandorten. Klaus von Dohnanyi hat das schon 1990 treffend beschrieben. Er sagte, wenn ich das hier kurz resümieren darf, weil es, wie ich glaube, für den Zusammenhang wichtig ist: Investitionsentscheidungen fallen stets nach mehreren Kriterien.

Erster Faktor ist: Wie ist das Verkehrswesen? Gibt es Autobahnen, gibt es Intercitys, gibt es Flugplätze? In der DDR gibt es alles dies in nur unzureichendem Maße. Zweites Kriterium ist die Telekommunikation. Kann man telefonieren, faxen und so weiter – ebenfalls Fehlanzeige. Drittens die Ausbildungssituation. Kann man am Ort damit rechnen, qualifizierte Arbeitskräfte zu gewinnen aus den Schulabgängern? Kann man Managern, die man dort hinschickt, zumuten, ihre Kinder am Ort zur Schule gehen zu lassen? Auch in diesem Punkt sieht es in der DDR leider trostlos aus. Denn das Bildungssystem ist nur für diesen Schonraum, für das abgeschlossene Binnensystem der COMECON-Wirtschaft, für eine abgeschottete Pseudoidylle geeignet gewesen, für eine freie Gesellschaft dagegen unbrauchbar. Als nächstes: Wie ist die Kommunikation mit wissenschaftlichen Forschungseinrichtungen am Ort? Gibt es leistungsfähige Universitäten und Akademien? Man braucht für eine hochqualifizierte Industrie natürlich den ständigen Austausch, den intimen Kontakt mit Spitzenforschern. Auch in diesem Bereich zeigt der Befund in der alten DDR weithin Fehlanzeigen. Die nächste Frage lautet: Wie sind die allgemeinen Lebensverhältnisse? Die Wohnqualität, die ökologische Belastung, die Einkaufsmöglichkeiten, das Freizeitangebot – von Golf- und Tennisplätzen bis zu guten Restaurants? Auch da sieht es in den neuen Ländern miserabel aus. Und der letzte Punkt, in meinen Augen vielleicht der wichtigste: man braucht eine kompetente und kooperative Verwaltung.

Dieser Angelpunkt aller Entwicklung ist in der Bundesrepublik noch immer nicht voll erkannt. Noch immer wird seine Tragweite unterschätzt. Nach meinem Eindruck gibt es bisher die fünf neuen Länder noch gar nicht – oder sechs, wenn Sie Berlin dazurechnen; hier liegt die Sache etwas anders, weil es West-Berlin gab, das nun in diesem größeren Berlin aufgeht. Aber die übrigen Länder stehen noch immer bloß auf dem Papier, bestehen bisher weitgehend aus der Behauptung, es gäbe sie. Es gibt Minister und deren Büros, zusammengelesene, ausgeliehene Kräfte verschiedener Art und Güte, aber dann ist schon Schluß.

Die neuen Amtschefs haben im Grunde nichts Verläßliches unter sich, keine eingearbeiteten, sachkundigen Apparate, wo sollen die auch herkommen. Denn für eine kompetente Verwaltung, was man beispielsweise in Bayern studieren kann oder auch in Baden-Württemberg, braucht man nicht nur eine solide Ausbildung in den jeweiligen Fächern, sondern außerdem eine jahrzehntelange Erfahrung im Umgang mit den jeweiligen Verhältnissen: mit den örtlichen Gegebenheiten, den Menschen, ihren Traditionen und Denkweisen. Selbst wenn man Leute dort hinschickt, brauchen sie eine ganze Weile, bis sie sich einen hinreichenden Erfahrungsschatz angeeignet haben. Das dauert viele Jahre.

Entsprechendes gilt für die Kommunalverwaltung, ja gerade hier, in den Städten und Gemeinden. Versuchen Sie mal, eine lokale Verwaltung in der DDR zu einem präzisen Brief, geschweige denn zu einem hieb- und stichfesten Bescheid zu veranlassen! Also eine kompetente, kooperative Verwaltung kriegen wir auf lange Zeit hin nicht, und wenn das so ist, dann wird meines Erachtens ohne massive Gegensteuerung des Staates vor Ort die Industrie da bleiben, wo sie ist, also im Westen, und die Stagnation, wo sie ist, im Osten.

Wir werden demnach erleben, daß auf den bisherigen beiden Kraftlinien, die von den finanziellen und wirtschaftlichen Zentren der Bundesrepublik gebildet werden – die wichtigere läuft von Hamburg über Bremen, Düsseldorf, Köln, Frankfurt, Stuttgart nach München, die zweite, schwächere Linie von Hannover über Würzburg nach Augsburg und Nürnberg –, auch in Zukunft alle Entwicklungs-Knotenpunkte der vergrößerten Bundesrepublik liegen werden. In diesen aufgereihten »Perlen des Föderalismus«, wie das jemand genannt hat, sammelt sich die gesamte, auch intellektuelle Kraft des Landes. Dort liegen alle wichtigen Produktionsstätten, alle wichtigen Industrien. Dort werden auch weiterhin die Hauptverwaltungen sitzen, da werden die Banken ihre Zentralen haben. Vielleicht werden junge Menschen immer wieder zur Bewährung für ein paar Jahre in den Osten geschickt oder Querköpfe dorthin abgeschoben, aber das wird das Gesamtbild nicht ändern. Es gibt doch nirgendwo in der DDR einen Ort, der Chancen hätte, einen eigenständigen Magneten der wirtschaftlichen Entwicklung zu bilden!

Das gilt in gewissem Umfange sogar für Berlin. Von einem Wettlauf potenter Investitionswilliger aus der produzierenden Industrie nach Berlin kann keine Rede sein. Diese Stadt ist dennoch das einzige Zentrum, das ich weit und breit sehe, aus dem sich bei entsprechenden Anstrengungen des Bundes – ohne politische Gegensteuerung läuft im Ostteil des Landes überhaupt nichts – eine Metropole entwickeln könnte, eine überregional bedeutsame Kraftquelle und Wachstumschance.

SIEDLER   Die Warnung vor Berlin ist so töricht wie der Glaube, die alte Metropole könne wiederaufleben. Horst Ehmke und Peter Glotz sagen unaufhörlich, daß die wiedergeborene preußische Mentalität und der alte zentralisierte Einheitsstaat eine Gefahr für die föderale Struktur der Bundesrepublik seien – als wenn sich mit der Verlagerung der Bundeshauptstadt von einem Bundesland in das andere etwas in der Verfassung des Staates ändere.

Auf der anderen Seite steht die Illusion, mit der Rückkehr der Hauptstadt nach Berlin, also der Regierung und des Parlaments, würde der alte Zustand der Stadt und ihres Umlandes wiederhergestellt, eine Bundeshauptstadt Berlin werde so etwas wie eine demokratisierte Reichshauptstadt sein. Das ist meines Erachtens ebenso illusionär wie die andere, die furchtsame Position.

Berlin war immer die geographische Mitte des deutschen Siedlungsgebiets. Wenn man auf den Oder-Deichen stand, war man, wie es im 17. und 18. Jahrhundert hieß, in der »Mitte der Monarchie«. Von hier aus war es weiter nach Osten als nach Westen, man mußte über Danzig und Königsberg nach Tilsit und nach Memel fahren, um das Grenzgebiet Deutschlands zu erreichen. Aber auch das alte Kurland und Livland von Riga über Reval bis Dorpat war zumindest in der städtischen Welt deutsch geprägt. Nach Aachen war es viel näher, von Bonn und Köln ganz zu schweigen.

Diese Lage Berlins hat sich vollständig geändert. Berlin ist zum ersten Mal seit seiner Gründung vor 750 Jahren Grenzstadt. Vor seinen Toren, genau ein paar Dutzend Kilometer von den östlichen Stadtbezirken entfernt, endet an der Oder Deutschland, beginnt die slawische Welt. Insofern war die Warnung einiger rheinischer Bürgermeister, mit Berlin als Regierungssitz werde der preußische Geist und Staat wiedergeboren, nur polemisch gemeint – oder vollkommen wirklichkeitsfremd.

Preußen ist endgültig gestorben, und das nicht, weil das Deutsche Reich 1945 besiegt wurde und die Alliierten im Februar 1947 den preußischen Staat für aufgelöst erklärten, sondern weil das Land nicht mehr da ist. Geblieben ist Mecklenburg, das nie zu Preußen gehört hat, ist Thüringen, das in eine Vielzahl mitteldeutscher Duodez-Herrschaften zerfiel, und das Sachsen der Wettiner, die Preußen über Hunderte von Jahren voller Abneigung gegenüberstanden, weshalb Sachsen ja in allen Entscheidungskriegen, denen Friedrichs des Großen wie denen Napoleons, immer antipreußischen Allianzen angehörte. Es ist ein symbolischer Vorgang, daß das Idiom des deutschen Sozialismus, von Ulbricht angefangen, der sächsische Dialekt war – das preußische Element spielte im Staat des Sachsen Ulbricht und des Saarländers Honecker keine Rolle. Es war ein rührendes Mißverständnis, wenn de Gaulle von der DDR gelegentlich als *La Prusse* sprach.

Ich weiß gar nicht, was die Anti-Berlin-Fronde quer durch die Parteien hindurch eigentlich im Auge hatte, als sie argumentierte, mit Berlin werde die kostbarste Errungenschaft der Bundesrepublik verspielt: der föderale Aufbau der Bundesrepublik. Und dieses Zerstörungswerk soll ausgerechnet das ruinierte Brandenburg bewerkstelligen, das auf Hilfe der anderen Länder so sehr angewiesen ist?

Übrigens muß es in Zukunft zu einer Neuordnung der Bundesländer kommen. Zwei Länder, Berlin und Brandenburg, deren Hauptstädte nur dreißig Kilometer auseinander liegen, sind ebenso unsinnig wie die Bundesländer Bremen, Hamburg und das Saarland, das mit rund einer Million Einwohnern nur ein Siebzehntel der Bevölkerung von Nordrhein-Westfalen hat. Alle Welt gibt das zwar hinter vorgehaltener Hand zu, aber niemand sagt es laut. Gegen offene Worte spricht schon die Wahl-Arithmetik, die das Stimmenverhältnis im Bundesrat zum Guten oder Schlechten verändern würde. Dem schwedischen Staatskanzler Oxenstierna, der darüber stöhnte, mit wieviel Dummheit die Welt regiert werde, muß man hinzufügen: Die Unaufrichtigkeit der Argumentation im politischen Getriebe ist zumindest ebenso groß.

Wie wurde ich beschimpft, als ich vier Wochen nach dem Fall der Mauer in der ZEIT schrieb, Berlin werde nie wieder das werden, was es im Kaiserreich, in der Weimarer Republik, auch im Dritten Reich war; es sei eine Illusion, daß sozusagen eine Wiedereinsetzung Deutschlands in den vorigen Stand bevorstehe. Das gilt selbst für Ostdeutschland nicht. Alles ist verschwunden, was Berlin und was Preußen ausgemacht hat: die Juden, der Adel, das Bürgertum, das Handwerkertum, die Industrie, die Großbauernschaft. Nichts ist geblieben. Deshalb sagte ich damals, es sei eine große Illusion, daß Berlin irgendwann wieder eine Rolle spielen würde im alten Sinne. Es wird bestenfalls leidlich auf die Beine kommen.

RUMBERG Aber die Frage bleibt, wie können – neben Berlin – in der ehemaligen DDR überhaupt heute neue Zentren entstehen, von denen aus die Umgebung gesunden kann? Wie können die neuen Bundesländer insgesamt genesen?

SIEDLER Es wird zunächst nur Inseln geben. In Marienfelde hat das Mercedes-Lastwagenwerk Milliarden investiert, das wird wahrscheinlich eine Insel sein. Die zweite Insel wird das große Opel-Werk werden. Es wird in Dessau wieder etwas kommen. Ich glaube, es wird sich aus kleinen Inseln langsam wieder etwas bilden. Es wird keinen schnelleren Weg geben. Es gibt keinen Königsweg zur raschen Angleichung.

BARING Es bleibt jedoch die bisher unbeantwortete Frage, wie die Sanierung der ehemaligen DDR in Gang kommen soll, wenn Berlin schwächlich bleibt, was mir einleuchtet. Wie können die neuen Länder durchgreifende Starthilfen finden, wenn alle Wirtschaftszentren, die Banken, auch die politischen Zentral-Instanzen noch auf längere Zeit sämtlich in der alten Bundesrepublik bleiben? Wenn dieser Zustand andauert, wird die Ost-West-Wanderung, die sich in Europa überall anbahnt, auch in Deutschland nicht zu bremsen sein. Den Ost-West-Trend gibt es ja schon lange; er wurde durch den Eisernen Vorhang nur zeitweilig aufgehalten. In einer solchen Situation muß man sich fragen: ob die Politik, deren Rolle man stark oder schwach einschätzen mag, künftig umhin kann, ganz neue Akzente zu setzen?
Wird es, um die gewaltigen Anstrengungen zum Erfolg zu

führen, nicht vielleicht notwendig sein, zu etwas so Altmodischem wie Opfermut aufzufordern, und zwar nicht nur in Gestalt von Steuererhöhungen und finanziellen Ausgaben? Es wird entscheidend darauf ankommen, daß sich sehr viele Menschen, jüngere, aber auch ältere, erfahrene, in diese neuen Gebiete begeben, was für sie in vielerlei Hinsicht sehr unangenehm sein wird. Sie werden dort nicht willkommen sein. Man wird sie ausbeuten. Werden Westdeutschen nicht oft ganz unverschämt hohe Mieten abverlangt, unglaubliche Quartiere zugemutet? Sie werden auf eine von starken Ressentiments zerrissene Gesellschaft treffen, auf beschädigte, verbitterte, von der Vergangenheit heimgesuchte, untereinander vielfältig zerstrittene Menschen. Man ist versucht zu sagen: Es handelt sich wirklich um eine langfristige Rekultivierung, eine Kolonisierungsaufgabe, eine neue Ostkolonisation, obwohl man das öffentlich fast nicht sagen kann. Es klingt schrecklich hochmütig. Es ist überhaupt eine Frage großen Taktes, den Bewohnern der neuen Bundesländer schonend klar zu machen, was sich eigentlich bei ihnen, bei uns vollzieht.

RUMBERG   Aber wie wollen Sie denn ein oder zwei Millionen Menschen aus dem Westen dazu bewegen, sich dieser unangenehmen »Kolonistentätigkeit« zu unterziehen?

BARING   Damit sind wir wieder bei unserem eigentlichen Problem: der notwendigen Entwicklung der alten Bundesrepublik, die uns heute so zu schaffen macht, weil wir auf die neuen Herausforderungen in gar keiner Weise vorbereitet waren. Bleiben wir noch einen Augenblick beim Opfermut. Ein weiterer der Begriffe, die verbreiteter, man kann fast sagen, allgemeiner Lächerlichkeit anheimgefallen sind, ist der des Staatsdieners. Es ist ganz offenkundig, warum das so ist: weil man im Dritten Reich die Gefahren, die Grenzen dieser Idee erlebt hat. Der Staatsdiener ist in den Augen vieler Leute deshalb eine verachtenswerte Figur, weil er den Staat, noch dazu in der Rolle eines Dieners, denn auch das ist ja ein antiquierter Begriff, so hoch stellt, daß er auf eigenes Nachdenken verzichtet und deshalb Gehorsam auch da übt, wo aufrechter Widerspruch angebracht wäre.

Nun ist sicherlich an diesen kritischen Klischees irgend etwas Richtiges, etwas Bedenkenswertes. Aber zugleich ist doch vollkommen klar, daß ein Staat, gerade ein demokratischer Staat, gar nicht überleben kann, wenn es nicht Menschen gibt, und zwar nicht nur in der Bürokratie, sondern auch in der Bevölkerung insgesamt, die das Interesse dieses Staates, und das heißt das Interesse der demokratischen Allgemeinheit, im Kern selbstlos zu ihrem Lebensinhalt machen – bei unter Umständen kärglicherer Bezahlung als in anderen Lebensbereichen. Das ist immer so gewesen.

Mein Vater erzählte mir, daß er als Kind – mein Vater war Sohn eines Richters und wurde dann selber Richter – von einem Mitschüler gefragt wurde, ob seine Familie denn reich sei. Das habe er verneint; reich seien sie nicht. Ob sie denn arm seien. Darauf habe er geantwortet: »Nein, arm sind wir eigentlich auch nicht. Wir sind so mittelarm.« Der Ausdruck »mittelarm« beschreibt meines Erachtens sehr genau, was man von aller Beamtenbesoldung, Richterbesoldung, Professorenbesoldung sagen kann: Diese Leute haben ein auskömmliches Dasein, sie werden auch alimentiert in Fällen der Not aufgrund der Fürsorgepflicht des Staates gegenüber seinen Dienern, aber sie werden niemals Reichtümer im Staatsdienst erwerben.

Der Vergleich mit anderen, lukrativeren Berufen der Wirtschaft und der Finanzen ist irreführend, kann keine Maßstäbe liefern. Denn der wesentliche Lebensinhalt des Staatsdieners zielt nicht auf die Mehrung des eigenen Einkommens, sondern auf den Dienst an der Allgemeinheit.

Diese Vorstellungen sind bei uns weitgehend verschwunden, ich würde sagen: zum Schaden von uns allen. Denn was wir jetzt vor allem in der DDR brauchen, ist natürlich die Gesinnung des Dienens, das Pflichtgefühl – sowohl bei den Menschen dort wie bei Menschen hier, die dann dort hingehen. Ich gebe zu, daß angesichts der gegenwärtigen öffentlichen Maßstäbe kaum einzusehen ist, warum zahlreiche Beamte in den Osten gehen sollten bei den sehr viel schlechteren Arbeits- und Lebensbedingungen, die sie dort antreffen, wenn der einzige Gradmesser ihres Arbeitens das eigene Einkommen und das eigene Wohlbefinden sind.

RUMBERG Es war ja, um unser Gesprächsthema nun ein wenig international zu weiten, verblüffend zu sehen, mit welcher Selbstverständlichkeit – zum Teil mit Hoffnung, zum Teil mit Ängsten – eigentlich alle Welt davon ausging, wir Deutschen würden nach der Vereinigung nun wieder größer und mächtiger. Die eben von Ihnen beschriebene Verschiebung unserer Werte ist doch ein erneuter Beleg dafür, daß wir gegenwärtig weder willens noch in der Lage sind, eine solche neue Rolle zu spielen.

BARING Von außen betrachtet wirken wir viel mächtiger, als wir uns fühlen. Zu Unrecht denken die anderen, wir seien jetzt wirklich souverän. Daher kam ja die verbreitete Erwartung, jetzt würden die Deutschen eine selbständigere, wenn auch natürlich loyale Rolle spielen.

Außerhalb Deutschlands wird überhaupt nicht gesehen, welche Lasten auf Jahre, auf Jahrzehnte hinaus diese Wiedervereinigung mit sich bringt, wir haben das vorhin schon einmal kurz gestreift. Von innen betrachtet dagegen erscheint heute vielen die ganze Einheit als ein Riesenverlustgeschäft, übrigens auf beiden Seiten. Die Ostdeutschen sagen: Wir waren unter Honecker besser dran. Damals gab es noch stabile Preise und Mieten, überhaupt bescheidene Sicherheit sowie jede Menge Ruhe, auch nicht die Schande der Arbeitslosigkeit, den Konkurrenzdruck und die neuen Diskriminierungen. Beide Teile Deutschlands sind im Augenblick verbiestert und denken: du lieber Gott, das kostet immer mehr und immer mehr an Geld, Kraft, Aufregung, Anstrengung, und es ist kein Ende abzusehen.

Ich bin sicher, daß man draußen wie drinnen lange übersehen hat, wie groß auf Jahrzehnte hinaus die Lasten der DDR-Integration bleiben werden. Bis zum heutigen Tage wird noch immer in Bonn – jedenfalls in öffentlichen Äußerungen – weit untertrieben, was auf uns zukommt. Die Landsleute glauben immer noch, unsere westlichen, das greife nun irgendwann, dieses Programm Aufschwung-Ost oder was immer. Es wird nicht recht greifen, oder? Ich behaupte: Soweit ich sehen kann, greift es nicht.

RUMBERG Es wird jedenfalls nicht in dieser Generation greifen. Man sollte nicht behaupten, daß es nie greift.

BARING   Wenn Sie sagen: es wird nicht in dieser Generation greifen, dann decken sich Ihre Einschätzungen mit den meinen. Wir sind uns einig, leider: jedenfalls nicht in zwei, drei Jahren oder so...

RUMBERG   Nein, das ist klar.

BARING   Aber die Regierung geht ja immer noch davon aus, auch die Opposition letzten Endes, daß dies möglich sein, irgendwie ermöglicht werden müßte.

Deutsche Krämerseelen

RUMBERG   Es ist auch deswegen nicht möglich, und da wird es dann paradox, weil wir die Einheit auf allen Seiten als Verlustgeschäft betrachten. Im Grunde scheitert der schnelle Aufschwung doch auch an unseren Krämerseelen.

Wenn wir die Einheit als die vorhin so benannte nationale Aufgabe begriffen und tatsächlich die auch schon erwähnte eine Million Leute hinübergingen, wenn all diese Bedingungen einträten, dann würde es vermutlich in drei Jahren oder in fünf Jahren tatsächlich funktionieren.

SIEDLER   Aber es bleibt natürlich richtig, daß am Ende nicht nur ein größeres, sondern auch ein wirtschaftlich stärkeres und politisch mächtigeres Deutschland entstehen wird. In historischen Perspektiven ist es ja vollkommen gleichgültig, ob die Malaise fünf, zehn, zwanzig oder dreißig Jahre dauert und was die Kosten für die Wiederherstellung der alten Kulturlandschaft sein werden. Bleiben wir ruhig bei jener Schätzung von tausend oder tausendfünfhundert Milliarden Mark, von der wir vorhin gesprochen haben.

Auf der anderen Seite steht ja der Gewinn dieser enormen Anstrengung. Erstens ist Deutschland schon jetzt der Motor der Europäischen Gemeinschaft. Deutschland ist der einzige Teil der EG, der vom Rückgang der Investitionen im besonderen und der Konjunktur im allgemeinen nicht betroffen ist. Fiat, Renault,

Peugeot haben Kurzarbeit einlegen müssen, die seit jeher vor sich hinkrebsende Automobilindustrie Englands ohnehin. Volkswagen, Mercedes, Opel, Ford, Audi und die VW-Tochter Seat müssen ständig Überstunden anordnen, fahren unaufhörlich Sonderschichten, und die deutsche Automobilindustrie wird ganz ohne Zweifel am Ende dieser Krise stärker sein als zuvor.

Und die Automobilindustrie steht hier ja nur als besonders augenfälliges Beispiel für die gesamte Industrie der alten Bundesländer. Fast jede Woche gibt der Groß- und Einzelhandel neue Umsatzrekorde bekannt, die in die Größenordnung von zehn Prozent gehen, während man in den übrigen europäischen Ländern Mühe hat, ein Plus von ein oder anderthalb Prozent zu halten. Das beschränkt sich vorläufig auf die alten Bundesländer, und in gewissem Sinne kann man tatsächlich sagen, daß die neuen Bundesländer einstweilen die Zeche zahlen, weil sie lediglich konsumieren, aber nicht produzieren. Aber niemand hält das für einen dauerhaften Zustand. Selbst Skeptiker leugnen nicht, daß am Ende ein wirtschaftlich mächtiges Gesamtdeutschland stehen wird.

Es ist schon zu begreifen, daß man diese Entwicklung in Paris und London mit zwiespältigen Empfindungen betrachtet. Trotz aller Beteuerungen der Zustimmung zum Einigungsprozeß haben deshalb Mitterrand wie Thatcher von vornherein ihre Reserven gehabt, auch wenn sie das nicht offen aussprachen. Es entsteht in der Tat ein wirtschaftlicher Koloß in der Mitte Europas. Schon die kleine Bundesrepublik war doch die stärkste Wirtschaftskraft Europas. Wie sollte man da jenseits unserer Grenzen nicht beunruhigt sein, vor allem wenn man wahrscheinlich zu Recht voraussieht, daß Osteuropa sich zwar politisch nach Washington, Paris und London orientiert, aber die Sogkraft Deutschlands in allem Wirtschaftlichen vermutlich über die Sympathien im Kulturellen triumphieren wird. Interessen und Gravitationskräfte wiegen nach allen historischen Erfahrungen schwerer als politische Neigungen.

Das zeichnet sich bereits ab. Die Tschechen und Slowaken haben weiß Gott keinen Hang zum Deutschen, und Paris war deshalb ursprünglich ziemlich sicher, daß es den Zuschlag erhalten würde, als es um einen Partner für Skoda ging. Es muß alarmiert haben, daß die Entscheidung dennoch am Ende einstimmig für Volkswagen ausfiel. Und was am meisten irritierte, war, daß dies kein einsamer Entschluß der Regierung in Prag oder des Vorstands der Skoda-Werke war, sondern auf eine Abstimmung unter den Arbeitern zurückging, die sich mit erdrückender Mehrheit für einen deutschen und nicht den französischen Partner aussprachen. 86 Prozent aller westlichen Investitionen in der Tschechoslowakei kommen aus der Bundesrepublik, die restlichen 14 Prozent aus dem übrigen Europa und Amerika. Das ist es, was am Horizont heraufzieht: ein osteuropäischer Wirtschaftsblock, der nach München, Stuttgart, Frankfurt und Hannover orientiert ist.

BARING Ihre Hoffnung, daß in ferner Zukunft alles besser sein wird, teile ich. Zunächst jedoch werden die von Herrn Rumberg eben angedeuteten Bedingungen nicht eintreten und die neuen Länder auf sehr viele Jahre hinaus ein gewaltiges Notstandsgebiet bleiben – finanziell, konzeptionell, personell. Man hat sie zunächst rein fiskalisch behandelt, was viel sagt über die letzten Jahrzehnte und unser Vertrauen in die Selbständigkeit und Leistungsfähigkeit unserer Mitmenschen. Man hat anfangs durchweg geglaubt, es handle sich um ein überschaubares, kurzfristiges Problem, das wesentlich mit finanziellen Transferleistungen lösbar sei. Unsere Landsleute drüben würden, mit genug Geld ausgestattet, einen raschen Wirtschaftsaufschwung bewerkstelligen: eben ein Wirtschaftswunder. Auch Sie, Herr Siedler, haben eben noch einmal von Summen gesprochen. Längst ist jedoch vollkommen klar, daß dies eine naive Sicht der Lage war. Finanznöte bilden lediglich einen kleinen Bruchteil der dortigen Probleme. Mindestens ebenso wichtig wie die finanziellen Schwierigkeiten sind – das haben wir vorhin schon erörtert – die personellen. Die Gebiete der ehemaligen DDR haben ja ein halbes Jahrhundert lang einen ungeheuren Aderlaß an Spitzenkräften hinnehmen müssen.

RUMBERG Länger, denn die Vertreibung von Teilen der Elite hatte schon 1933 begonnen. Der Exodus der linken und liberalen Intelligenz sowie vor allem die Vernichtung der Juden betrafen natürlich ganz Deutschland und nicht nur die spätere DDR. Wenn man über die ehemalige DDR und die desolate Personalsituation nachdenkt, darf man jedoch nicht vergessen, daß dort nicht nur fünfundvierzig, sondern fast sechzig Jahre lang eine Diktatur herrschte.

BARING Der DDR-spezifische Aderlaß begann 1945 mit einer sowjetischen Brutalität sondergleichen, die einem Vernichtungsfeldzug gleichkam. In den folgenden Jahrzehnten wurden die kommunistischen Methoden der Ausmerzung gemäßigter, relativ gesehen, aber die Ergebnisse waren dennoch verheerend: eine Wüste. Was wir für selbstverständliche Komponenten einer freien menschlichen Gesellschaft halten – Initiative, Elan, schöpferische Individualität –, ist doch in der DDR größtenteils verschwunden.

SIEDLER Man vergleicht inzwischen oft die beiden Gewaltherrschaften, die 1945 und 1990 zusammengebrochen sind. Daran knüpft man dann die Hoffnung oder sogar die Erwartung, daß auch diesmal wieder ein Wirtschaftswunder früher oder später kommen wird. Ganz allmählich erst wird bewußt, daß das Dritte Reich und der Arbeiter-und-Bauern-Staat gänzlich unvergleichbar sind.

Das Dritte Reich war, ganz abgesehen davon, was es sonst noch war, ein außerordentlich moderner Staat, in vielerlei Hinsicht der modernste Staat Europas, wenn man das außermoralisch nimmt. Rein technologisch betrachtet marschierte Deutschland in dem Moment, als es militärisch zusammenbrach, an der Spitze Europas. Das gilt sowohl für die Techniken der Stahl-Herstellung als auch der chemischen Industrie, wenn wir zum Beispiel an die Buna-Produktion und an die neuen Verfahren wie Kohle-Verflüssigung und Kohle-Vergasung denken. Es wird von Fachleuten geschätzt, daß hinsichtlich der Kunststoffentwicklung Deutschland Anfang der vierziger Jahre um zehn Jahre vor der englischen und französischen Technologie lag, was natürlich mit Hitlers Wunsch zusammenhing, das Dritte Reich autark, vom Weltmarkt unabhängig zu machen. In den ersten Düsenflugzeugen, den sogenannten Strahlflugzeugen, und in der Raketentechnik der V-Waffen wird das besonders greifbar. Eine Zusammenstellung aller in der Entwicklung befindlichen Projekte macht ganz deutlich, wie modern die Gewaltherrschaft war, die 1945 zusammenbrach.

Der Trabant ist deshalb so charakteristisch für den sozialistischen Staat, weil er dessen ganze Armseligkeit wie in einem Brennglas vorführt. Dieses Miniaturauto aus Kunststoff wurde in einer Region 1990 produziert, in der man 1939 den Horch, den Wanderer, den BMW, den DKW baute, und selbst dieser kleinste Wagen, die DKW-Reichsklasse, DKW-Meisterklasse und DKW-Schwebeklasse waren hoch modern, auch im Vergleich zu dem, was gleichzeitig in anderen Ländern Europas konstruiert und produziert wurde.

Wie beim Trabant war es in praktisch allen Bereichen der Industrie, weshalb es kein Wunder ist, daß dieser abgeschottete Wirtschaftsraum in Konkurs ging, als man ihn dem Luftzug des Weltmarktes aussetzte. Der Blick in die Produktionsanlagen der chemischen oder der optischen Industrie macht deutlich, weshalb jeder westliche Partner vor dem Gedanken zurückschreckt, sich dort zu engagieren. Nicht nur der Maschinenpark ist bis auf wenige Ausnahmen verschrottungsreif, sondern auch die Fabrikationsanlagen insgesamt, meist selbst die Fabrikhallen, die aus den dreißiger Jahren stammen. Das scheint den dort Beschäftigten in diesem Ausmaß bis zum Zusammenbruch des SED-Staates gar nicht bewußt geworden zu sein, woher die Illusion kam, man werde in wenigen Jahren auf dem Stand Westdeutschlands sein.

»Von der Sowjetunion lernen, heißt siegen lernen«, oder »Sozialismus ist Sowjetsystem plus Elektrifizierung« – alle diese Parolen, die sich auf Lenin oder Stalin berufen, haben nicht nur das eigene Volk getäuscht, sondern auch die westliche Öffentlichkeit. Man galt als Reaktionär, wenn man sagte, was heute vor aller Augen liegt: daß das ganze »fortschrittliche Lager« ein einziges Gebiet des Rückschrittlichen war. Ich habe für meinen Verlag Gott und die Welt mobilisiert, ein Buch unter dem Titel »Der Sozialismus als Fortschritts-Verhinderungsphänomen« zu schreiben, aber das entsprach nicht dem Zeitgeist. Sein politisches System – eine Verfassung, eine Staatsform – kann man über Nacht umstürzen, wie das in Ost-Berlin, in Warschau, in Prag und in Budapest geschehen ist. Die Schnelligkeit dieses Prozesses, die sich ja nicht nach Jahren oder Monaten bemaß, sondern nach Wochen, war tatsächlich atemberaubend. Aber darunter kam eine umfassende ökonomische und gesellschaftliche Fäulnis zum Vorschein, und mit ihr werden Deutschland und ganz Osteuropa wahrscheinlich nicht nur Jahre, sondern Jahrzehnte zu tun haben.

Aber ich sage noch einmal, was wir vorhin schon erörtert haben: Im Hintergrund steht die traditionelle Zurückgebliebenheit des alten Osteuropa. Bulgarien war nie Belgien, und Rumänien war stets eine andere Welt als Holland. Wir haben es also mit zwei verschiedenen Problemen zu tun: der Erneuerung der technischen Ausstattung aller sozialismusgeschädigten Länder und dem historischen Rückstand einer Region, die seit Jahrhunderten nicht an der Entwicklung Westeuropas teilhatte. Wir tun auch deshalb gut daran, uns auf sehr lange Prozesse einzustellen.

BARING   Eben. Um noch einen Moment bei der alten DDR zu bleiben: nicht nur finanziell und personell, auch psychologisch ist sie bisher als das Problem, das sie ist, keineswegs erkannt. Die Mischung aus Autoritätsgläubigkeit (also der Hoffnung, daß irgend jemand von oben, früher Honecker und jetzt Kohl, die Dinge regeln wird), einer verbreiteten Antriebsarmut und gleichzeitig einer großen Erwartungshaltung ist besonders ungünstig für das, was wir als Selbsttätigkeit in der Demokratie, aber auch der Wirtschaft voraussetzen.

Ein Politikwissenschaftler hat geschrieben, die ganze ehemalige DDR sei »so etwas wie eine sozialpsychiatrische Herausforderung«. Man konnte ja in diesem Gebilde, das sich DDR nannte, nur überleben, wenn man den Kopf einzog, keine Initiative entfaltete, soweit wie irgend möglich graue Maus war. Und das ist natürlich ein ganz ungeeignetes Verhalten, wenn man sich nun in die ganz anders gearteten, neuen Verhältnisse einer freien Gesellschaft einfügen soll. Ich glaube, um das einmal ganz pauschal zu sagen, daß eine solche Anpassung genauso lange dauern wird, wie es gedauert hat, die DDR zustande zu bringen und dann zugrunde zu richten. Wir müssen also in Generationen rechnen, bis alle mentalen, emotionalen Defizite beseitigt sind.

RUMBERG Das ist natürlich auch für uns ein psychologisches Problem. Denn die ursprünglichen Schätzungen liefen doch darauf hinaus, daß alle Mängel, alle Probleme nach dem Verschwinden des Regimes in kurzer Zeit beseitigt werden könnten und keine außergewöhnlichen Anstrengungen notwendig seien.

BARING Ich glaube, inzwischen ist zumindest mehr oder weniger allen Berlinern klar und vielen in der Bundesrepublik wird zunehmend klar, wie wenig dieser Optimismus begründet ist. Alles erweist sich als sehr viel schwieriger, langwieriger. Die Meisterung dieser enormen Intergrationsaufgabe ist obendrein wesentlich eine Frage des behutsamen Umgangs mit den neuen Landsleuten, an dem es leider immer wieder fehlt. Arroganz mag es hier wie dort geben. Aber in der früheren DDR ist es die Arroganz der überspielten Schwäche, des uneingestandenen Unterlegenheitsgefühls, auf westdeutscher Seite die Überheblichkeit vermeintlicher eigener Stärke.

Es ist heute fast unmöglich, einem DDR-Publikum die Wahrheit über die dortige Gesamtsituation zu sagen und nicht gleichzeitig die Arroganz des Westlers herauszukehren, weil man, will man ehrlich sein, sehr unerfreuliche Dinge sagen, unfreundlich klingende Mitteilungen machen muß: über die oft fehlende Motivation, den trostlosen Zustand des Landes, die Sinnlosigkeit aller Opfer der letzten vierzig, fünfundvierzig, sechzig Jahre. So gut wie nichts Positives bleibt weit und breit. Die DDR-Errungenschaften, von denen manche Leute lange Zeit schwärmten, sind inzwischen auf mehr oder weniger nichts zusammengeschrumpft. Es ist natürlich außerordentlich schwierig, sich vor allem in fortgeschrittenen Lebensaltern klarzumachen, daß man unter Regimen gelebt hat, die kein Dankeswort verdienen, im Gegenteil, denen nur Verwünschungen hinterherhallen. Das ist für die eigene Lebensbilanz etwas außerordentlich Belastendes.

Es ist überdies verletzend für das Selbstwertgefühl, plötzlich als Mensch zweiter Klasse zu erscheinen, der nicht fähig ist, seine eigenen Angelegenheiten zu regeln. Das Minderwertigkeitsgefühl wird nicht dadurch weniger schmerzhaft, daß viele es teilen. Und an tausend Dingen, die im praktischen Alltagsgeschäft ja dauernd erörtert werden – Anträge werden nicht bearbeitet, Post kommt nicht an, Anfragen bleiben unbeantwortet, Stagnation allenthalben –, zeigt sich auf Schritt und Tritt der marode Zustand des ganzen Gebiets.

Die Malaise liegt vor allem daran, daß tatkräftige Menschen fehlen, man kann es nicht oft genug wiederholen. Sie wissen es ja selber aus dem Verlagsgeschäft: wenn Sie nicht ein paar Leute haben, die mit ihrem eigenen Kopf mitdenken, mithandeln, mitreagieren, dann läuft einfach nichts. Und deshalb läuft eben so vieles überall in der DDR nach wie vor nicht. Der Sozialismus lief sozusagen von selbst – schlecht und recht. Diese Regime waren darauf eingestellt, von einem mittelprächtigen Politbüro, meistens eher unterqualifizierten Leuten, von oben nach unten dirigiert zu werden – abgeschottet gegen die Außenwelt, die Weltwirtschaft. Eine Kommandowirtschaft kann in ihrem Rahmen eine Zeitlang funktionieren – bis alles zusammenbricht. Aber in einer Gesellschaft, die auf freie Initiative angewiesen ist, läuft nichts ohne Mut zur eigenen Entscheidung. Und die große Illusion im Westen lag in der Annahme: Wenn man die Kommandowirtschaft und den Terror beseitige, seien sofort freie Individuen da, die sich selbständig betätigen und alles Mögliche in Bewegung setzen würden.

SIEDLER Das Führungspersonal der ehemaligen DDR, mit dem unsere Politiker und Wirtschaftsführer jahrzehntelang so hochachtungsvoll umgegangen sind, war bei Lichte besehen trostlos. Die alte Führerschaft der Sozialdemokraten von Lassalle über Bebel bis zu Liebknecht (von den österreichischen Austromarxisten, die wirkliche Intellektuelle waren, ganz zu schweigen) war in ihren jeweiligen Berufen hochqualifiziert, Handwerksmeister wie Bebel oder Juristen wie Liebknecht. Die Mitglieder des Politbüros, die fast ein halbes Jahrhundert lang eine der führenden Industrieregionen Europas regierten, sind meist unausgebildete Berufskommunisten gewesen, hatten bestenfalls eine Lehre – keine Gesellen- oder Meisterprüfung – hinter sich gebracht. Honecker war in diesem Sinne repräsentativ für die Satrapen, die es sich, gestützt auf die Sowjets, in Ostdeutschland bequem gemacht hatten: Er hatte eine Dachdecker-Lehre mit Müh und Not absolviert. Das waren die Leute, von denen Berthold Beitz oder Franz Josef Strauß schwärmten.

BARING Trostlos sah es wohl in vielen Führungsetagen der DDR aus. Wieso und woher sollten eigentlich jetzt Unternehmer auftauchen? Unternehmertum setzt vielfältige Kenntnisse, ein Geflecht von Verbindungen, setzt Erfahrungen und Traditionen voraus. Zunächst einmal fehlte es weithin an allen diesen Eigenschaften, und noch immer ist nicht sicher, wie rasch sie sich in hinreichender Zahl entwickeln, auch wenn es hoffnungsvolle Ansätze an vielen Orten gibt. Es gibt schon längst alle möglichen Beispiele von Leuten, die irgendetwas aufgemacht haben: eine Gaststätte, eine Sauna, eine Boutique, oft leider nur einen Videoverleih. Und das zeigt eben wieder die heutigen Grenzen kreativer Verselbständigung.

Wenn man aus der Situation in der ehemaligen DDR verallgemeinernde Schlüsse auf den größeren Bereich ganz Osteuropas ziehen will, kann man eigentlich nur zu skeptischen, zu sehr pessimistischen Einschätzungen kommen. Die vermutlich langanhaltende Misere Osteuropas, die ich prognostiziere, wird gerade uns Deutsche, weil wir geographisch da liegen, wo wir liegen, ganz besonders belasten.

Osteuropa als Herausforderung

SIEDLER Die Frage, ob sich der Aggregatzustand Deutschlands verändert hat durch die Ereignisse des letzten Jahres, läßt sich eigentlich nur im Osten klar beantworten. Tatsächlich ist Deutschland zum ersten Mal wirklich wieder die Hegemonialmacht ganz Mittelosteuropas. Es wird für die Tschechoslowakei, für Ungarn, zum Teil auch für Polen die Führungsmacht sein. Es wird im Westen keine neue Rolle spielen; die sechzehn Millionen, die neu hinzugekommen sind, machen Deutschland nicht stärker im Westen. Daher können sich die Engländer beruhigen und sagen: aus den Deutschen wird nichts mehr, und die Franzosen werden uns mitteilen: Ihr könnt die wirtschaftliche Führungsmacht sein, die politische Führungsmacht sind wir. Im Osten aber, wo lange eine tiefe Abneigung gegen Deutschland herrschte, zumindest bei den Polen und den Tschechen, wirkt die natürliche Gravitationskraft; dieses Deutschland wird an Gewicht zunehmen, und es wird eine solche Sogkraft gewinnen, daß ganz Osteuropa sich nach Deutschland orientiert – nicht zu dem politisch beliebten Frankreich, nicht zu dem adorierten England, sondern alles wird im Grunde in Richtung Deutschland gehen. Deutschland wird, was uns freuen sollte, zum Vorbild, zum Modell für Osteuropa.

Deutschland: die neue Hegemonialmacht?

BARING Ich finde es verblüffend, daß Sie das alles gerade an dieser Stelle sagen. Denn wenn man jetzt von einer Labilisierung der Deutschen reden muß, und die ist ja, zumindestens was den ostdeutschen oder mitteldeutschen Teil angeht, ganz offenkundig, liegt doch die Frage nahe: Sind nicht die vielen Erwartungen, die an Deutschland gerichtet werden, etwa es werde, wie Sie eben sagten, Hegemonialmacht werden, weit übertrieben, ja aus der Luft gegriffen? Außerdem finde ich Ihr Argument widersprüchlich. Großbritannien und Frankreich fürchten doch gerade, daß ein stark wachsendes Gewicht Deutschlands in Osteuropa Wirkungen auch im Westen entfalten, die bisherige westeuropäische Kräfte-Balance aus den Angeln heben, Englands Sonderrolle beeinträchtigen, Frankreichs Führungsposition beseitigen werde.

SIEDLER Es ist weithin unbemerkt geblieben, daß Deutschland möglicherweise seine traditionelle Rolle in Osteuropa wiedergewinnt – und das mit um so geringeren Vorbehalten, als sich Deutschland machtpolitisch völlig aus Osteuropa zurückgezogen hat, seit man ihm seine eigenen Provinzen im Osten nahm. Nun gibt es kein Deutsches Reich mehr, das nicht nur deutsche Gebiete bis zur Memel hatte, sondern die polnischen Provinzen des ehemaligen Kaiserreichs, Westpreußen, Posen, beherrschte; Habsburg hat nicht nur seine alten Residenzen Prag und Budapest verloren, sondern auch die österreichisch geprägten Länder Galizien und Wolhynien mit der osteuropäischen Metropole Lemberg, von dem habsburgischen Triest ganz zu schweigen. Deutschland-Österreich ist als politische Herrschaftsmacht in Osteuropa nicht mehr vorhanden.

Aber auffälligerweise wendet man sich eben in dem Moment dem deutschen Wirtschaftsraum zu. Alle blicken erwartungsvoll auf uns, wenn es um die Sanierung der nationalen Wirtschaften geht. Skoda, das insgesamt eine VW-Investition von zehn Milliarden Mark erfordert, ist da wirklich nur ein erstes Beispiel. In Ungarn sind dieselben Entwicklungen zu verfolgen, und sie werden sich noch verstärken; mehr als siebzig Prozent aller westlichen Investitionen kommen aus Deutschland. Natürlich liebt man in Prag und Warschau Westeuropa mehr als das deutsche Mitteleuropa. Aber wenn es um Kapitalbeteiligungen, also um technisches Know-how und um wirtschaftliche Absatzgebiete geht, blickt man auf Deutschland. In gewissem Sinne könnte man sagen, daß Deutschlands Chance erst beginnt, nachdem es sich politisch, also machtmäßig, aus dem Osten zurückgezogen hat. Der Westen, wie sympathisch er auch immer sein mag, liegt eben wirklich weit im Westen, und Deutschland, mit wieviel

Reserve man ihm gegenüberstehen mag, ist tatsächlich die wirtschaftliche Verheißung für ganz Osteuropa.

Dazu hat der wirtschaftliche Aufstieg der zertrümmerten Restbestände des Dritten Reiches nach 1945 beigetragen, den man überall verblüfft und fasziniert verfolgt hat. Jetzt will man dasselbe erleben und erwartet nichts von Großbritannien, das den Wettkampf innerhalb der westlichen Welt längst verloren hat, und auch wenig von Frankreich, das sich so offenkundig schwer gegenüber Deutschland behauptet. Man blickt im Osten überall erwartungsvoll auf die Welt zwischen dem alten Ruhrgebiet, dem neuen bayerischen Industriezentrum und dem südwestdeutschen Gravitationsgebiet in Württemberg, das mit Daimler-Benz, IBM und der Computerindustrie so staunenswert nach vorne gerückt ist.

Ich glaube, man darf über den aktuellen Alarmmeldungen aus dem Osten diese langfristigen Verheißungen nicht übersehen. Ich komme immer wieder darauf zurück: Deutschland ist unglaublich gestärkt worden durch die Wiedervereinigung. Wenn man nicht in Jahren, sondern in Jahrzehnten denkt, wird es die führende Wirtschaftsmacht in Europa werden, in diesem Sinne Hegemonialmacht in Osteuropa.

BARING   Ich weiß wirklich nicht, wovon Sie reden. Wenn sich die neue Bundesrepublik wesentlich als Fortsetzung der alten betrachtet, lediglich mit etwas größerem Terrain ausgestattet, und wenn die Deutschen angesichts der Schwierigkeiten, die ihnen die Vergrößerung ihres Territoriums bereitet, zur Konzentration auf die eigenen Probleme und damit zur Selbstabschließung nach außen neigen werden, würde ich annehmen, daß wir überhaupt keine Rolle spielen werden in Osteuropa. Im Gegenteil: ein Teil der Krisen, mit denen wir rechnen müssen, wird daher rühren, daß wir uns mit Osteuropa nicht genug beschäftigen, Osteuropa nicht genug stützen. Wir waren doch 1990 deshalb so glücklich, weil wir plötzlich die Vision vor Augen hatten, um uns herum entstehe eine Welt westlicher Demokratien. Unser altes Ost-West-Problem, die Mittellage, sei verschwunden, löse sich auf, der Westen werde überall in Europa Platz greifen.

Westen hieß in diesem Zusammenhang: freiheitliche parlamentarische Demokratien, die Menschenrechte und Rechtsstaatlichkeit achteten, gleichzeitig aber – und das war der entscheidende Fehler der Voraussage – wirtschaftlich und sozial leistungsfähig würden. Wir dachten einen glücklichen Augenblick lang, die Probleme, die wir in früheren Zeiten unserer Geschichte hatten – autoritäre Regime in Osteuropa, Demokratien in Westeuropa, wir teils ratlos, teils rabiat eingeklemmt in der Mitte –, seien für immer gelöst. Wir Deutschen seien zwar immer noch in der Mitte Europas, aber erstmals umgeben rundum von Demokratien und in absehbarer Zeit auch von wohlstandsorientierten, wirtschaftlich leistungsfähigen Staaten.

Diese ansehnlichen, stabilen Regime wird es nicht geben. Es wird sie wesentlich auch deshalb nicht geben, weil das, was wir im Augenblick mit der DDR erleben – sie ist finanziell ein Faß ohne Boden, vielleicht auch nicht fähig, mit Geld vernünftig umzugehen –, die ohnehin abwartenden Deutschen zu größter Vorsicht veranlassen wird. Sie werden sich aufgrund ihrer ernüchternden DDR-Erfahrungen sagen: Wenn wir schon mit diesem Gebiet nicht zu Rande kommen, in dem man deutsch spricht und denkt, mit dem wir eine gemeinsame Kultur und Geschichte teilen, viele Verwandtschaften haben, wenn schon bei uns selbst die Rekonstruktion eine Frage von Generationen wird, dann ist doch Polen erst recht ein hoffnungsloser Fall und die Tschechoslowakei sowie Ungarn auch.

Wir Deutschen, auf uns allein gestellt, *können* in diesen Ländern *nichts* wirklich Hilfreiches tun, so daß man nicht unbedingt erörtern muß, ob wir eigentlich etwas tun *wollen*. Mit anderen Worten: die Gefährdung der heutigen Regierungen in Osteuropa liegt meiner Ansicht nach darin, daß sie die Erwartungen ihrer Bevölkerung nicht erfüllen können – und daher auch nicht lange überleben werden. Sie werden mehr oder weniger alle nur Episoden sein. Und was kommt dann?

Die Wahl von Lech Walesa zum polnischen Staatspräsidenten war in meinen Augen schon ein kräftiges Krisenzeichen. Er hat als Gründer und Führer der Gewerkschaft *Solidarität* Großartiges, Bewundernswertes geleistet; das wird nie vergessen werden. Aber als Staatsoberhaupt fehlt ihm doch viel. Er hat Instinkt, ja. Er besitzt beträchtliche demagogische Fähigkeiten, die ich zeitweilig sehr bewundert habe, verfügt auch über eine gewisse Schläue. Aber hat er die erforderlichen Eigenschaften, um Polen in einen Staat zu verwandeln, der in Europa seinen Platz findet? Der polnische Präsident ist ein mächtiger Mann, nicht eine reine Symbolfigur wie unser Bundespräsident des Grundgesetzes, der von Amts wegen auf die Abhaltung von Feierstunden, auf das Verfassen erhebender Reden beschränkt ist. Es fehlt Walesa meines Erachtens an Kenntnissen, um konstruktive Vorschläge zu machen, zugleich visionär seinen Mitbürgern nahezubringen, fehlt an der Verbindung dieser beiden Elemente, die notwendig sind, um Polen zu festigen und zu führen. Die polnische Präsidenten-Wahl zeigte eine erhebliche Labilität der Verhältnisse in Polen, obwohl ich gerne einräume, daß Walesas erste Monate insgesamt ermutigend waren, den Skeptikern nicht unbedingt Recht gegeben haben.

Die allgemeine Labilisierung Osteuropas wird abschreckend auf die Deutschen wirken und dazu beitragen, daß sie die Rolle der Hegemonialmacht – wie Sie sagen – ablehnen werden; und ich glaube nicht, daß es Hegemonialmächte wider Willen gibt. Ein Volk und seine Repräsentanten müssen eine Führungsaufgabe bewußt ins Auge fassen und sich auf die Schultern laden – sonst bleibt alles, wir kennen das ja zur Genüge, bei hochtönenden, folgenlosen Redensarten. Man hat Macht nur in dem Maße, in dem man sie haben will und die entsprechenden Opfer bringt.

Das kann man an der Sowjetunion wunderbar studieren. Solange sie den Willen dazu hatte, war sie eine Weltmacht. An ihren Potentialen hat sich zwischen dem späten Breschnew und dem frühen Gorbatschow wahrscheinlich nicht viel verändert. Denn von der dringenden Notwendigkeit ökonomischer Reformen wurde seit Jahrzehnten, schon in den fünfziger Jahren heftig geredet. Erst als Gorbatschow die Zügel locker ließ, die Schleusen öffentlicher Kritik aufmachte, kam die Sintflut über die Sowjetunion, brach mehr und mehr Chaos aus. Hätte man in Moskau vom Standpunkt des Kreml nicht besser daran getan, wie bisher weiterzuwursteln? Bestand wirklich eine zwingende Notwendigkeit, sofort so viel in Frage zu stellen, die eigene Weltmachtposition eigenhändig zu unterspülen? Sebastian Haffner sagt: diejenige Persönlichkeit in der neuesten Geschichte, die er am meisten verachte, sei nicht, wie jeder immer vermutet, Hitler, sondern – Gorbatschow. Ihm sei wirklich das Kunststück gelungen, eine Weltmacht innerhalb von wenigen Jahren aus freien Stücken auf Null zu bringen. So kann man also den vielgefeierten sowjetischen Präsidenten auch sehen.

Wir machen uns, auch Ihre Fragen zeigen das, über Umfang und Tiefe der Zerstörung Osteuropas, über die Bilanz Stalins immer noch keine hinreichend präzisen Vorstellungen. Es ist alles viel schlimmer und geht viel tiefer. 45 Jahre sind eine lange Zeit. Ein Zwanzigjähriger, der, noch vergleichsweise unerfahren, bestenfalls mit abgeschlossener Schulbildung, 1945 in den stalinistischen Sozialismus geriet, ist jetzt 65, also für das, was in einer unternehmenden Gesellschaft geleistet werden muß, weil er im Rentenalter ist, irrelevant geworden.

RUMBERG   Und schon dessen Erziehung ist alles andere als demokratisch gewesen.

BARING   Was bringt ein junger Mensch heute aus der DDR mit? Er muß völlig von vorne anfangen. Die Universitäten waren weitgehend keine Universitäten, die Schulen keine Schulen. Ich bin verblüfft, daß der Zustand (was wir manchmal geahnt, aber eigentlich ernsthaft nicht für möglich gehalten haben) bei näherer Betrachtung gerade in diesen Bereichen, auf die das Regime so stolz war, derart verheerend ist. Zum Beispiel muß die Betonung des Russischen als Sprache und des Marxismus-Leninismus als Philosophie dazu geführt haben, daß sich in den Köpfen überhaupt nichts tat. Es ist wirklich erstaunlich, daß Millionen von Menschen viele Milliarden von Stunden mit diesen Inhalten jahrzehntelang verbracht haben mit der Folge, daß bei den meisten nichts, überhaupt nichts in den Köpfen oder Herzen hängenblieb.

Und in der Umwelt sieht es nicht anders aus. Mit anderen Worten: der Verwüstungsvorgang hat eine Intensität, die in ganz Westeuropa überhaupt nicht erkannt wird. Neues Bewußtsein, neue Kreativität, neue Führungsfähigkeit kann sich nur bilden, wenn auf allen Gebieten gesellschaftlichen Daseins neue Spitzenbegabungen entdeckt und gefördert werden; schließlich geht es um die Schaffung einer neuen bürgerlichen Gesellschaft aus der Retorte.

RUMBERG   Damit sind wir wieder bei dem Thema, das uns im Hinblick auf die ehemalige DDR schon beschäftigt hat: der fehlenden Führungsschicht. Denn für einen solchen gesellschaftlichen Neubeginn sind Menschen, die wissen, worauf es ankommt, wohin es gehen muß, unerläßlich. Wäre insofern nicht der wichtigste Beitrag, den wir leisten könnten, an der Bildung neuer osteuropäischer Eliten mitzuwirken?

BARING   Eigentlich ein naheliegender Gedanke, aber wie wollen wir etwas heranbilden, was wir selber nicht in hinreichendem Maße haben und zustandebringen: eine umfassende Förderung gesellschaftlicher, politischer Führungskräfte! An dieser Stelle kommen wir auf unsere eigenen Probleme zurück. Auch die Bundesrepublik ist ja nicht in einem Zustand, von dem man sagen könnte, daß sie ihren eigenen internen Aufgaben heute gewachsen sei, geschweige denn, daß sie ihre Zukunft sichere. Wenn wir das bei uns nicht einmal zustande bringen, möchte ich sehen, wie wir Führungskraft nach außen exportieren wollen. Alles Hirngespinste!

SIEDLER   Man scheint sonderbarerweise immer davon auszugehen, daß es ein einheitliches Osteuropa gäbe, das nun nach der Abwerfung der sowjetischen Herrschaft zu sich selber erwache und mit dem einheitlichen Westeuropa zusammenwachse. Aber wie es niemals ein einheitliches Westeuropa gegeben hat – hier Holland, dort Sizilien–, so gab es auch niemals ein einheitliches Osteuropa. Zwischen Prag und Sofia liegen Welten, solche der Religion – römisch-katholisch die einen, griechisch-orthodox die anderen – , solche der Geschichte, der mitteleuropäischen Prägung, vor allem Polens und der Tschechoslowakei.

Böhmen und Mähren kommen nun wirklich wieder zu sich selbst. Aber wozu sollen die ehemaligen Donau-Fürstentümer, das heutige Rumänien kommen – oder Bulgarien? Die Bulgaren haben sich nach der Befreiung von der türkischen Fremdherrschaft immer zu Rußland hingezogen gefühlt, wurden aber andererseits immer die Preußen des Balkans genannt. Und Rumänien? Wozu soll denn dieses Land erwachen, das 1945 nur die Bojaren gegen die Kommissare eintauschte? Nun soll plötzlich, nach Jahrzehnten des Ceausescu-Regimes, eine westliche Demokratie entstehen, die nur ein wenig Hilfe von uns brauche?

Es sagt sich so leicht, daß Deutschland über der Beschäftigung mit dem eigenen Osten nicht vergessen dürfe, nun Osteuropa nach Europa zurückzuholen. Gehörten denn in der Geschichte, geschweige denn im Sinne der westlichen Industriegesellschaft, Bulgarien und Rumänien jemals zu Westeuropa? Lassen wir König Carol und König Michael von Rumänien, Madame Lupescu und Marschall Antonescu beiseite, reden wir von König Boris von Bulgarien. Das war ein ganz anderes Personal als die Königin der Niederlande und der König der Belgier. Und ich habe sogar meine Zweifel, ob man den von der k.u.k.-Armee geprägten Reichsverweser von Ungarn, Horthy, mit den konstitutionellen Monarchen der skandinavischen Königreiche vergleichen darf, von Bela Kun und dem Pfeilkreuzler-Chef Szalasi ganz zu schweigen. Ich staune immer, wenn ich unsere Politiker medienwirksam über Osteuropa reden höre. Ob sie denn wirklich wissen, wovon sie sprechen und welcher Welt sie da generös auf die Beine helfen wollen?

Es kommt hinzu, daß einige dieser Länder bis in die Mitte dieses Jahrhunderts hinein reine Agrargebiete waren, denen es übrigens vergleichsweise gut ging. Rumänien zum Beispiel schwamm noch Ende des Krieges in Lebensmitteln, wobei man nicht vergessen darf, daß auch die rumänischen Ölquellen damals noch reichlich flossen. Das Elend begann erst mit den kommunistischen Satrapen-Herrschaften, die auf Moskauer Geheiß und aufgrund eigenen Ehrgeizes aus Gutsherrschaften und bäuerlichen Welten moderne Industrieregionen machen wollten. Das führte im ehemaligen Ostblock rasch zu einem Desaster, denn erstens waren die Ölquellen nach einiger Zeit mehr oder weniger erschöpft, und zweitens hat selbst im COMECON die unter unglaublichen Entbehrungen der Bevölkerung neu geschaffene Industrie niemals wirklich funktioniert.

Es war für jeden einigermaßen orientierten Beobachter vorauszusehen, daß diese Welt bei der Berührung mit der westlichen Industrielandschaft zusammenbrechen mußte; und dann kam noch hinzu, daß der sowjetische Absatzmarkt im selben Augenblick in Konkurs ging. Man wäre in Rußland zwar noch bereit, den Dacia – die rumänische Spielart eines jahrzehntealten Renaults – zu importieren, obwohl die eigenen sowjetischen Automobile inzwischen weit besser sind. Dort importiert man alles, was billig ist. Aber man hat keine Devisen mehr, und auch Osteuropa liefert nur noch gegen frei konvertierbare Währung. Im Grunde ist die Großwirtschaft, die man in Bulgarien und Rumänien, zu einem gewissen Grade auch in Ungarn in vierzig Jahren sozialistischer Herrschaft aus dem Nichts aufgebaut hat, von einem Tag auf den anderen vollkommen zusammengebrochen. Sie funktionierte nur, schlecht genug, in dem kolonialen Vorfeld eines geschlossenen, sorgsam abgeschirmten Wirtschaftsraums.

Wahrscheinlich hilft es diesen Ländern nur, wenn sie sich auf ihre traditionellen Strukturen besinnen, also wieder der Getreide-, der Gemüse- und der Obstlieferant Westeuropas werden. Aber wer nimmt ihnen ihre Produkte hier jetzt noch ab? Die EG-Agrarproduktion ist ohnehin schon viel zu groß und verschlingt Milliarden an Subventionen; welche Mühe macht die Marktregulierung der Gemeinschaft schon heute! Jetzt soll in den Südfrüchte-Markt, der schon durch Griechenland, Portugal und Spanien in Unordnung gekommen ist, auch noch die Produktion der vier Balkanländer drängen? Man muß ja auch das über kurz oder lang zerfallende Jugoslawien dazu zählen. Man muß das tun, und man wird es auch tun, denn es bleibt einem gar nichts anderes übrig. Aber wer das bezahlen soll, das behalten die Politiker für sich. Schon mit der Überproduktion der ostdeutschen LPGs werden wir nicht fertig; ganze Regionen Mecklenburgs, Vorpommerns und Brandenburgs muß man stillegen.

Ich erinnere mich oft an den fünfundachtzigjährigen Bankier Klaus Dohrn, den ehemaligen engen Mitarbeiter Ludwig Erhards. In seiner Gegenwart wurde einmal melancholisch betrauert, daß der deutsche Osten verlorengegangen sei. Er hob entsetzt die Arme: »Um Himmelswillen! Stellen Sie sich vor, wir hätten Pommern, Ostpreußen, die Neumark und Schlesien noch! Also noch mehr Korn, noch mehr Gerste, noch mehr Kartoffeln und Rüben. Und obendrein auf zumeist wenig ertragreichen Böden zu hohen Hektarpreisen geerntet. Wir müssen die Landwirtschaft der alten Bundesrepublik schon durch Stützungen am Leben erhalten, und dann muß Bonn die Ernte durch weitere Millionen von Subventionen weit unter dem Gestehungspreis exportieren, eigentlich verschenken. Und die Kohle aus Oberschlesien? Wer will sie denn haben? Und das Erz Schlesiens? Wir haben ja schon genug Sorgen mit dem Saargebiet und dem Ruhrgebiet.« Ironisch zog der alte Herr die Achseln hoch. »Diese Sorgen haben jetzt die Polen. Seien wir froh, daß wir den Osten nicht mehr haben. Das Beste, was diese Gebiete hatten, waren die Menschen dort , und die haben jetzt wir: zwölf Millionen Flüchtlinge und Vertriebene.« Auch so läßt sich also das Problem sehen, das uns jahrzehntelang so viel Kopfzerbrechen bereitet hat.

Hat es eigentlich Zwischeneuropa – um Zehrers Ausdruck zu verwenden – und Ostmitteleuropa jemals gegeben? Böhmen und Mähren sind ein Teil Europas, der deutschen Welt, hätte ich fast gesagt. Ungarn war ein verlängertes Habsburg, auch Polen und die Slowakei waren von dort oder von uns beeinflußt. Es gab den Osten, St. Petersburg, und es gab den Westen, Paris und London, und dazwischen eben Deutschland, das Deutsche Reich. Was soll denn das geistig, politisch, kulturell selbständige Ostmitteleuropa gewesen sein? Ist es nicht ein Traum, eine Illusion zu glauben, diese Region erwache jetzt wieder zu sich selber? Dies Wiedererwachen ist doch nur ein Erwachen zum Chaos. Osteuropa fällt wieder zurück in die alte chaotische Unordnung, in der es immer gelebt hat. Der Glaube, die Hoffnung, die auch Weizsäcker teilt, den die deutschen Romantiker immer gehabt haben, Osteuropa wieder in die Geschichte einzuführen, ist eine Illusion. Man führt sie zurück zu sich selber, das heißt ins Nichts.

BARING Ich glaube aber, daß es heute einen wichtigen Unterschied zu früher gibt. Er besteht darin, daß sich Chaotisierungen der sozialen und wirtschaftlichen, dann auch politischen Verhältnisse in unseren Zeiten möglicherweise ganz anders äußern als früher, weil die Welt sich motorisiert hat, auch in diesen Gebieten, und man sich fragen muß: wie werden Menschen dort auf heftig enttäuschte Erwartungen reagieren? Man weiß seit längerem, daß Revolutionen nicht in Phasen der Stagnation, der statischen Hoffnungslosigkeit entstehen. Zu ihnen kommt es, wenn Hoffnungen zunächst geweckt worden sind, alles besser zu werden scheint – und dann die große Enttäuschung eintritt, also wenn Erwartungen schneller wachsen als die Möglichkeiten, ihnen gerecht zu werden. Das scheint mir die Situation in ganz Osteuropa zu sein. Ich hoffe, ich irre mich: aber die jetzigen, schwachen politischen Strukturen können leicht weggespült werden. Dann werden die Völker dort entweder demagogische Regime kriegen, wie etwa heute schon in Serbien, auch in Rumänien, vielleicht in Polen, oder man wird Autoritätsverfall erleben, Regime, die durch ihre Schwäche, ihre Tatenarmut die eigene Bevölkerung in die Resignation treiben, so daß viele das Land temporär oder permanent zu verlassen wünschen, um anderswo, im Westen, eine Existenz zu finden.

Das ist eine ganz neue Problematik. Es wird nicht mehr das verschlafene, stagnierende, still vor sich hinwelkende, ab und an chaotische Ostmitteleuropa geben, sondern es wird vielerorts eine energische Bewegung geben, dem Elend zu entkommen.

RUMBERG Dann ist aber doch die Frage: wie werden wir als neuerdings wieder souveräner Staat darauf reagieren? Wie werden wir uns gegenüber den Osteuropäern verhalten, wenn sie tatsächlich in großer Zahl an unsere Tür klopfen?

Wir werden eher Mauern bauen als Brücken

BARING Die Tatsache, daß jeden Tag zu bestimmten Zeiten gemessen vorgetragene Nachrichten über den Bildschirm laufen und die Zeitungen Morgen für Morgen im gewohnten Format erscheinen, schläfert uns ein. Wir glauben, die Welt bestehe überall aus Problemen, die, als solche erkannt, mehr oder weniger rasch auch zu lösen seien. Das ist eine unzulässig idyllische Sicht der Lage.

Von universalen Problemlösungskapazitäten kann im Ernst ja keine Rede sein. Wir haben es zunehmend mit unlösbaren Schwierigkeiten, zumindest von uns Deutschen in keiner Weise zu lösenden Problemen zu tun. Wie diese Einsicht auf unser Land wirken wird, ist schwer vorauszusagen. Ich glaube, daß es instinktiv dazu neigt, sich abzuschotten, einzuigeln. Schon die alte DDR ist den meisten zu viel, zu schwierig. Man wird sie lieber austrocknen, leerlaufen lassen, als sie mit fanatischer Entschlossenheit um jeden Preis auf die Beine zu bringen.

Über hilfsbereite Rhetorik hinaus sehe ich bei uns keine Neigung, die der Problemgröße entsprechende Tatkraft zu zeigen, also vor allem Menschen aller Sparten in die DDR übersiedeln zu lassen. Was nützt es, daß Beamte und Richter für einige Monate oder ein, zwei Jahre in die neuen Bundesländer abgeordnet werden, mit westlichen Gehältern und großen Zulagen, wo sie dann ohne ihre Familien mißmutig *zeitweilig* sitzen? Wirklich verändern würden sie die Situation dort doch nur, wenn sie *auf Dauer* seßhaft würden, wenn sie das Land neu, lebendig, fruchtbar machen würden durch ihre permanente Anwesenheit und die ihrer Familien. Weder finanziell noch konzeptionell oder personell sehe ich irgendwelche Anzeichen, daß wir Westdeutschen die Aufgabe einer neuen »Ostkolonisation«, die auch früher schon eine Entwicklung von Jahrhunderten gewesen ist, für die nächsten Jahre und Jahrzehnte ins Auge fassen. Es wird sich an unseren Einstellungen und Lebensgewohnheiten in der alten Bundesrepublik meines Erachtens in der nächsten Zeit sehr viel weniger ändern, als nach Lage der ostmitteleuropäischen Dinge an sich erforderlich wäre. Wächst der Druck der Probleme, die sich heute in Osteuropa aufstauen, wird es eher zu einem neuen Maginot-Denken kommen, also irgendeiner Art von neuem Mauerbau, übrigens im Maßstab der EG. Denn wir sind nicht die einzigen, die von Zuwanderung bedroht sind, sich bedroht fühlen werden.

SIEDLER Deutschland macht zum ersten Mal nach 1945 die Erfahrung der Konfrontation mit einer Armutswelt. Die Ostzone war sozusagen hinter dem *cordon sanitaire*, Polen, Tschechoslowakei, Rumänien existierten sowieso nicht im westdeutschen Bewußtsein, Jugoslawien außerhalb der touristischen Küstenregion im Grunde auch nicht. Und jetzt, zum ersten Mal, ist sie uns nahegerückt – und nicht als Gegenmacht, geschweige denn als Bedrohung, sondern als ein völliges Chaos, und wir sehen zum ersten Mal, im Gegensatz zu Holland, zu Belgien, zu Frankreich, zu England, Dänemark, die als ihren *cordon sanitaire* in Zukunft Deutschland haben, uns konfrontiert mit totaler Not. Und alle sagen: wir wollen Hilfe von euch.

BARING   Ja. Und die versprechen wir ihnen auch wortreich.

SIEDLER   Und können unsere vielen Zusagen gar nicht halten.

BARING   Die gegenwärtige Großzügigkeit, Freigebigkeit auf Pump läßt mich am wirtschaftlichen Urteilsvermögen unserer Politiker im Kernbereich unseres Selbstwertgefühls, an ihrem Augenmaß zweifeln. Ich habe es in den ganzen achtziger Jahren als bedrückend empfunden, daß in einer Zeit der Hochkonjunktur, die von allen Seiten als solche bezeichnet und gefeiert wurde, die jährliche Neuverschuldung des Bundes, die zum Stimmungsumschwung und damit zum Sturz Helmut Schmidts so wesentlich beigetragen hatte, zwar sank, aber unangemessen hoch blieb, erst 1989 auf 15 Milliarden Mark abnahm, während sie in den letzten Jahren Schmidts bei knapp 40 Milliarden Mark, danach zwischen 20 und 30 Milliarden gelegen hatte, 1988 sogar bei 34 Milliarden DM. Ich fand und finde das bedrohlich. Denn so viel Antizyklisches hat ja nun jeder in der Phase zwischen Keynes und Schiller begriffen, daß es einer Wirtschaft nicht gut ansteht, wenn sie sogar während der Hochkonjunktur viel mehr ausgibt als einnimmt. Während der fetten Jahre müssen Rücklagen gebildet werden, um sie in mageren Zeiten zur Bekämpfung der Flaute zu verwenden. Unsere Neigung, unbeschwert Schulden zu machen, hat sich nun seit dem Prozeß der Vereinigung ins Groteske vergrößert. Bund, Länder und Gemeinden verschulden sich in diesem Jahr um 150 Milliarden Mark.

RUMBERG   Nimmt man Sonderfonds wie den der Treuhand oder den Fonds »Deutsche Einheit« hinzu, sind es sogar weit über 200 Milliarden Mark. Gerhard Hennemann schrieb zum Auftakt einer Serie der *Süddeutschen Zeitung* über die finanziellen Kosten der Einheit unter der Überschrift »Deutschland, teures Vaterland« Ende Juli: »Vom Sommer bis zum Jahresende 1990 – im ersten Halbjahr der deutschen Wirtschafts- und Währungsunion – bewegten sich die Transferzahlungen von Westnach Ostdeutschland noch in einer Höhe von 50 Milliarden Mark, aber im laufenden Jahr 1991 erreichen sie, einschließlich aller durch Kredite gespeisten Nebentöpfe und Schattenhaushalte zur Finanzierung der deutschen Einheit, bereits fast die 200-Milliarden-Mark-Grenze. Gut die Hälfte davon dient ausschließlich dazu, die Länder Mecklenburg-Vorpommern, Brandenburg, Sachsen-Anhalt, Thüringen und Sachsen als Staatswesen, so gut es geht, funktionsfähig zu machen – angefangen von der Besoldung der Beamten bis hin zur Finanzierung von Arbeitsbeschaffungsmaßnahmen. Erst an zweiter Stelle kommen dann die Infrastruktur-Investitionen, die Ostdeutschland für seinen Wirtschaftsaufschwung sowie für die Verbesserung der Lebens- und Umweltqualität von Eisenhüttenstadt bis Bitterfeld so dringend braucht.«

Zu den staatlichen »Schattenhaushalten«, die unsere Staatsverschuldung – gegenwärtig noch außerhalb der ordentlichen Haushalte von Bund, Ländern und Gemeinden – in die Höhe treiben, gehört auch der bis 1993 befristete Kreditabwicklungsfonds, der die gesamten Staatsschulden der früheren DDR übernommen hat. Über kurz oder lang wird der Staat auch die Verbindlichkeiten aus diesen Sonderfonds übernehmen müssen, die man deshalb redlicherweise schon heute zur Verschuldung unserer öffentlichen Haushalte hinzurechnen sollte.

BARING Diese enorme Schuldenlast, muß ich sagen, beunruhigt mich ungeheuer. Denn damit zeigt sich auch in dem Bereich, in dem wir unsere besondere Stärke sehen, im wirtschaftlichen nämlich, eine Egozentrik der Gegenwart, eine gedankenarme Sorglosigkeit im Umgang mit den nachfolgenden Generationen, die zu den schlimmsten Prognosen berechtigt. Unsere Kinder und Enkel werden uns verfluchen. Mehr als das: Sie werden sich weigern, unser aller Lebensabend zu finanzieren.

RUMBERG   Ja, der Generationenvertrag wird im Augenblick einseitig verletzt, durch die Wechsel, die fortwährend auf die Zukunft ausgestellt werden. Niemand sollte sich wundern, wenn diejenigen, die sich dagegen heute noch nicht wehren können, diese Wechsel eines Tages platzen lassen. Und es ist ja kein Ende der gewaltigen Neuverschuldungen abzusehen. Um aber bei Osteuropa zu bleiben: was wir konstatieren, läuft doch auf eine deutliche Schere hinaus, auf ein Auseinanderklaffen zwischen Hoffnungen, Erwartungen, mitunter auch Ansprüchen aus Osteuropa und unseren realen Möglichkeiten zu helfen.

BARING   Auch das sehen die meisten unserer Landsleute bis heute nicht. Sie haben eben gesagt, Herr Siedler, wir seien zum ersten Mal seit 1945 wieder mit einer Armutswelt konfrontiert. Ich vermute in der Tat, daß die schwierigere Rolle, die wir in Europa künftig zu spielen haben, besonders deutlich wird an dem einzigen neuen Nachbarn, den die Bundesrepublik durch die Vereinigung gewonnen hat, nämlich Polen. Aber bisher tun die Westdeutschen doch immer noch so, als ob wir einen *cordon sanitaire*, eben die frühere DDR, zwischen uns und den Polen hätten und uns damit das Schicksal der Polen im Grunde genommen gleichgültig sein könnte. Es ist aber überhaupt nicht gleichgültig für unsere eigene Zukunft, was aus Polen wird. In unserem eigenen Interesse, also aus ganz eigennützigen Motiven, müssen wir an einem blühenden Polen interessiert sein. Leider wird das schwer zu bewerkstelligen sein – egal, was wir auch immer unternehmen.

RUMBERG   Aber widersprechen wir uns jetzt nicht? Vorhin haben wir gesagt, der Osten sei im Grunde nicht zu sanieren, und jetzt sagen Sie: wir werden uns aus eigennützigen Gründen eben doch um die polnischen Dinge kümmern müssen.

BARING   Das ist in der Tat das Dilemma. Wir kommen doch sogar bei der ehemaligen DDR zu der Meinung: es gibt keine Chance, sie in wenigen Jahren zu sanieren. Sie wird für ein bis zwei Generationen ein Notstandsgebiet bleiben. Ich sage immer wieder: es wird genau so lange dauern, die früheren DDR-

Gebiete auf die Beine zu bringen, zu einem richtigen Teil Deutschlands zu machen, wie es gedauert hat, sie zugrundezurichten. Das sage ich uns zum Troste; wir müssen Gelassenheit lernen! Wenn man also selbst bei uns, bei all den Mitteln, die wir haben, in solchen Zeiträumen rechnen muß, dann ist doch vollkommen klar, daß wir in ganz Osteuropa, wo die Verhältnisse, die der Sozialismus hinterlassen hat, ja nicht besser sind, ganz im Gegenteil, beim Ausbruch breiter Enttäuschung mit genau dem Chaos rechnen müssen, von dem Sie, Herr Siedler, gesprochen haben. Angesichts der westlichen Gleichgültigkeit würde ich den Fall Osteuropas in die tiefe Irrelevanz voraussagen, also eher den Bau von Mauern als den von Brücken.

Wir reden immer davon, daß Brücken gebaut werden müßten. Wir werden eher Mauern bauen, nehme ich an, wenn ich die Mentalität der Westeuropäer richtig einschätze, um uns abzuschirmen gegen das Elend, das nicht sanierbar ist von außen, jedenfalls nicht mit den bisherigen Methoden und beim bisherigen Stand des Bewußtseins dort wie hier. Wir werden uns abschotten gegen alles Elend im Osten Europas.

Ein Großteil der Probleme in Osteuropa und erst recht in der Sowjetunion ist nach unserem heutigen Verständnis unlösbar. Warum wird das nie öffentlich ausgesprochen? Man sagt statt dessen immer: wir müssen helfen, den Russen, den Polen, uns selber, indem wir den Landsleuten drüben helfen. Wir müssen. Wir müßten. Lauter Redensarten. Alles dieses Gerede beruht auf der unsinnigen Annahme, daß ein Problem von gewaltiger Größenordnung ganz von selbst den entsprechenden Willen erzwinge, es zu lösen. Schön wär's ja. Aber davon kann gar keine Rede sein, und außerdem gibt es Probleme, die sich kurzfristig überhaupt nicht lösen lassen.

Die Weltgeschichte besteht seit eh und je aus unlösbaren Problemen. Auch heute findet man sie in allen Erdteilen. Damit muß man sich vermutlich abfinden, so grausam das klingt. Denn es ist besser, der Wirklichkeit ins Auge zu sehen, statt mit wohltönenden, aber praktisch nichtssagenden, bedeutungslosen Redensarten an den Realitäten vorbeizuschwafeln.

RUMBERG   Was tun wir notfalls an unserer neuen Ostgrenze?

BARING   Das ist die Frage, auf die wir uns mit allem Ernst vorbereiten müssen. Ich glaube, daß dann in dieser oder jener Form an Absperrungsmaßnahmen gedacht werden muß.

Der Bundespräsident hat im Mai 1990 auf dem Berliner Katholikentag erklärt, daß wir nie wieder Mauern bauen würden. Ich darf ihn hier vielleicht zitieren, zumal unsere Öffentlichkeit damals diese weitreichenden, programmatischen, auch problematischen Worte Weizsäckers gar nicht wahrgenommen hat. Er sagte – für mich ganz überraschend – wörtlich: »Wir werden die Mauern, die in Berlin gefallen sind, nirgendwo wieder neu errichten, weder an der Elbe, noch an Oder und Neiße, noch an der Westgrenze der Sowjetunion.«

Wie man weiß, pflegt gerade dieses Staatsoberhaupt seine Äußerungen sehr sorgfältig, fast ängstlich abzuwägen, lange im voraus zu bedenken. Damit schied die an sich naheliegende Deutung aus, unser oberster Repräsentant habe sich gar nichts – oder jedenfalls nicht allzu viel – gedacht, einfach eine freundliche, menschenversöhnende, grenzüberschreitende Geste weiträumigen guten Willens gemacht, etwa des Inhalts: Niemand bei uns wolle die DDR-Deutschen (das ist ja klar), die Polen (schon weniger klar), die Sowjetunion (besonders unklar, gerade jetzt, weil niemand mehr weiß, was das heißt, wen das einschließt) vom künftigen Europa aussperren.

Vielleicht hat der Bundespräsident die Errichtung von Mauern, an denen wir uns bisher ja nicht beteiligt haben, gar nicht wörtlich gemeint. Vielleicht hat er an westliche Beiträge zur Teilung Europas und Deutschlands gedacht, die es ja gab. So könnte man sagen, die Währungsreform 1948 sei, so hilfreich sie für den Westen war, unvermeidlich zugleich ein entscheidender Schritt zur Abtrennung vom Osten gewesen; dergleichen dürfe sich nicht wiederholen. Aber war das alles, was Weizsäckers Sätze enthalten? Darf das alles gewesen sein?

Ich glaube, daß auch eine solche Deutung noch viel zu oberflächlich bliebe – auch wenn sie wohl in die Richtung geht, in die Weizsäcker denkt. Mit scheint, daß er uns in seiner behutsamen Weise auf die kommenden Aufgaben vorbereiten wollte. Damals redeten wir ja nur über das Nächstliegende, dachten nur an die vielen praktischen Probleme, die der Zusammenbruch der DDR aufwarf. Der Blick war ganz aufs Deutsche beschränkt, ist es heute noch immer. Dabei übersehen wir, welche gewaltigen Aufgaben auf das vereinte Deutschland zukommen. Bald wird nichts mehr so sein, wie es in der alten, gemütlichen Bundesrepublik war, diesem Puppenheim.

Nach wie vor ist ziemlich sicher, daß Osteuropa wirtschaftlich vor schwierigen Zeiten steht. Das ist sehr milde formuliert. Die antistalinistischen Revolten dort besaßen keine ökonomische Eigendynamik. Die Träger der osteuropäischen Erhebungen haben kein neues Wirtschaftssystem erdacht. Überall fehlt eine gesellschaftliche Elite oder Klasse, die bereitstünde, die Wirtschaft mit sicherer Hand aus dem Debakel des Sozialismus herauszuführen.

Damit ist ein Ende des umfassenden ökonomischen Niedergangs, eine Beseitigung der Mängel auf nahezu allen Gebieten der Versorgung, noch nicht in Sicht. Die sozialen und damit politischen Verhältnisse bleiben entsprechend unstabil, krisenanfällig. Besonders katastrophal sieht es in Rumänien aus. Geradezu unbeschreiblich sind die Zustände in der rapide auseinanderdriftenden Sowjetunion.

Zugleich erleben wir, ich sagte es bereits, in den Bevölkerungen Osteuropas eine Explosion rasant steigender Erwartungen. Nach der raschen, insgesamt gesehen unproblematisch-eindeutigen Übernahme westlicher politischer Formen erwarten viele Menschen eine ähnlich plötzliche, dramatische Verbesserung der dortigen wirtschaftlichen Lage.

Das wird sich als Illusion erweisen – selbst in Ostdeutschland, wo die Dinge, aufgrund des hilfsbereiten westlichen Bruders, besonders günstig liegen. Oder sind sie besonders ungünstig, weil sich die DDR-Deutschen immer mit uns vergleichen, an uns messen, als Landsleute unsere Lebensverhältnisse beanspruchen? Das wird den Polen oder Tschechen nicht einfallen. Insofern werden sie vielleicht eher die Ärmel aufkrempeln als die Ostdeutschen.

Wie auch immer: Westliche Bevölkerungen, Politiker aller Schattierungen und selbst Regierungen sind sich bisher über das Ausmaß des Zerfalls der osteuropäischen Infrastruktur und vor allem die Verwüstungen der Mentalität, die der Sozialismus hinterlassen hat, nicht im klaren. Man tut so, als ob alles mit Krediten und westlichem Know-how rasch ins Reine käme, ja bald Blüten treiben könne. Von einem regelrechten Boom ist die Rede, zumal in früher schon gereiften Industrieländern wie der Tschechoslowakei.

Da täuscht man sich. Strukturelle Benachteiligungen und mentale Verwahrlosungen prägen oft über Jahrzehnte, ja über Jahrhunderte hinweg. Man denke nur an die Langzeitfolgen der spanischen Besetzung Süditaliens in der frühen Neuzeit, die bis heute bestimmend bleiben. Auch einer so dynamischen Marktwirtschaft wie der italienischen ist es noch immer nicht gelungen, das Wohlstandsgefälle zwischen Nord und Süd abzubauen. Ähnlich dauerhaft scheint der wirtschaftliche und soziale Nord-Süd-Gegensatz in Großbritannien.

Ein vergleichbares Gefälle gibt es bei uns zwischen West und Ost. Westdeutsche Optimisten nehmen an, daß sich das in wenigen Jahren ausgleichen läßt. Das wird nicht gelingen und viel Ärger machen – auf den Oskar Lafontaine noch immer spekuliert.

Es wird selbst bei uns Deutschen Generationen dauern – sagen wir: wieder 45 Jahre –, bis sich die Mentalitäten angeglichen haben, beispielsweise das Leistungsprinzip drüben erneut akzeptiert ist; Madrid hatte im Süden Italiens jahrhundertelang das Sagen, Moskau in Europa nur viereinhalb Jahrzehnte.

Bisher herrscht – nicht nur in der DDR, aber gerade auch dort – weithin die Meinung vor, ich erwähnte es schon, man könne sich die Errungenschaften des Westens unter Beibehaltung der Errungenschaften des Sozialismus – also der gewohnten östlichen Gemütlichkeit des Arbeitens – garantieren lassen. Wenn das schon bei uns so ist, wie mag es erst in der Sowjetunion weitergehen, die ein dreiviertel Jahrhundert unter dem Sozialismus lebte und zuvor nie eine moderne Industriegesellschaft besaß! Alle Kenner sagen, daß die großen Kalamitäten Ostmitteleuropas ein Kinderspiel seien im Vergleich mit dem bodenlosen Abgrund, der sich mehr und mehr in der Sowjetunion auftue. Es wäre daher größenwahnsinnig, wenn wir glaubten, etwas Entscheidendes zur Konsolidierung der dortigen Verhältnisse beitragen zu können.

Polen, unser aller neuer Nachbar

RUMBERG Bleiben wir doch für einen Moment noch bei Polen, unserem neuen Nachbarn.

BARING Gut, nehmen wir Polen, unseren nächsten, wichtigsten Nachbarn im Osten. Polen hat, seit der Regierung Mazowiecki, mit bewunderungswürdigem Elan die Lösung der wirtschaftlichen Gesamtproblematik in Angriff genommen. Mit erstaunlicher Geduld, bemerkenswerter Einsicht nimmt die polnische Bevölkerung bisher die bestürzende weitere Senkung ihres ohnehin geringen Lebensstandards hin.

Ihr guter Wille beginnt indes allmählich zu erlahmen. Der Schwung des Aufbruchs läßt nach. Apathie ist nach wie vor weitverbreitet; die Kriminalität, dunkle Geschäfte aller Art, sind es auch. Neue Streiks, gewaltsame Ausbrüche liegen in der Luft, falls die Misere andauert, was zu vermuten ist. Selbst optimistische Beobachter glauben, daß eine auch nur bescheidene Konsolidierung, eine halbwegs den Verhältnissen in ärmeren westlichen Ländern entsprechende Besserung der allgemeinen Lebensumstände noch Jahre um Jahre dauern werde. Was machen wir, wenn mehr und mehr Polen die Geduld verlieren und bei uns ihr Heil suchen? Denn die Stimmung gegenüber Polen ist bei uns umgeschlagen.

Wir müssen uns wegen der gemeinsamen Oder-Neiße-Grenze dringend Gedanken darüber machen, wie wir uns verhalten, falls sich Polen als ein dauerhaft nicht stabilisierbares Land erweist. Aber was können und wollen wir tun? Das scheint mir sehr, sehr offen zu sein, zumal wenn man das Wachsen antipolnischer Ressentiments bedenkt. Es wäre doch heute vollkommen unvorstellbar, daß wir, wie die Westdeutschen Anfang der achtziger Jahre, zweieinhalb Millionen Pakete nach Polen schickten! In diesem Zusammenhang fand ich immer sehr bemerkenswert, daß damals nur vierzigtausend Pakete aus Frankreich nach Polen gingen. Denn das zeigt das geringe praktische Interesse und Engagement unseres wichtigsten westeuropäischen Verbündeten bei osteuropäischen Angelegenheiten.

Theoretisch sagt man immer, das Verhältnis zwischen uns

und den Polen müsse so werden wie das Verhältnis zwischen Deutschen und Franzosen. So haben wir ja jetzt auch ein deutsch-polnisches Jugendwerk ähnlich dem deutsch-französischen. Aber dieser Vergleich zeigt sofort, daß die Verhältnisse völlig verschieden sind.

Nehmen Sie ein Gebiet, das man vielleicht vergleichen könnte mit den früheren Ostgebieten: das Elsaß. Dort hat sich in den letzten Jahren eine neue Symbiose herausgebildet, wenn ich das richtig sehe. Der deutsche wirtschaftliche Einfluß hat sehr zugenommen, aber politisch und kulturell wird das Elsaß immer französischer. Und das wird beiderseits nicht als Problem empfunden. Natürlich wäre auch im Verhältnis zu Polen außerordentlich wünschenswert, daß Deutschland zur Konsolidierung der wirtschaftlichen Verhältnisse beitrüge und sich damit zumal in den früheren deutschen Ostgebieten eine Situation herausbildete, die den dortigen ungeheuren Niedergang stoppt, ein Wiederaufblühen dieser Regionen einleitet und damit von Polen wie Deutschen gemeinsam begrüßt wird. Eine solche Entwicklung würde gleichzeitig den polnischen Staat entscheidend kräftigen.

Aber nichts spricht dafür, daß es dazu kommt. Es spricht nichts dafür, daß sich die Deutschen in angemessenem Umfange, und der müßte gewaltig sein nach unseren gegenwärtigen Erfahrungen mit der ehemaligen DDR, in Polen wirtschaftlich engagieren werden. Jeder weiß, daß die Verhältnisse in Polen immer sehr viel schlimmer waren als in der DDR – daß Polen viel ärmer war, viel weniger industriell entwickelt, viel weniger leistungsfähig. Man müßte sich also ökonomisch in einem viel größeren Umfange engagieren als in den neuen Bundesländern – ein ganz absurder, utopischer Gedanke! Die gegenwärtige Mentalität der Deutschen läßt uns sagen: Wir haben schon mit der DDR viel mehr zu tun, als uns lieb ist. Nun auch noch die Polen? Die sollen doch selbst sehen, wie sie weiterkommen!

Der polnische Schriftsteller und Politiker, Senator Andrzej Szczypiorski, dem 1990 der Kunst- und Kulturpreis der deutschen Katholiken verliehen wurde, schrieb damals: Wenn man in Warschau, Krakau oder Breslau einen Polen auf der Straße frage, ob er befürchte, daß in Polen eines Tages wieder deutsche Truppen einmarschieren könnten, halte er diesen Gedanken vermut-

lich für Unsinn. Nicht eine militärische Bedrohung durch
Deutschland sei es, die viele Polen fürchteten. Vielmehr hätten
sie Angst vor dem Ausverkauf des Landes. Sie sagten: »Wir
Polen sind arme Kerle, und jetzt verkaufen wir die polnische
Industrie. Und an wen verkaufen wir sie? An die deutschen Kapi-
talisten. In ein paar Jahren werden wir in Warschau, Danzig, Krakau und Lublin die deutschen Eigentümer haben, während wir
Polen ihre Knechte sind. Die Deutschen haben militärisch verspielt. Aber Deutschland ist das reichste Land Europas, ökonomisch eines der wichtigsten in der Welt, und das deutsche Volk
hat eigene Interessen in Osteuropa. Jetzt kommen die Deutschen nicht mehr mit der Waffe in der Hand, sondern mit dem
Scheckbuch in der Brusttasche.«

Ist eine dritte Möglichkeit nicht noch schlimmer: nämlich daß
die Deutschen gar nicht kommen, weder so noch so? Was wird
aus Polen, wenn die Deutschen desinteressiert sind, nicht an
Investitionen in Polen denken, die verrottete polnische Industrie
nicht kaufen wollen? Deutet nicht vieles darauf hin, daß die
Deutschen mit sich selbst auf längere Zeit genug zu tun haben,
Polen ihnen heute ganz ferne liegt, gleichgültig ist?

Eine dauerhafte, vertrauensvolle Aussöhnung auf solider
Grundlage mit den polnischen Nachbarn wird uns noch viel
Kopfzerbrechen machen. Aber die Sanierung der Sowjetunion
übersteigt bei weitem alle unsere Möglichkeiten. Es wäre wirklich ganz unsinnig, sich dergleichen zuzutrauen, selbst wenn die
EG kräftig mithülfe. Milliarden an Moskau hin oder her: Es wird
alles nicht reichen, wird bestenfalls kurzfristig das Elend überbrücken, verschwendete Liebesmüh' sein. Insofern hat der Bundespräsident, wenn jenseits des Bug die Dinge drunter und drü-
ber gehen sollten, aus edler Absicht den Mund zu voll genommen, uns viel zu viel aufgehalst.

Schon Polen liegt, wie gesagt, heute weit hinter dem Horizont
deutschen Nachdenkens. Das hat übrigens für die Polen auch
Vorteile. Wenn nämlich Polen im Zentrum unserer Aufmerksamkeit, unseres Nachdenkens läge, kämen uns unweigerlich
dauernd die verlorenen, verkommenen Ostgebiete in den Sinn.
Und das würden wir dann auch vorwurfsvoll äußern, was entsprechende polnische Erinnerungen wachriefe.

Ressentiments auf polnischer Seite gegen die Deutschen, starke antideutsche Gefühle in Polen sind ohnehin schon – oder noch – jetzt kräftig spürbar, obwohl darüber bei uns nie gesprochen wird; wir tun so, als ob die Polen ebenso versöhnungsgeneigt seien wie wir. Wenn man es genau betrachtet, sind umgekehrt die Ressentiments vieler Deutschen gegenüber den Polen auch nicht von der Hand zu weisen. Während des Zweiten Weltkrieges und danach haben diese beiden Völker furchtbare Erfahrungen miteinander gemacht; die Berichte des Grauens werden hier wie dort noch lange von Generation zu Generation weitergegeben werden. Mit anderen Worten: es fehlt auf beiden Seiten vollkommen an jeder Unbefangenheit im Umgang, der ersten Voraussetzung einer beiderseits nützlichen Zusammenarbeit. Das Verhältnis zwischen Deutschland und Frankreich ist vollkommen verschieden von dem zwischen Deutschland und Polen. Letzteres ist ungleich mehr vergiftet, so daß man eigentlich hoffen muß, die beiden Völker ließen sich noch eine ganze Weile wechselseitig in Ruhe, damit – schon durch das Aussterben der Generationen, die am eigenen Leibe die Schreckenszeit erlebt haben – allmählich die Schatten einer bösen Vergangenheit verblassen, sich aufhellen können.

RUMBERG Was heißt das nun aber heute und morgen? Diese Schonfrist wird es doch nicht geben! Stehen wir wirklich vor der Alternative, hohe Mauern zu errichten – ein Gedanke, der außerhalb dessen liegt, was ich mir vorstellen will und kann –, oder eben doch ganz aktiv daran mitzuarbeiten, daß Polen wieder auf die Beine kommt?

SIEDLER Man muß wohl die vorhin zitierte Formulierung von den deutsch sprechenden Polen umdrehen, wie jemand die ehemalige Zonenbevölkerung genannt hat, und fragen: Wird es nicht eines Tages sozusagen Polnisch und Tschechisch und Ungarisch sprechende Deutsche geben müssen? Wird das nicht aus der Suprematie folgen, um die Deutschland meines Erachtens nicht herum kommen wird? Es wird eine Schlüsselfunktion übernehmen müssen für Ungarn, für die Tschechoslowakei und vor allem für Polen. Natürlich wollen wir die Polen nicht vertrei-

105

ben, aber ich glaube in der Tat, eines Tages werden sich Pommern und Schlesien und Böhmen-Mähren wieder nach Deutschland orientieren.

BARING Ich habe große Zweifel, ob sich eine solche Entwicklung abzeichnet – und auch, ob sie wünschenswert wäre. Bisher kann ich nichts dergleichen erkennen. Außerdem würde ich es für ein Unglück halten, wenn wir unsere eigenen Interessen oder unser Pflichtgefühl so weit dehnten, um den anderen einen zweifelhaften Gefallen zu tun. Denn unsere Fähigkeit, mit anderen Völkern auf konstruktive Weise umzugehen, hat sich ja in Phasen, in denen wir Macht genug besaßen, als sehr begrenzt erwiesen – um es ganz vorsichtig auszudrücken.

Ich bin da selber hin- und hergerissen: Einerseits sehe ich große Aufgaben in Ostmitteleuropa, die eigentlich nur von uns Deutschen angepackt werden können – zumindest in erster Linie von uns angepackt werden müßten. Und auf der anderen Seite bezweifle ich unsere Fähigkeit, dergleichen behutsam und doch energisch, taktvoll und gleichzeitig zielstrebig zu bewerkstelligen. Schon unsere tiefsitzende Neigung, andere zu belehren, steht uns im Wege.

Ich glaube aber, daß wir im Augenblick nicht ein imperiales Ausgreifen der Deutschen befürchten sollten, sondern umgekehrt viel eher Sorge haben müssen, daß sich in der bisherigen ängstlichen, verantwortungsscheuen Mentalität des Landes viel zu wenig ändert. Carl Jacob Burckhardt hat einmal gesagt, Europa insgesamt leide an einer Erschöpfung seiner politischen Willens- und Gestaltungskraft. Das kann man auf jeden Fall von uns sagen. Manchmal denke ich: Hitler hat unserem Volk das Rückgrat gebrochen, es zumindest krumm gebogen.

Die Geschichte unseres Volkes in diesem Jahrhundert ist schon sehr seltsam: Was das Deutsche Reich so ungeschickt, gewaltsam und vergeblich erstrebte, verbissen und am Schluß sogar verbrecherisch zu erreichen suchte – eine deutsche Vormachtstellung auf dem Kontinent –, fällt der Bundesrepublik ganz von allein und völlig unerwartet in den Schoß. Die gegenwärtig in beiden Teilen Deutschlands grassierende Angst – soweit sie nicht herbeigeredet, also künstlich ist (es gibt ja auch viel Optimismus im Lande) ,– entspringt meines Erachtens im Kern der dumpfen Ahnung, daß wir durch die ungeplante, ja unvorhergesehene Entwicklung in eine Führungsposition hineinkatapultiert werden, die wir uns nie ausgemalt, geschweige denn ausgedacht hätten und für die uns auch viele Landsleute, nicht ohne gute historische Gründe, für völlig unqualifiziert halten. Wir haben so wenig mit dieser Entwicklung gerechnet, daß die meisten von uns ihr bis heute gar nicht ins Auge sehen können, das alles noch gar nicht wahrhaben wollen!

SIEDLER   Aber die Situation ist eben da, und die osteuropäischen Erwartungen sind groß. Ich will mich jetzt nicht wiederholen. Nur ein weiteres Beispiel: Die Ungarn sehnen sich im Grunde jetzt wieder ein bißchen nach Habsburg, wollen wieder Österreich und Ungarn in der einen oder anderen Form verbinden. Werden wir darum herumkommen, daß der Osten sich – nicht nationalpolitisch – wieder orientiert nach Wien und Berlin?

BARING   Daß er sich so orientieren möchte, scheint mir klar zu sein, daß aber gleichzeitig alle unsere westlichen Gesellschaften unwillig sind, die erforderlichen Anstrengungen und Kosten auf sich zu nehmen, scheint mir ebenso offenkundig. Dieser Zwiespalt hat uns ja in diesem Gespräch schon mehrfach beschäftigt. Wir sagen immer wieder: dies und das müßte zwar passieren, aber es wird nicht passieren.

Im Falle der DDR ist das offenkundig, weil der notwendige Aufwand das Maß des guten Willens, den man bei unserer Bevölkerung voraussetzen kann, weit übersteigt. Timothy Garton Ash hat gesagt: Wenn sich sogar bei den Brüdern und Schwestern der Ostdeutschen zeigt, daß die Westverwandten sich schwer tun, die erforderlichen Mittel aufzubringen, dann ist doch ganz klar, daß die westlichen Deutschen nicht geneigt sein werden, dieselben oder doch annähernd vergleichbare Anstrengungen auch für die Polen, Ungarn und Tschechen zu unternehmen.

Es kann allerdings sein, ich deutete es bereits an, daß im nichtdeutschen Ostmitteleuropa die Ansprüche, die Erwartungen an uns viel kleiner sind. Die DDR-Deutschen vergleichen sich, messen sich voll an uns; sie fordern seit der Wiedervereinigung ungeduldig den westdeutschen Lebensstandard als landsmannschaftlichen Rechtsanspruch ein, nach Jahrzehnten unverschuldeter Entbehrungen. Auf derart umfassende, ungeduldige Zumutungen uns gegenüber wird man bei Polen, Tschechen, Ungarn nicht treffen; sie kommen denen gar nicht in den Sinn! Das macht das Verhältnis leichter. Vielleicht gibt es daher eher die Chance, mit vergleichsweise geringen Aufwendungen unsererseits die Verhältnisse dort positiv mitzugestalten, zumal wenn man, gerade in Polen, die bewundernswerte, uns verwöhnte Westdeutsche beschämende Leidensfähigkeit der Menschen mitbedenkt.

Kürzlich fragte Stanislaw Lem, woher man bei der schwierigen Lage Polens Hoffnungen nehmen könne, und antwortete: »Nun daher, daß uns die Geschichte nie verwöhnt hat.« Polen habe die Teilungen, die Aufstände, Hitlers und Stalins Völkermord überstanden, also werde es auch neue Stürme überstehen, selbst wenn die gegenwärtigen Reformen scheiterten. »Es gibt keinen Königsweg zum Wohlstand«, schrieb er »und der Pfad zu einem ehrlichen und anständigen Leben im Geiste allgemeiner Solidarität ist schwierig. Sollte das jemandem ein schwacher Trost sein, so bekenne ich, daß ich einen großartigeren nicht sehe.« Wenn diese Gelassenheit die vorherrschende Haltung jenseits der Oder sein sollte, brauchte man sich um Polen keine Sorgen zu machen.

Der Sozialismus als Kahlschlag

SIEDLER Werden nicht die Schlüsselindustrien des Ostens von sich aus Teil der westdeutschen Industrie werden wollen?

BARING Das schon. Das haben wir bereits weitgehend diskutiert – aber bisher noch nicht weit genug, selbst wenn man uns dann vielleicht Annexionsgelüste unterstellen wird. Eine nach Ihrer wie meiner Überzeugung erforderliche, durchgreifende Konsolidierung der polnischen Verhältnisse wird nicht allein durch solche eingesprengten – wie soll man sagen? – Sozialfestungen des Westens möglich sein, zu denen vielleicht die Werke, die Sie genannt haben, werden könnten. Im Grunde genommen wird sich auch administrativ in Polen eine Menge ändern müssen, was wahrscheinlich aus den polnischen Beständen alleine gar nicht geleistet werden kann. Ein Grundbefund auch in unserem Gespräch ist ja immer wieder der Kahlschlag des Stalinismus. Er hat in einer erschütternden Breite und Tiefe, die man außerhalb des Ostens Europas nach wie vor gar nicht begreift, wirklich Gesellschaft vernichtet. Ich bin überzeugt, daß die meisten Amerikaner, Franzosen und Engländer letzten Endes glauben, die Osteuropäer seien zwar verarmt, seien schikaniert und zum Teil terrorisiert worden, aber sie lebten trotzdem nach wie vor in mehr oder weniger ähnlichen Gesellschaften wie der eigenen amerikanischen, französischen, britischen, zwischen denen es ja auch beträchtliche Unterschiede gibt. Von irgendeiner Ähnlichkeit kann natürlich gar keine Rede sein, doch das kann sich jemand, der in zivilisierten Weltgegenden lebt, überhaupt nicht vorstellen.

In Osteuropa und erst recht in der Sowjetunion sind ganze Gesellschaften mit Absicht borniert gemacht, bewußt intellektuell beschränkt worden, so daß die dort lebenden Menschen nur noch für die Art von primitiver Kommandowirtschaft verwendbar waren, die man überall gewaltsam eingeführt hatte. Daher sind all die Tugenden, die zu einer freien Gesellschaft notwendig gehören, in einem beklagenswerten Ausmaß verkümmert. Da man meines Erachtens Strukturprobleme anderer Gesellschaften nicht von außen lösen kann, sie sich wesentlich selbst sanieren, aus dem eigenen Sumpf helfen müssen, gleichzeitig aber wegen ihrer gründlichen Zerstörung nicht selbst helfen können, kommt man leicht auf den abenteuerlichen Gedanken, nicht nur die Polen unter unsere Fittiche zu nehmen, sondern die anderen Ostmitteleuropäer gleich mit. Genauso rasch läßt man ihn freilich wieder fallen. Denn auch wenn niemand gleich »Generalgouvernement« oder »Protektorat« ruft, befallen mich beim eigenen Nachdenken sofort Schwindelgefühle. Finanzhilfen und gute Ratschläge nützen nicht genug. Aber mehr zu wollen und anzubieten, wäre Größenwahn. Es verriete mangelnden Sinn für die engen Grenzen der eigenen Einflußmöglichkeiten.

Wir reden hier immer von einer neuen deutschen Rolle, von einer Vormachtstellung, einer Führungsposition, einem Einflußgewinn Deutschlands. Man muß dringend erklären, was das heute heißt und was nicht. Ernst Nolte hat 1989, noch vor dem Umsturz, schön umschrieben, worum es am Ende dieses Jahrhunderts geht. An seinem Anfang hätten die großen europäischen Nationen, also auch wir, jede auf ihre Weise, die Erde oder große Teile von ihr beherrschen wollen, statt »der Welt dienlich zu sein«, wie es jetzt möglich und angemessen sei.

Was uns möglich und angemessen ist, müssen wir in den nächsten Jahren in einer großen, nationalen Debatte zu klären versuchen. Dabei müssen wir zwischen kleinmütiger Verzagtheit und wahnhafter Selbstüberschätzung die richtige Mitte finden. Wir müssen, angesichts unserer Vergangenheit, immer große Vorsicht walten lassen; Bescheidenheit steht uns gut an.

Das Vakuum Osteuropa

RUMBERG   Klar, nur man kann eben dagegen immer sagen, und das gilt, glaube ich besonders in Richtung Osteuropa: wenn man sich der Verantwortung nicht stellt, dann wird in dieses Machtvakuum irgend etwas anderes, jemand anderes hineinstoßen. Lassen Sie es uns positiv wenden und sagen: unser Engagement wäre die Verhinderung des noch Schlimmeren.

BARING   Ja, und wir würden möglicherweise damit verhindern, selber längerfristig in Bedrängnis zu geraten. Das Machtvakuum in Osteuropa macht mir große Sorgen. Offen gesagt: ich habe nicht die geringste Vorstellung, wie man es konstruktiv füllen könnte. Momentan haben wir, wie nach 1918, von der Ostsee bis zum Schwarzen Meer wieder ein »Zwischeneuropa« vor uns: innen- wie außenpolitisch labil, störanfällig, in sich zerstritten. Nimmt man das auseinanderdriftende Jugoslawien hinzu, so tritt eine Region der Ungewißheit, der Unsicherheit vor unsere erschreckten Augen, mit der Europa schwer wird leben können.

Es macht die Lage nicht besser, daß man sich fragen muß, ob die Sowjetunion wirklich aus diesem Raum als Bestimmungsfaktor verschwunden ist. Existiert denn wirklich heute – schon oder noch – jenes Machtvakuum, von dem wir hier ausgehen? Einerseits haben wir es in Ostmitteleuropa nach wie vor mit einer, lediglich verminderten, Militärpräsenz der Sowjetunion zu tun.

Der Abzug aller sowjetischen Streitkräfte aus der früheren DDR und Polen wird noch mehrere Jahre dauern. Andererseits lassen sich erste Versuche Moskaus beobachten, verlorenes Terrain zurückzugewinnen, es zumindest für sich zu reklamieren. Die Anfang Mai 1991 im *Spiegel* veröffentlichte Denkschrift aus der Internationalen ZK-Abteilung der KPdSU unter Valentin Falin, wo seit dem Rücktritt Eduard Schewardnadses, seit der Entmachtung des sowjetischen Außenministeriums, erneut die Außenpolitik der Sowjetunion festgelegt wird, muß bei unseren östlichen Nachbarn Befürchtungen auslösen. In diesem Text hieß es wörtlich:

»Diese Region muß wegen ihrer Nähe zu uns in geopolitischer, historisch-politischer und ethno-kultureller Hinsicht eine der wichtigsten Prioritäten der sowjetischen Politik bleiben... Wie sich die Ereignisse in den Ländern der Region auch entwickeln mögen – sie müssen von ausländischen Stützpunkten und Streitkräften frei bleiben (!). Auf der Grundlage ähnlicher oder gleicher außenpolitischer Ausgangsprinzipien lassen sich diese Länder nicht nur von Handlungen abhalten, die der UdSSR Schaden zufügen, sondern es läßt sich auch die Verwirklichung unserer Linie in Europa und der ganzen Welt (!) erleichtern:

x. Gegenwirken gegen den Beitritt unserer ehemaligen Verbündeten zu anderen militärischen Blöcken und Gruppierungen, vor allem (!) zur NATO (in der Zukunft möglicherweise auch zur Westeuropäischen Union), sowie gegen die Teilnahme an Vereinbarungen, die zur Stationierung ausländischer Streitkräfte auf ihrem Gebiet führen könnten (!).

x. Entwicklung von dauerhaften Kontakten zu den führenden politischen Kräften in den Ländern Osteuropas – sowohl zu den derzeit regierenden als auch zu den oppositionellen mit dem Ziel, bei eventuellen Veränderungen in diesen Ländern die grundlegende Kontinuität unserer bilateralen Beziehungen zu bewahren.

x. Neutralisierung oder zumindest Schwächung der anti-sowjetischen Tendenzen in diesen Ländern ...

Eine solche Politik erfordert Härte (!) bei der Verteidigung sowjetischer Interessen, unter Verzicht auf Dominierungsversuche und mit Verständnis des prinzipiellen Unterschiedes zwischen Einmischung, die wir ablehnen, und Ausnutzung legitimer Hebel der Einflußnahme (!) ... Bei der Verteidigung unserer Interessen in Osteuropa sollten die zwischenparteilichen Verbindungen der KPdSU eine bedeutende Rolle (!) spielen. Zur Aufrechterhaltung einer moralisch-sittlichen Ordnung und im Interesse einer vernünftigen Einflußnahme auf die linken Kräfte (!) muß man sorgfältig die Kontakte zu den traditionellen Partnern pflegen und entwickeln ...«

Aus diesem Text ergibt sich meines Erachtens zweierlei: Einmal wird die Sowjetunion auch in Zukunft mit allen »Hebeln der Einflußnahme«, über die sie verfügt, den eigenen Interessen in Ostmitteleuropa Geltung zu verschaffen suchen. Vor allem wird sie einen Anschluß der dortigen Länder an westliche Verteidigungsbündnisse zu hintertreiben trachten. Zum anderen mißt Moskau der Zusammenarbeit mit den jeweiligen kommunistischen Parteien, also derzeit überall auf Oppositionsrollen reduzierten Kräften, zu denen auch unsere – oft voreilig als ganz harmlos beschriebene – PDS gehört, eine erhebliche Bedeutung bei. Es bleibt abzuwarten, welche Einflüsse sich Moskau auf diesen oder anderen Wegen, wobei ich besonders an den KGB denke, auch im vereinigten Deutschland ausrechnet und sichert.

RUMBERG Osteuropa liegt nun einmal geographisch und historisch zwischen Rußland und Deutschland. Werden wir Deutschen uns also nicht fast zwangsläufig dort eine Rolle aufnötigen lassen müssen? Natürlich nicht als Hegemonialmacht auf Bajonetten und Panzern, aber eben doch als intellektuell-organisatorische Führungsmacht.

BARING Intellektuelle Führungsmacht? Ich weiß nicht. Sie haben offensichtlich eine hohe Meinung von unserem Lande! Ich halte uns im Augenblick nicht für ein intellektuell bedeutendes Land ...

RUMBERG So habe ich es auch nicht gemeint, sondern viel praktischer. Sie haben vorhin davon gesprochen, auch administrativ werde sich in Polen vieles ändern müssen. Werden wir nicht auf dieser verwaltungstechnischen Ebene helfen können? Wie das Magdeburger Stadtrecht im Mittelalter ostwärts vermittelt wurde, so müßten jetzt Finanzämter, Arbeitsämter und all die anderen, für uns selbstverständlichen, Errungenschaften moderner Verwaltung gen Osten transportiert werden.

BARING Als Modell, als Experimentierfeld einer ganzen Reihe wirklicher sozialer Errungenschaften – denken Sie nur an die deutschen Mitbestimmungsregelungen, aber auch an unseren ausgefeilten Rechtsstaat mit all seinen Überprüfungsmöglichkeiten – taugt die Bundesrepublik durchaus, wobei man nie vergessen darf, daß die soziale Leistungskraft natürlich von einer erfolgreichen Wirtschaftsordnung abhängt. Aber eine deutsche Hegemonialmacht, Siedler hat davon ja vorhin mehrfach gesprochen, sehe ich nicht, und schon gar nicht, ob sie denkbar wäre ohne eine entsprechende, eigene militärische Absicherung.

Die künftige Sicherung der Selbstbestimmung in Osteuropa übersteigt meine Phantasie. Zum Beispiel betrachte ich mit großer Sympathie die baltischen Länder. Aber andererseits bin ich der Meinung, daß sich in der modernen großräumigen Industriewelt so kleine Gebilde wie Estland, Lettland, Litauen, aber auch Slowenien und Kroatien kaum auf eigene Faust werden behaupten können. Der Versuch völliger Unabhängigkeit kann doch eigentlich gar nicht gut gehen, kann leicht scheitern. Irgendwo müssen all diese Kleinstaaten doch unterschlüpfen. Aber wo? Und wie und wer organisiert das Ganze? Viele Ausländer werden sagen: Natürlich die Deutschen, demokratisch, friedfertig und leistungsfähig, wie sie sind. Aber sehen wir das selber so? Davon kann doch überhaupt keine Rede sein!

Ich glaube, wir müssen einräumen, so kühn wir drei uns hier auch geben, daß wir keineswegs wissen, schon gar nicht im Detail, wie man es machen soll. Man muß bei uns von nun an solchen Fragen konzentriertes Nachdenken widmen. Die Franzosen haben in der jugoslawischen Krise einen deutschen Einflußgewinn gefürchtet und daher eine aktive EG-Rückendeckung für Slowenien und Kroatien hintertrieben – kurzsichtig und kontraproduktiv. Wollen wir künftig in solchen Fällen weiterhin aus Angst vor Frankreichs Stirnrunzeln den Mund halten, statt darauf hinzuwirken, daß man den gefährdeten kleinen Völkern tatkräftig hilft, ihre Freiheit zu sichern? Sollten wir nicht, nachdem wir endlich 1990 unser eigenes nationales Selbstbestimmungsrecht wahrnehmen durften, anderen europäischen Völkern, denen es noch immer vorenthalten wird, zu ihm verhelfen? Freilich müssen wir bei dieser sympathischen Absicht immer die Mahnung Bismarcks beherzigen, in erster Linie unseren nationalen Interessen zu folgen. Als sich der Preußische Landtag 1863 für den polnischen Aufstand gegen Rußland begeisterte, die in Preußen lebenden Polen zur Teilnahme ermutigte und dadurch Reibungen mit Rußland schuf, hielt Bismarck die Neigung, sich für fremde Nationalinteressen auch dann zu begeistern, wenn sie nur auf Kosten des eigenen Landes zu verwirklichen seien, geradezu für eine (nur in Deutschland verbreitete) politische Krankheit. Bismarck stand dem zaristischen Rußland nahe, nicht den Polen. Halten wir es noch immer so? Jahrzehntelang war unser Blick auf Moskau, nicht auf Warschau gerichtet. Wie wollen wir unsere Ostbeziehungen künftig handhaben? Mit allen Völkern gleich eng befreundet sein? Das wird nicht gehen.

Es kommt mir hier wesentlich darauf an, das Problem unserer neuen, größeren Verantwortung in Europa aufzuzeigen. Ich will mich nicht nach vorne drängen und so tun, als ob ich wüßte, wie man ihr gerecht wird. Es geht jetzt darum, überhaupt erst einmal in Deutschland einen Prozeß des Nachdenkens und Diskutierens in Gang zu setzen! Immer wieder muß man darauf hinweisen, daß in Osteuropa ein gewaltiges, gefährliches Vakuum entsteht. In der NATO wie der EG sollten wir gemeinsam mit unseren Alliierten angestrengt darüber nachdenken, wie es sich behutsam füllen läßt. Unsere östlichen Nachbarn brauchen eine Sicherheitsgarantie. Man darf sich nicht auf fromme Wünsche beschränken, wie das meines Erachtens die gegenwärtige Außenpolitik der Bundesrepublik tut, die allen Menschen überall alles nur denkbar Gute wünscht. Damit ist leider noch nichts vom Fleck gebracht.

Wir müssen aber natürlich nicht nur allein, sondern auch in

unseren Allianzen darüber nachdenken, was wir bei einer Masseneinwanderung verzweifelter, verelendeter Menschen unternehmen werden. Es kann ja durchaus erforderlich werden, dieses EG-Europa gegen eine sintflutartige Zuwanderung aus den verschiedensten Himmelsrichtungen zu schützen. Gerade wir Deutsche müssen vorausschauend über denkbare Zuspitzungen diskutieren, ehe sich Notstände in unserer Nähe bilden, dann explosionsartig entladen. Sonst werden wir in Panik geraten und falsch reagieren. Sie wissen, daß eine Reihe unserer osteuropäischen Nachbarländer schon jetzt für Einwanderer entsprechende Lager baut. Wir tun das nicht. Wir sollten vielleicht gerade beim Bau von Lagern zögern, sollten vorsichtig sein. Sonst werden nämlich viele an Lager in Deutschland vor fünfzig Jahren denken. Aber wenn keine Notlager, was dann? Wir müssen uns rechtzeitig überlegen, was wir statt dessen tun wollen. Etwa wieder eine Wohnraum-Zwangsbewirtschaftung einführen?

SIEDLER Wahrscheinlich ist das Bild, das wir hier vom gegenwärtigen Zustand und der mutmaßlichen Entwicklung gezeichnet haben, im großen und ganzen zutreffend. Aber ich bezweifle, daß die Schlüsse, die wir daraus gezogen haben, richtig sind. Es läuft alles auf ein Katastrophen-Szenario hinaus: Die osteuropäische Lage spitzt sich immer mehr zu, eine Wendung zum Besseren ist nicht absehbar, und der Westen muß sich auf Flüchtlingsbewegungen bisher nicht dagewesenen Ausmaßes gefaßt machen. Andere Länder bereiten schon Lager vor, in denen Zufluchtsuchende zumindest für eine Übergangszeit untergebracht werden können. Selbst Richard von Weizsäcker scheint Bewegungen dieser Art für denkbar zu halten, denn seine Warnung macht sonst keinen Sinn: Westeuropa dürfe nach dem Fall der östlichen Mauer nun nicht selber Mauern bauen.

Aber werden solche katastrophalen Wanderungsbewegungen – von fünf Millionen Russen und Osteuropäern reden Optimisten, von zwanzig bis dreißig Millionen Pessimisten – tatsächlich über die westliche Welt hereinfluten? Was hat man nicht alles den USA prophezeit? Von zumindest zehn Millionen Hispanos sprach man in den siebziger Jahren. Viel weniger sind gekommen. Mit Zahlenkolonnen wurde exakt berechnet, daß zumindest fünf Millionen Algerier, Tunesier, Marokkaner nach Frankreich strömen würden. Wieder war die Zahl weit geringer. Was hat man nicht alles für Bewegungen aus Schwarzafrika vorausgesehen, übrigens schon seit den dreißiger Jahren, als man von der »Vernegerung« Frankreichs sprach. Und die wirklich explosionsartig zunehmende Bevölkerung Asiens, die Tamilen und Pakistani mitgerechnet, ist in Asien geblieben, beschränkt sich auf den Kontinent zwischen Bosporus und Ochotzkischem Meer. Auch im Falle von Indien, dessen Bevölkerung sich in dem halben Jahrhundert seit dem Kriege auf über 800 Millionen Menschen mehr als verdoppelt hat, ist die Massenauswanderung, die Überflutung seiner Nachbarländer ausgeblieben. Selbst aus Bangladesch fliehen die Menschen nicht in riesigen Zahlen. Natürlich wird die Lage in Osteuropa schwierig werden, noch komplizierter, als sie zur Zeit ist. Aber alle historische Erfahrung spricht dafür, daß das Elend in geregelten Bahnen stattfindet. So sieht Geschichte nun einmal aus.

Ich warne also davor, die Lage mehr als nötig zu dramatisieren. Aber lassen Sie uns darauf zurückkommen, was heute zu tun wäre, aber eben leider nicht möglich ist. Sie sprachen eben die EG an. Es wird ganz unmöglich sein, die Forderung zu erfüllen, ganz Osteuropa in die EG aufzunehmen; denn dann hätten wir ja sozusagen lauter Portugals in der EG und müßten alle mitfinanzieren.

BARING Nein, Portugal ist viel günstiger dran! Wenn man die ehemaligen Diktaturen Osteuropas mit denen Südeuropas vergleicht, also mit Portugal, Spanien, auch Griechenland unter den Obristen, dann sieht man sofort, daß diese Mittelmeer-Länder nie in dem Maße unseren Kulturkreis, die Prinzipien des Rechtsstaates und die Freiheit des Wirtschaftens verlassen hatten wie Osteuropa. Ich glaube wirklich, daß diejenige öffentliche Meinung, die Salazar und Franco für große Verbrecher hielt, die osteuropäischen Machthaber hingegen eher für redlich bemühte Sozialisten, wenn auch einer etwas eigentümlichen Machart, fundamental falsch lag. Stalin war ein Hitler vergleichbarer, ihm ebenbürtiger Verbrecher, und seine Parteigänger und Helfer in den osteuropäischen Regimen werden immer seine Schande teilen. Denken Sie nur: man hat allein in der Sowjetunion sechzig Millionen Menschen für nichts und wieder nichts grausam umgebracht! Zugleich hat der Sozialismus ein blühendes, wirtschaftlich aufstrebendes russisches Reich in die verarmte, ökologisch verseuchte Wüste Sowjetunion verwandelt.

Franco steht vor der Geschichte anders da. Seine Rolle im Bürgerkrieg war problematisch, und ich wäre nie sein Anhänger gewesen. Aber in seinen letzten Jahren wurde sichtbar, daß er Verantwortungsgefühl besaß, die Zukunft seines Landes im Auge hatte. Erwähnen möchte ich nur seine weise Entscheidung, die Monarchie zu restaurieren, einen vorzüglichen König auf den spanischen Thron zu bringen – nicht von ungefähr ist Brandt immer bei Juan Carlos I. zu Gast, wohnt in Madrid im Palast, wenn er Spanien besucht, weil er ihn für eine verläßliche Stütze der Demokratie nicht nur Spaniens, sondern ganz Westeuropas hält. Ein Mann wie Franco und sein Regime haben historisch einen anderen, höheren Rang als, sagen wir, Ceausescu oder selbst Kadar und deren Systeme.

SIEDLER   Rumänien und Bulgarien fallen ja nun, wenn sie den Kommunismus abschütteln, direkt zurück in die alte Balkanwelt des 19. Jahrhunderts, fallen zurück nicht etwa in die Demokratie, sondern in ihre archaischen Clan-Bindungen.

BARING   Zumindest in Rumänien liegt es noch schlimmer. Rumäniens Grundproblem besteht ja darin, wie man gesagt hat, daß früher die Großagrarier Ungarn, die Bürger Deutsche und nur die Knechte Rumänen waren. Das soziale Ressentiment eines unterlegenen, von anderen beherrschten Volkes ist verständlich, aber auch tief bedauerlich, weil es sich nationalistisch entlädt, deshalb die ehemaligen Oberschichten, Ungarn wie Deutsche, aus dem Lande zu treiben versucht, damit auch »Erfolg« hat. Aber was wird das Ergebnis sein? Kein freies, prosperierendes Rumänien, sondern ein primitives und verarmtes. Die Lage ist heute viel fataler als im Osmanischen Reich; entsprechend sehen die Folgen aus. Ein gewaltiger Rückschritt, weit hinter das, was bereits am Anfang dieses Jahrhunderts erreicht war, ist absehbar, ist schon heute Tatsache. Rumänien ist ein ziemlich hoffnungsloser Fall. Und es ist nicht das einzige Land in einer nahezu aussichtslosen Situation. Denken Sie auch an Serbien.

Timothy Garton Ash sagt: überall in Osteuropa ist eine positive Entwicklung noch keineswegs sicher. Er behauptet: In Osteuropa steht alles auf der Kippe. Wenn die wirtschaftliche, soziale und damit politische Konsolidierung mißlingt, dann muß man mit autoritären Regimen rechnen, mit nationalistischer, populistischer Rhetorik und Ideologie statt ökonomischer Leistungskraft. Und das kann Regime bedeuten, die für ganz Europa, nicht nur für die unmittelbaren Nachbarn, sehr unangenehm sind, weil dann Fremdenhaß, Aggressivität und vielleicht sogar bewaffnete Konflikte nicht ausgeschlossen bleiben.

Sebastian Haffner hat kürzlich daran erinnert, daß der Kalte Krieg eine Zeit stabilen Friedens gewesen ist, des Atomfriedens. Seitdem sich die bisherigen Blöcke auflösten, alte, zeitweilig verdeckte völkische Ressentiments neu virulent würden, schrieb er, habe er persönlich das Gefühl, daß man heute mit kleinen Kriegen, die sich unter Umständen unangenehm ausbreiten könnten, in Europa wieder rechnen müsse. Die jugoslawische Katastrophe gibt uns einen Vorgeschmack dessen, was auch andernorts kommen kann.

Die illusionäre Fluchtburg Europa

RUMBERG   Sind vielleicht diese düsteren Zukunftsbilder, die
Sie an die Wand malen, der Grund dafür, daß wir nach wie vor
versuchen, uns hinter der EG zu verstecken, obwohl wir doch
etwa am Beispiel der Jugoslawien-Krise erneut gesehen haben,
daß die Gemeinschaft nicht willens oder nicht in der Lage ist,
vorausschauend zu handeln?

BARING   Was Brigitte Seebacher-Brandt in ihrem neuen Buch
Die Linke und die Einheit die »Fluchtburg Europa« nennt, ist eine
weitverbreitete, nicht nur von Sozialdemokraten geteilte Vision:
Es genüge, Europa zu beschwören, und alle unsere Probleme
seien gelöst, wir zumindest ihrer ledig. Frau Brandt meint offenbar, unser Verstecken hinter Europa sei die Reaktion der Deutschen auf das Scheitern des Deutschen Reiches. Selbst Willy
Brandt spricht übrigens immer wieder, etwa in seiner berühmten
Abschiedsrede, von Europa als unserer wichtigsten Aufgabe, aber
nie von den USA. Das fällt auf und ist problematisch. Denn wenn
wir eine »Fluchtburg« brauchen – und wir brauchen sie; unsere
größte Gefahr war und bleibt die Vereinzelung, unsere Isolierung
–, dann sind es doch die USA, ist es die Allianz mit den Vereinigten Staaten, auf die wir angewiesen bleiben, und nicht Europa,
weil es Europa als geeintes Kraftzentrum noch gar nicht gibt, wie
Brigitte Brandt übrigens selbst sagt. Wenn ich sie wäre, hätte ich
das Kapitel genannt: »*Illusionäre* Fluchtburg Europa«. Es ist eine
Wahnvorstellung, daß Europa etwas sei, wohin man fliehen
könnte. Denn Europa ist, wie sie schreibt, bestenfalls ein Staatenbund. Bestenfalls, eines Tages.

   In der Golfkrise sahen die Europäer ziemlich uneins und ratlos
aus. Die Vision eines einigen Europas ist seither noch mehr in
den Wolken entschwunden. Es scheint mir heute erst recht
unwahrscheinlich, daß die anderen EG-Partner, Franzosen und
Engländer voran, ihr Schicksal mit dem unseren wirklich unauf-

löslich zu verbinden geneigt sind. Wer will denn wirklich einen Zusammenschluß, der auch militärisch und politisch etwas bedeutet, also über wirtschaftliche Kooperation und Koordination weit hinausgeht?

Niemand will eine Aufhebung der Nationalstaaten – auch wir nicht, wenn es ernst mit ihr würde. Wir tun nur so – nicht zur Tarnung finsterer Pläne, die wir gar nicht haben, sondern weil wir die Verantwortung für das eigene Schicksal allzugerne irgendwo abliefern würden. Wir haben uns seit Jahren aus den Konflikten, den Kämpfen dieser Welt in das himmlische Blau ewigen Friedens hineingeträumt. Deshalb halten wir, wenn Osteuropa mit äußerer Hilfe auf die Beine gebracht werden soll, Europa, die EG, für zuständig und nicht uns. Viele Deutschen meinen: Es sei weder nötig noch wünschenswert, daß gerade wir den Osteuropäern energisch unter die Arme griffen. Dies sei eine europäische Aufgabe, ein Anliegen der gesamten EG.

RUMBERG   Und das halten Sie für eine Illusion?

BARING   Europa wird hoffentlich beisammenbleiben, wird sich hoffentlich, über den Wirtschaftsverbund der EG hinaus, zumindest mit den wichtigsten seiner Partner eines Tages doch noch zu einer politischen Union, einem leistungsfähigen Staatenbund zusammenfinden. Hoffentlich. Wir möchten, wenn schon ins Unbekannte losgezogen werden muß, gern europäisch geeint aufbrechen. Aber die anderen EG-Partner werden ihre Beteiligung nicht für so dringlich halten, werden uns vorschicken. Die Interessen innerhalb Europas liegen sehr verschieden, und wir wohnen einfach aufgrund unserer geographischen Lage näher an den osteuropäischen Krisenherden, sind unmittelbar von ihnen betroffen.

Europa ist in vielen unserer Politiker-Reden noch immer eine gedankenlose Leerformel. Auch im sich einigenden Europa werden die Nationalstaaten bestehen bleiben, werden weiter wichtige Aufgaben für ihre Bewohner und die Völkergemeinschaft wahrnehmen. Großbritannien und Frankreich haben ihre besondere Interessenlage nie vergessen. Deutschland muß die seine neu verstehen lernen.

Es werden sich künftig, ob wir das nun wollen oder nicht, mehr und mehr große Hoffnungen auf uns richten. Es ist nicht angenehm – die Amerikaner wissen davon ein Lied zu singen –, von anderen Völkern beneidet, ständig mit deren Forderungen konfrontiert zu sein. Es ist sicher, daß wir Deutschen, ich erwähnte es schon, in unserer übergroßen Mehrheit die Rolle, solchen Erwartungen gerecht werden zu müssen, als Zumutung empfinden, ja als unzumutbar ablehnen. Das wird uns wenig nützen. Eine größere Rolle – wiederholen wir ruhig: eine Führungsrolle – und damit eine größere Verantwortung für das Ganze, für Europa, wird uns durch die Umstände aufgedrängt, ob wir das nun wollen oder nicht.

Wir finden, nicht ohne Grund, daß wir mit der ehemaligen DDR noch lange mehr als genug zu tun haben, wir sehen die Begrenzung unserer Mittel. Doch die anderen Europäer, gerade auch unsere westeuropäischen Alliierten, werden das nicht gelten lassen. Und die Osteuropäer werden uns geradezu beschwören, sie vor der Verelendung, auch vor östlichen Interventionen zu retten. Wenn das Chaos ausbricht, werden sie uns, Herr Siedler, eben doch die Bude einrennen. Sie tun es ja schon. Tausende von Rumänen und Bulgaren, hauptsächlich Zigeuner, versuchen seit Monaten illegal über die Neiße nach Deutschland zu kommen.

Warum werden die Perspektiven dieser Entwicklung selten gesehen, offenbar nirgends diskutiert? Brigitte Brandt hat es richtig beobachtet: weil unser Blick verengt ist. Unsere Aufmerksamkeit, auch die der Politiker, konzentriert sich ganz auf Fragen der Wirtschaftspolitik, Sozialpolitik, Rechtspolitik, innerstaatlich wie international. Große Bereiche der Politik werden als solche gar nicht wahrgenommen. Sie sagt an irgendeiner Stelle, für die SPD sei lange die beste Außenpolitik der Verzicht auf Außenpolitik gewesen. Dieser Wunsch, der keineswegs nur auf linke Sozialdemokraten beschränkt ist, wurzelt in einem positiven Menschenbild, das man auf die Staaten und deren Leiter überträgt. Es geht von Menschen aus, die das Böse nicht kennen, weder fehlbar noch doppeldeutig sind, immer der Vernunft zugänglich bleiben. Eine grundsätzliche Harmonie der Welt wird vorausgesetzt, zu der kollektive Sicherheitssysteme ebenso gehören wie die Verabsolutierung der KSZE und eine erhoffte Verlängerung des Entspannungswillens Gorbatschows in alle Zukunft. Zu dieser realitätsflüchtigen Friedenssehnsucht gehört auch die mit verbissener Hartnäckigkeit festgehaltene Überzeugung, der Golfkrieg hätte sich durch geduldiges, ruhiges Zureden ganz vermeiden lassen.

Statt dessen müssen wir uns und anderen immer wieder eine Reihe enttäuschender Einsichten vor Augen führen: daß die wirkliche Welt nicht mit der unserer Wünsche verwechselt werden darf. Daß sich eigentlich nichts von selbst regelt. Daß man mit dem bloßen Schwur auf einen ewigen Frieden weder innenpolitisch noch außenpolitisch etwas ausrichten kann. Daß der Verzicht auf Machtpolitik, auf jeden Gebrauch auch militärischer Macht, moralisch ebenso verwerfliche Ergebnisse zeitigen kann wie Exzesse des Machtgebrauchs. Es ist eine verkürzte, eine falsche Schlußfolgerung aus dem Scheitern unserer früheren Weltmachtpläne, nun schlicht alle Macht rundum für böse zu halten.

Insofern haben wir, glaube ich, auch in unserer bisherigen Diskussion die Dinge verharmlost. Denn das Ausblenden weiter Bereiche der Realität ist im individuellen wie im kollektiven Leben der sichere Weg ins Desaster. Und insofern würde ich in meinem Pessimismus, den ich übrigens für Realismus halte, über Brigitte Brandt weit hinausgehen und sagen, daß mir die Zukunft unseres Landes in mehrfacher Hinsicht noch viel gefährdeter erscheint als ihr.

RUMBERG   In welcher Hinsicht zum Beispiel?

Unsere politische Führungskrise

BARING   Sie glaubt offenbar, daß die Linke sich auf lange Zeit aus der Politik des Landes ausklinkt, ihre Regierungsfähigkeit in Bonn verspielt oder sich spalten muß, um den wirklichkeitsnahen, politikfähigen Teil der SPD von ihrem illusionären Flügel zu trennen.

Ich sehe keine Spaltung kommen. Die 68er Linke ist auf breiter Front in der Führung, aber auch in der Mitgliedschaft siegreich geblieben. Daher vermute ich eher, daß sich die SPD vor den idyllischen Kulissen ihrer Illusionen gemütlich einrichten wird.

Das hat sie auch in den fünfziger Jahren getan. Vor der Wende von 1958, dem Stuttgarter Parteitag, dann Godesberg 1959, der Wehner-Rede 1960 – vor dieser Phase eines bedeutsamen Kurswechsels, der die SPD im Laufe der sechziger, frühen siebziger Jahre zur führenden Volkspartei machte, war sie aus der Politik der Bundesrepublik vollkommen verschwunden, spätestens seit Schumachers Tod im Jahre 1952.

Eine ähnliche Periode der Stagnation haben wir jetzt. Die SPD ist als Denkfabrik für morgen, als Mobilisierungsagentur von Problemlösungskapazitäten, als Motor notwendiger Veränderungen irrelevant geworden, was niemanden gleichgültig lassen kann, weil heute, anders als damals, auch die Union Anzeichen personeller und konzeptioneller Schwäche zeigt. Konrad Adenauer konnte sich zu seiner Zeit auf eine große Attraktivität und die wachsende Festigkeit der Union verlassen. Er hatte eine ganze Reihe begabter Politiker um sich – die mir heute in der Union Helmut Kohls zu fehlen scheint.

RUMBERG   Sie halten also die Position des Landes, wie Sie eben gesagt haben, deshalb für sehr viel gefährdeter als Brigitte Brandt, weil Sie die Führungsfähigkeit, die Adenauer ganz gewiß besaß (ungeachtet all dessen, was man gegen seine Politik einwenden mag), heute auch auf der CDU- oder FDP-Seite nicht sehen?

Sie konstatieren also eine Führungskrise, einen Mangel an Politikern in diesem von Ihnen skizzierten Sinne, nämlich: Dinge vorherzusehen, wichtige Bewegungen von sich aus zu befördern und nicht nur Meinungsumfragen hinterherzulaufen, sondern neue Trends zu antizipieren und in die Richtung zu drängen, die man selbst für notwendig hält, also auch Gefahren frühzeitig zu erkennen und ihnen entgegenzusteuern? Sie argwöhnen, daß unsere Politik es versäumt, vorher zu agieren und man daher allenfalls erst im nachhinein reagiert? Sie vermissen in allen Parteien eine Führungsschicht, die uns heil durch die nächsten Jahre steuern könnte?

BARING   Ja, ganz klar. Adenauer war kein Einzelgänger in seiner Partei, sondern es gab damals eine ganze Reihe hochqualifizierter Leute, nicht nur den unglücklichen Ludwig Erhard, sondern eben auch Männer wie Rainer Barzel, Eugen Gerstenmaier, Gerhard Schröder, die alle, wenn sie Nachfolger Adenauers geworden wären, ihrer Partei viele Schwierigkeiten der sechziger Jahre erspart hätten. Mir fällt ein halbes Dutzend Leute ein, die als Nachfolger Adenauers in Frage kamen.

Und heute? Da scheint mir in der Union wie in der SPD das Angebot an kanzlerfähigen Leuten nicht groß zu sein. Und es ist ebenso klein in der Wirtschafts- und Außenpolitik, also zwei ganz wesentlichen Bereichen, die in der Adenauer-Ära von der Union verwaltet wurden, in der Brandt-Ära zum sozialliberalen Erfolg beitrugen. Es mag gute Gründe geben, diese Felder seit zwei Jahrzehnten der FDP zu überlassen, obwohl die freidemokratischen Wirtschaftsminister der letzten Jahre – wobei ich nicht von Herrn Möllemann rede, weil das zu früh wäre – sich nicht unbedingt als große wirtschaftspolitische Begabungen dem Lande eingeprägt haben. Und wenn Herr Genscher eines Tages umfallen sollte, ist sehr die Frage, ob man dann der FDP weiterhin irgendeine Kompetenz in der Außenpolitik zutrauen kann. Mit anderen Worten: In den beiden geborenen Regierungsparteien CDU/CSU und FDP, die auch Brigitte Brandt weiterhin für das zentrale Kraftfeld der deutschen Politik hält, weil die SPD sich auf unabsehbare Zeit ins Nirwana verabschiedet habe, gibt es keine hinreichende Führungskraft hinter oder über Kohl hinaus. Das ist außerordentlich beunruhigend.

Wir haben eine ganze Reihe berühmter Integrationsfiguren, die in Meinungsumfragen gewaltige Werte auf sich vereinen. Und warum? Weil sie den Deutschen nach dem Munde reden, das sagen, was alle ohnehin glauben und hören wollen. In den letzten beiden Jahren hat sich gezeigt, daß Popularität keine entsprechende Autorität bedeutet. Das gilt beispielsweise, um ganz oben anzufangen, für den Bundespräsidenten, der im Grunde genommen seit dem Herbst 1989 verstummt ist, von seiner wichtigen Berlin-Initiative abgesehen, es gilt für die Bundestagspräsidentin, die ein Inbegriff guten Willens ist, aber von daher zögert, dem Lande unerfreuliche Neuigkeiten mitzuteilen, son-

dern lieber modische Girlanden flicht, es gilt auch in gewisser
Hinsicht für den Außenminister, der innenpolitisch ein genialer
Seismograph bleibt, aber außenpolitisch instinktarm geworden
ist. Man könnte diese Liste beliebig verlängern. Gerade wenn
man sich, wie ich, den eben genannten drei Politikern persönlich
verbunden fühlt, muß man zugeben: sie gehören ihrem ganzen
Zuschnitt, ihrem Problembewußtsein, ihrem Auftreten und Verhalten nach in die – wie Frau Brandt das nennt – alte, gemütliche
Bundesrepublik.

Solange es diese gab, haben wir sie natürlich so nicht gesehen,
sondern als ungeheuer problembeladen, vielfältig mangelhaft, ja
oft krisengeschüttelt empfunden. Heute würde man aber im
Rückblick sagen: wir hatten doch vor 1989 gar keine Probleme –
jedenfalls verglichen mit denen, die jetzt auf uns zukommen!

Vierzig Jahre Atempause der Weltgeschichte

RUMBERG   Sie kommen eben wieder auf die gemütliche Bundesrepublik zurück, von der wir ganz am Anfang bereits sprachen, ehe wir auf die ehemalige DDR und Osteuropa kamen.
Vielleicht noch einmal: Worin besteht denn eigentlich im Kern
die Veränderung, auf die Sie hinweisen?

BARING   Im Rückblick erscheinen mir die letzten vierzig Jahre
– oder genauer die sechsundvierzig Jahre seit 1945 – als eine
Atempause der Weltgeschichte für uns Deutsche. Nachdem das
Reich von 1871 ein so bemerkenswerter Mißerfolg geworden
war und wir zuletzt unsere Souveränität, unsere Selbstbestimmung verloren hatten, also die Verantwortung für unsere eigenen Angelegenheiten, für das Schicksal der Deutschen, haben
wir uns rasch in jenem bequemen Zustand letztendlicher Verantwortungslosigkeit gemütlich eingerichtet, der uns jetzt zu schaffen macht.

Jahrzehntelang haben die westlichen Alliierten unser Schicksal
verwaltet und unsere Freiheit geschützt. Zunächst als Besatzungsmächte. Aber auch als wir 1955 die Besatzungsherrschaft
losgeworden waren, haben wir die Grundeinstellung der Zeit

zuvor beibehalten. Wir hatten uns rasch daran gewöhnt, unsere eigene Verantwortung an unsere neuen Bundesgenossen zu delegieren. Ich habe diesen Verzicht immer sehr deutlich gespürt in der Formulierung von Herrn Genscher: wir seien »in die Bündnisse eingebunden«. Diese Formel ließ einerseits Freiwilligkeit, andererseits Unvermeidlichkeit erkennen. Viele von uns ließen in der Schwebe, was wir aus eigenem Entschluß taten und was eine Spätfolge des Zweiten Weltkriegs war.

Die Diskussion, wie es mit uns Deutschen weitergehen soll, werden wir jetzt führen müssen, und ich glaube, wir werden dabei nicht umhinkommen, die Geschichte vor 1945 etwas genauer zu betrachten. Wenn man mich fragt, warum das Deutsche Reich zwischen 1871 und 1945 diese katastrophische Entwicklung genommen hat, kann ich nur immer wieder sagen: weil unsere Führungsschichten nicht auf der Höhe der Probleme waren. Es gelang ihnen nicht, eine Sicht unserer Interessen und der internationalen Rolle des Landes zu entwickeln, die nach innen und außen tragfähig gewesen wäre.

Spätestens seit dem Abtreten des Reichsgründers haben die Deutschen keine Führungsschicht besessen, die den äußeren und inneren Problemen Deutschlands gleichermaßen gewachsen gewesen wäre. Es gelang nicht, einen Konsens über Lage und Ziele des Reiches herbeizuführen, also eine Politik zu entwerfen und durchzuhalten, die unseren Möglichkeiten mit Augenmaß Rechnung getragen hätte und gleichzeitig mit den Interessen unserer großen europäischen Nachbarn vereinbar gewesen wäre. Insofern ist das Wort Horst Krügers zutreffend, das Reich sei offenbar zu groß gewesen für unseren politischen Verstand.

Die Deutschen sind in der Zeit des Reiches zwei Grundorientierungen, Grundmustern gefolgt. Die eine Lösung, die Bismarck vorschwebte, dann wieder Stresemann, vielleicht Brandt, ein Konzept, das jedenfalls emotional auch heute breiten Anklang fände, wenn es artikuliert würde, bestand darin, einen vorsichtigen Ausgleich zwischen den verschiedenen Mächten Europas anzustreben, die Rolle des ehrlichen Maklers zu übernehmen, wie Bismarck gesagt hat, also zwischen den Interessen der anderen uneigennützig zu vermitteln und damit Verständnis, Vertrauen, Wohlwollen für das Reich in seiner Mittellage zu schaffen. Eine solche Politik setzte herausragende, ja fast unheimliche Fähigkeiten des Gespürs, der Balance, auch des Doppelspiels voraus, die schon über die Kraft Bismarckscher Staatskunst gingen.

Erst recht fehlten sie seinen Nachfolgern. Maßgebliche meinungsbildende Gruppen wollten auch gar nicht einsehen, warum man sich diese mühsame Zurückhaltung auferlegen müsse und das neue Reich immer kleiner machen solle, als es sei, weshalb also gerade Deutschland bescheidener zu sein habe als andere, vergleichbare Länder.

Daher kam es zum entgegengesetzten Modell: zur Großmachtrolle, wie man sie unter Wilhelm II. anstrebte und dann noch einmal, erst recht, mit Hitler. Hier ging es nicht länger um Ausgleich zwischen den anderen Machtkonkurrenten, sondern um ihre Beherrschung. Man war der Überzeugung, daß das Reich zur Großmacht, zur Weltmacht aufsteigen müsse, um sich zu behaupten. Im Zeitalter der Großräume und Rohstoffquellen müsse Deutschland sich das europäische Festland gefügig machen, Rußland, Frankreich und England an die Ränder treiben, die USA fernhalten.

Man weiß, was daraus geworden ist. Zwei verzweifelte Versuche, die Großmachtposition im Alleingang zu erobern, sind am Ende in einem Ausmaß mißlungen, das die Geschichte unseres Volkes langfristig, wenn nicht dauerhaft umgeformt hat. Nicht nur die Verbrechen Hitlers werden uns noch lange zu schaffen machen.

Neben der moralischen Diskreditierung hat das völlige Scheitern der Großmachtambitionen bei den Deutschen einen anhaltenden Schock ausgelöst, der noch nicht überwunden ist. Das zeigt sich seit der Wiedervereinigung ganz deutlich. Jenseits unserer Alltagsgeschäfte stecken wir in tiefen Selbstzweifeln. Nicht nur unsere Rolle in Europa ist uns unklar. Auch das Verständnis unserer historischen Herkunft und Problemlage ist abhanden gekommen. Wir können uns auf unsere seltsame, verwirrende Mißerfolgsgeschichte vor 1945 keinen vernünftigen Reim machen.

RUMBERG   Niemand?

BARING   Doch, es gab einen, der das konnte, und dies macht seinen anhaltenden Erfolg, seinen Ruhm aus: Konrad Adenauer. Dieser deutsche Gründervater der Bundesrepublik hat sich mit seinem originellen dritten Modell neben Bismarck und Hitler einen herausragenden Platz in der deutschen Geschichte geschaffen.

Adenauer war aufgrund seiner Beurteilung des Bismarckreiches und durch die Erfahrungen eines langen Lebens – er wurde 1876, nur fünf Jahre nach der Reichsgründung, geboren – zu der Überzeugung gelangt, daß die Deutschen weder den Gefahren noch den Anforderungen ihrer europäischen Mittellage gewachsen seien: der drohenden Isolierung, den Reizen eines unbeständigen Schwankens zwischen Ost und West, der Notwendigkeit eines feinen Ausbalancierens fremder, oft übermächtiger Kräfte. Bismarck sei es gerade noch gelungen, das komplizierte Spiel mit vielen Kugeln zu meistern. Aber unter seinen Nachfolgern hätten sich solche Kunstgriffe rasch als zu schwierig, ja als unmöglich erwiesen. Adenauer fand daher, daß Deutschland durch seine Selbstdefinition als Land zwischen Ost und West überfordert sei.

Eine dauerhafte Lösung des deutschen Problems lag seiner Meinung nach deshalb nicht in einer bloßen *Westorientierung*; die wollten damals alle nennenswerten politischen und gesellschaftlichen Gruppen. Unmittelbar nach dem Kriege, im Angesicht der russischen Greuel, der Millionen von Vertriebenen, von Flüchtlingen, der Gewaltpolitik, die Moskau und seine deutsche Partei in der damaligen sowjetischen Besatzungszone trieben, gab es für die Masse der Deutschen überhaupt keine Alternative zur Westorientierung. Jeder wollte nach Westen, alle suchten dort Schutz und Hilfe – wo denn sonst? Das war nach Lage der Dinge nichts Überraschendes. Adenauer aber wollte aus dieser momentanen Fluchtneigung nach Westen, aus diesem Anlehnungsbedürfnis der Besiegten, ein dauerhaftes Konstruktionselement der Zukunft machen. Er wollte die *Westintegration.*

Die Lehre, die er aus der jüngeren deutschen Geschichte, aus der Niederlage, Zerstückelung und Schwächung Deutschlands gezogen hatte, war einfach. Er hielt es ja überhaupt für ein besonderes Lob, wenn man ihn einen großen Vereinfacher nannte. Adenauer war entschlossen, die Bundesgenossenschaft zwischen den Deutschen und dem Westen *auf Dauer* zu sichern. Das war das Besondere seines Konzepts. Er wünschte sich die Deutschen – zunächst wenigstens diejenigen von ihnen, die unter die westlichen Besatzungsmächte geraten waren – fortan als Teil eines westeuropäischen Bundestaates, fest eingefügt in die Gemeinschaft der älteren westeuropäischen Demokratien, zu ihrem eigenen Besten dauerhaft mit dem Westen verbunden, fest verankert im freien Europa. Geschützt und garantiert werden sollte dieser westeuropäische Verbund von den USA. Ein gutes Verhältnis zwischen einem vereinten Europa und den Vereinigten Staaten von Amerika war nach Adenauers Auffassung eine entscheidende Voraussetzung für die erfolgreiche Selbstbehauptung Europas.

Das bleibt auch heute richtig und wichtig. Aber sehen das auch unsere Landsleute so? Vielen Jüngeren, vermute ich, und zumal unseren neuen Mitbürgern aus den östlichen Bundesländern erscheint die ganze Westpolitik und ganz besonders der Gedanke einer Westintegration mehr und mehr als eine Langzeitfolge der amerikanischen, britischen, französischen Besatzungsherrschaft, die manche geradezu mit dem Satellitenverhältnis der DDR zur Sowjetunion gleichsetzen. Die eine wie die andere Bindung, die man gleichermaßen als Fessel sieht, heißt es jetzt heimlich mehr und mehr, gelte es fortan zu überwinden.

Sollte diese Einschätzung überhandnehmen, zur Mehrheitsmeinung werden, müßte das fatale Folgen haben. Wir wären wieder da, wo wir vor 1945 waren: allein auf uns gestellt.

SIEDLER   Ich möchte auf Ihr Wort zurückkommen, daß jetzt das halbe Jahrhundert zu Ende gehe, in dem die Deutschen sozusagen eine Atempause von der Weltgeschichte genommen hätten. Das stimmt natürlich, wenn man bedenkt, daß mit dem Untergang des Dritten Reiches Deutschland die Verfügung über sich selber verloren hatte und in mancherlei Hinsicht nur noch Dispositionsmasse für andere war. Ganz abgesehen davon, daß das Deutsche Reich untergegangen war, war 1945 ein gutes Viertel des deutschen Siedlungsgebietes polnische, tschechische oder russische Provinz geworden, und das verbleibende Gebiet war in zwei Teile aufgeteilt. Deutschland hatte nicht nur eine

Pause in der Geschichte eingelegt, sondern es gab Deutschland im Grunde gar nicht mehr.

Aber dann trat es in den fünfziger Jahren in Gestalt zweier Teilstaaten wieder vorsichtig in die Geschichte ein, und überraschenderweise wurden die jeweiligen Teile in ihren Blöcken wieder so etwas wie Führungsmächte. Das hat der Mediävist Karl Ferdinand Werner schon vor Jahrzehnten zu verstehen gesucht. Jeder europäischen Nation scheine eine Epoche der Neuzeit zu gehören: erst Spanien das 16., dann Frankreich das 17., schließlich England das 18. und ganz am Ende Deutschland das 19. Jahrhundert. Wenn ein Land einmal in die Phase der Dynamisierung eingetreten sei – wie Deutschland ab 1850 –, dann sei ganz gleich, durch wieviele Niederlagen und sogar Katastrophen es gehe. Immer werde es, wie oft auch zerbrochen, wieder auf der Bühne der Weltgeschichte erscheinen.

BARING   Es sollte mich wundern, wenn mein Kollege Werner wirklich gesagt haben sollte, es sei gleichgültig für ein Land im Zenith seiner Möglichkeiten, durch wieviele Niederlagen oder Katastrophen es gehe.

SIEDLER   Eine Niederlage, wie sie die beiden deutschen Großstaaten Österreich-Ungarn und Deutschland 1918 erlebt hatten, gab es kaum in der neueren Geschichte.

BARING   Wirklich? Mir kommt das sehr übertrieben vor, zumindest im Falle Deutschlands.

SIEDLER   Schon zehn Jahre nach der schweren Niederlage, in der zweiten Hälfte der zwanziger Jahre war Deutschland wieder die führende Wirtschaftsmacht und im Grunde auch die vitalste politische Kraft Europas gewesen. 1945 glaubte die Welt, daß Deutschland für zumindest ein Jahrhundert, wenn nicht für alle Zeiten, aus der Geschichte ausgeschieden sei. Aber am Ende des 20. Jahrhunderts, nach nur zwei Generationen, dominiert es mehr oder weniger den Kontinent, und zwar schon vor der Vereinigung der beiden Teilstaaten.

BARING   Also, ich weiß nicht. Ich finde, daß Sie den Mund sehr voll nehmen.

SIEDLER   Nicht ich, sondern Karl Ferdinand Werner, dessen Gedankengang ich hier andeute. Man müsse sich das etwa so vorstellen, sagte er damals, das betreffende Land Europas, in diesem Falle eben Deutschland, sei mit der Phase der Vitalisierung radioaktiv geworden. Zerbreche man aber einen radioaktiven Stab in viele Teile, so werde jeder Teil für sich Radioaktivität ausstrahlen. Vielleicht erklärt dieser Vergleich wirklich die staunenswerte Dynamik des Landes, das früher Deutsches Reich hieß.

Aber haben wir denn wirklich nur eine Atempause in der Weltgeschichte eingelegt? Das hieße ja, daß wir irgendwann in sie zurückkehren, und zwar als Nationalstaat. Jahrzehntelang hätten dann Alliierte unser Schicksal lediglich verwaltet, Deutschland hätte seine Selbstbestimmung zeitweilig an die Vier Mächte delegiert, und nun nähme es sein Geschick wieder in die eigenen Hände. Mehr oder weniger kehrt nach dieser Vorstellung das Land als Nationalstaat zurück, wenn auch in alle möglichen Allianzen »eingebunden«. Was sind denn, wenn das stimmt, heute die Interessen dieses neugeborenen Nationalstaats?

Gibt es deutsche Interessen?

BARING   Es geht heute wie gestern wesentlich darum, unsere Interessen mit denen der anderen abzustimmen, europäischen Interessen, atlantischen Interessen. Unseren Führungsgruppen ist auch heute nicht recht klar, was die Interessen unseres Landes sind und wie sie mit denen der anderen zu kombinieren wären, schon weil das Wort »Interesse« in der Bevölkerung auf weitverbreitete Ablehnung stößt.

Interessen gelten als etwas Minderwertiges, Schmutziges; Interessen sind für viele die negative Seite des Kapitalismus, der gern genutzt, aber selten offen bejaht wird. Wir wollen an eine ideale Welt glauben, an das vereinte Europa, an Menschenrechte, den Fortschritt. Übrigens sehr vage und unverbindlich.

Ich habe das 1990/91 deutlich empfunden. Wenn man im letzten Jahr Oskar Lafontaine hörte: der Nationalstaat sei nicht mehr die Antwort, man müsse ihn hinter sich lassen und in europäischen, kosmopolitischen Dimensionen denken, auch die Verteidigung in einem solchen europäischen Rahmen organisieren, dann klang das nach etwas. Als wir aber 1991 den Golfkrieg erlebten, war plötzlich von all dem überhaupt nicht mehr die Rede.

Unsere wichtigsten europäischen Alliierten, übrigens auch östliche Nachbarn wie die Tschechen und Polen, beteiligten sich prompt und mit großer Einmütigkeit, während sich unsere Regierung bedeckt hielt, auf heimliche Hilfsdienste beschränkte. Und die Sozialdemokraten, die noch kurz zuvor immer von Europa als dem einzig zeitgemäßen Rahmen unserer Verteidigung geredet hatten? Sie hatten ihre Worte offenbar plötzlich vollkommen vergessen und hüllten sich in betretenes Schweigen, statt die Regierung zu einem gemeinsamen europäischen Engagement zu drängen. Manch ein Sozialdemokrat versuchte, sich gleichzeitig auch aus den NATO-Verpflichtungen zu schleichen. Ein lamentables Bild!

Es gibt in allen Lagern eigentlich nur noch Redensarten und ängstliches Lauschen auf die Meinungsumfragen. Wir sind eine Demoskopie-Demokratie geworden; die Politiker wollen nur noch beliebt sein und folgen daher blindlings dem, was sie in Umfragen als momentane Tendenz ausmachen. Das reicht natürlich nicht. Insofern führt die Frage, hinter welcher Politik unser Land steht, in die Irre. Es gibt keine Politik Deutschlands, die mehr wäre als die allseitige Verkündung guten Willens. Es gibt auch keinerlei Diskussionen unter den Deutschen darüber, welche Prioritätenliste, welche Reihenfolge es bei unseren Interessen gibt und wie sie abgestimmt werden könnten mit den Interessen anderer. Diese dringende Diskussion findet in der Öffentlichkeit nicht statt. Das glauben uns viele Ausländer gar nicht. Sie halten eine derartige Harmlosigkeit der Deutschen gar nicht für möglich und neigen daher zu einer geradezu grotesken Fehleinschätzung dessen, was in Deutschland im Augenblick los ist. Sie vermuten, wir hielten mit unseren Absichten hinter dem Berge.

SIEDLER   Ja, die glauben wirklich: da muß doch irgend etwas dahinter stecken. Es verbirgt sich aber nichts dahinter.

BARING   Nein, andere Völker gehen ganz selbstverständlich – und das beweist eine Mentalität, die von der unsrigen denkbar verschieden ist – von den eigenen Definitionen ihrer nationalen Interessenlage aus und halten es für ebenso selbstverständlich, daß wir das auch tun! Es scheint mir beispielsweise in Polen sofort viel mehr darüber diskutiert worden zu sein, was die Vereinigung Deutschlands bedeute und welche Sicherheitsvorkehrungen Warschau treffen müsse, als bei uns erörtert worden ist, inwieweit es unsere eigene Interessenlage verändert, daß auch wir Westdeutschen jetzt die Nachbarn der Polen sind.

Insofern fürchte ich, daß das, was wir hier im Augenblick diskutieren, vollkommen ins Leere geht, weil man bei uns gar nicht auf interessierte, engagierte Gruppen von Bürgern trifft, die sich mit solchen Fragen beschäftigen. Das ist, sagen sich auch die meisten Politiker, für den nächsten Wahlkampf nicht relevant, ebensowenig für die anstehenden Lohn- und Tarifrunden. Die sozialen Sicherungssysteme werden davon ebenfalls nicht unmittelbar betroffen, und die Zukunft des Landes oder die nationalen Aufgaben, du lieber Gott, wer diskutiert denn etwas so Theoretisches! Wer hält dergleichen überhaupt für Fragen, die einer Diskussion bedürfen?

SIEDLER   Gibt es im Auswärtigen Amt oder in den Europa-Behörden eigentlich Gruppen, die die auf uns zukommenden Probleme mit der Schärfe, Präzision und Kenntnis diskutieren, mit der wir zumindest hoffen, sie sichtbar zu machen?

BARING   Das Auswärtige Amt ist der einzige Platz, an dem bei uns Außenpolitik kontinuierlich und umfassend behandelt wird. Ob sie allerdings dort kontrovers diskutiert wird, weiß ich nicht. Da ich den Außenminister nicht für einen konzeptionell interessierten Menschen halte, sondern eher für eine geniale taktische Begabung, könnte ich mir denken, daß selbst dort unsere Lage nicht oft kontrovers diskutiert wird. Genscher hat ja die Neigung, für die in der Tat lange Zeit vieles sprach, alle Probleme zu harmonisieren, gleichzeitig damit freilich auch zu bagatellisieren und daher zu glauben, alle unsere Ziele ließen sich in sämtlichen Windrichtungen störungsfrei gleichzeitig und parallel verfolgen. Hinzu kommt, daß Behörden wie das Auswärtige Amt bei der öffentlichen Meinungsbildung eine eher geringe Rolle spielen, weil Beamte bekanntlich ihre Meinung nur dann äußern dürfen, wenn der jeweilige Chef das wünscht. Der Chef ist ja der, der die public relations des Hauses macht, das ist sein Privileg, auch seine Aufgabe.

Und außerhalb des Auswärtigen Amtes, das beunruhigt mich schon seit 1969, finden eindringliche Situationsanalysen, Konstellationsanalysen allzu selten statt. Es gibt die offiziöse *Deutsche Gesellschaft für Auswärtige Politik* in Bonn, es gibt die *Stiftung Wissenschaft und Politik* im idyllischen Ebenhausen, die *Hessische Stiftung für Friedens- und Konfliktforschung* in Frankfurt, das Berliner *Aspen-Institut*, einige weitere Diskussions-Akademien, vor allem die in Tutzing, es gibt, über viele Orte verstreut, Experten für dieses Land, jenes Problem: insgesamt ist das wenig – viel zu wenig für einen Staat unserer Größe und Bedeutung. Wie gesagt: dieser Mangel ist nicht neu, sondern ist schon 1969 erkennbar geworden, also vor mehr als zwanzig Jahren.

RUMBERG   Wieso damals?

BARING   Durch die Neue Ostpolitik Willy Brandts und die aus ihr folgende, partielle Anerkennung der damaligen DDR erweiterte sich der Handlungsspielraum der Bundesrepublik beträchtlich. Es war ein Symbol dieser internationalen Bedeutungserweiterung, daß wir in jenen Jahren Mitglied der Vereinten Nationen wurden.

Bis dahin hatte sich unsere Außenpolitik wesentlich auf Westeuropa und die atlantischen Beziehungen beschränkt. Das lag zum Teil daran, daß in den Anfangsjahren der Bundesrepublik noch große Teile der Erde, vor allem in Afrika, Kolonialgebiete waren. Seit Anfang der sechziger Jahre gab es zwar auch eine westdeutsche Entwicklungspolitik, also Hilfe verschiedenster Art für die neuen Staaten, die kurz zuvor unabhängig gewordenen Länder. Aber in unserem Falle stand sie zunächst völlig im Dienste der Hallstein-Doktrin, also des Versuchs, eine Anerkennung der DDR durch weitere Regierungen zu verhindern. Das war von vornherein ein eher begrenztes Ziel, eigentlich ja nur ein Mittel zum Zweck gewesen, das sich allmählich verselbständigt hatte. Im Laufe der Zeit wurde das Bemühen Bonns, sämtliche Regierungen aller Kontinente an einer Aufwertung des »Zonenregimes« zu hindern, kontraproduktiv. Es zeigte sich, daß unser Versuch, der DDR den Weg in die Welt zu verlegen, unseren eigenen Handlungsspielraum international einengte. Obendrein war offensichtlich, daß dieser politische Gesichtspunkt wirtschaftlich vor Ort sinnvolle Hilfsaktionen nicht unbedingt förderte.

Nach 1969 befreiten wir uns von dieser Verkrampfung. Man fand sich mit der DDR schlecht und recht ab. Das hätte die Möglichkeit geboten, uns wirklich weltweit eigene Meinungen zu bilden, unsere eigenen Interessen zu definieren, also endlich das zu tun, was unsere Außenminister bis zum heutigen Tage zwar oft proklamiert, aber nie wirklich in die Tat umgesetzt haben: eine eigene, kohärente Außenpolitik zu entwickeln, vor allem für die uns nahen, besonders wichtigen Regionen, und die Optionen dann unserem Lande beharrlich nahezubringen, also den Sinn der Öffentlichkeit für Rangfolgen, Durchsetzungsmöglichkeiten und Gefährdungen unserer Interessen nachhaltig zu schärfen.

Nichts dergleichen geschah, nach 1969 so wenig wie nach 1989. Der Gewinn an Selbstsicherheit und Weite blieb damals schon aus; provinzielle Denkhemmungen und Verklemmungen herrschten weiter vor.

RUMBERG Wie erklären Sie sich das?

BARING Es lief 1969 ähnlich wie 1989, wenn auch zwanzig Jahre früher angesichts der vergleichsweise geringen, eher atmosphärischen Veränderungen nur ansatzweise erkennbar, im Kleinformat. Die Westdeutschen brachen nicht zu neuen Ufern auf, empfanden die sich ihnen jetzt öffnenden Wirkungsfelder nicht als Gestaltungschance, als Befreiung aus der bisherigen Bewegungsarmut, sondern eher als ärgerliche Ruhestörung, irritierende Zumutung. Sie hofften nämlich, weltpolitische Zwänge nunmehr loszuwerden, internationalen Verwicklungen besser ausweichen zu können, waren besonders darauf aus, künftig mit der Sowjetunion nicht mehr im bedrohlichen Konflikt, sondern in behaglichem Frieden zu leben. Der ostpolitische Hauptunterhändler jener Jahre, Egon Bahr, sagte Anfang der siebziger Jahre, die neue Ostpolitik werde von der Öffentlichkeit unterstützt, weil die Deutschen ein tiefes Ruhebedürfnis hätten. Diese Ruhe werde es indessen nicht geben.

Solche Warnungen fruchteten wenig. Man überließ nun erst recht die Sorge um die internationalen Beziehungen ausschließlich dem dafür vorgesehenen Bonner Amte. Denn die sozialliberale Ära charakterisierte sich nicht allein durch ihre Ostpolitik, sondern mindestens ebenso stark durch einen Linksruck in wichtigen, meinungsbildenden Gruppen. Dieser Stimmungsumschwung bedeutete, obwohl man sich weltweit interessiert, ja engagiert gab, eine energische Wendung nach innen; künftig konzentrierte man sich, zumindest rhetorisch, ganz auf interne Reformen und Pseudoreformen. Diese Bewußtseinsveränderung ließ sich an den Universitäten gut beobachten, zumal in Berlin. Fortan widmeten damals Studenten ihre Aufmerksamkeit mehr und mehr Gewerkschaftsproblemen oder Basisbewegungen statt Fragen außenpolitischer Ortsbestimmung.

Der Trend, sich eigentlich nur mit den eigenen Angelegenheiten zu beschäftigen, mag Demokratien allgemein eigen sein. In unserer Lage kann er, sobald wir auf uns selbst gestellt sind, höchst bedrohlich werden. Seit 1989 ist offensichtlich, daß unsere gedankliche Horizontverengung zum Dauerzustand geworden ist. Wir haben lediglich unsere lokalen Angelegenheiten im Kopf, aber auch sie nur auf ganz enge, kleinliche Weise.

Dieser Befund ist verblüffend. Denn heute ist noch viel mehr mit Händen zu greifen als 1969 und in den Jahren danach, daß wir auf uns alleine gestellt gar nicht lebensfähig sind. Ein Land, das in einem so hohen Maße von Exporten und Importen abhängig ist, ein Land, das weltweite Wirtschaftsinteressen hat, muß sich natürlich über die Schutzbedürftigkeit dieser Interessen im klaren sein. Oder ist die Frage ganz abwegig: Was machen wir eigentlich, wenn irgend jemand anfängt, unsere Schiffe auf hoher See zu kapern? Diese Befürchtung haben wir nie gehabt, und wenn einer sie geäußert hätte, wäre das immer für absurd gehalten worden. Hätte dieser Gedanke jemandes Kopf gekreuzt, wäre ihm sofort eingefallen: so etwas kann gar nicht passieren, und wenn doch, dann werden uns schon die Amerikaner aus der Patsche helfen.

Das Beispiel zeigt, in welchem Umfang wir uns ganz selbstverständlich auf die USA als umfassende Schutzmacht verlassen. Die Frage, unter welchen Voraussetzungen sie auch künftig diese Rolle übernehmen werden, und was wir tun müssen, um sie bei dieser Geneigtheit zu erhalten, hat uns, glaube ich, nicht ernstlich je beschäftigt. Insofern sind all die positiven Entwicklungen, die wir nach 1945, dann verstärkt nach 1949, erlebt haben, auf der illusionären Grundlage entstanden, daß es eine Stabilität der Welt gibt, die sich von selbst erhält, die unseres eigenen Zutuns und auch der Allianzen nicht bedarf. Man hat mehr und mehr den Zustand der Sicherheit, der durch das westliche Bündnis geschaffen worden war, für einen naturwüchsigen Zustand gehalten.

SIEDLER   Da Sie ja ohne Zweifel keinen neuen Tirpitz wollen, worauf läuft der Gedankengang hinaus?

Parallelen zur Zwischenkriegszeit

BARING   Die wichtigste Voraussetzung, um der Zukunft gewachsen, für künftige Bedrohungen gewappnet zu sein, liegt in einer ständigen, sorgfältigen, nüchternen Beobachtung der gesamten Umwelt, übrigens auch der ökologischen. Man muß wie ein Radarschirm, der unaufhörlich den Himmel absucht, sich geräuschlos dreht, ohne Unterlaß die internationale Konstellation analysieren, inmitten derer wir uns befinden, muß sich der Interessen bewußt sein, die wir haben, und der Möglichkeiten, sie zu schützen. Das müssen natürlich nicht alle Mitbürger tun. Wie in anderen Politikfeldern auch genügt ein meinungsbildender Teil der Bevölkerung. Bei dieser Bestandsaufnahme müssen wir sehr viel deutlicher als bisher unterscheiden zwischen moralisch wünschbaren Entwicklungen – und unseren wirklichen, zwingenden Interessen.

Soweit man das heute übersehen kann, müssen wir uns eher auf eine Entwicklung einstellen, die der Zwischenkriegszeit von 1919 bis 1939 ähnelt, als auf eine Fortdauer der Konstellation zwischen 1945 und 1990. Man kann heute durchaus gewisse Parallelen zur Zwischenkriegszeit erkennen, wobei dieser Vergleich natürlich sofort auch bedeutsame Unterschiede deutlich macht. So etwas wie die NATO und die EG hat es eben damals nicht gegeben, und beide Institutionen verändern wesentlich das Bild. Ob die EG freilich schon heute den Vergleich zur Zwischenkriegszeit absurd macht, weil sie fundamental und auf Dauer die europäische Staatenwelt umgestaltet, eine ganz neue Staatenformation geschaffen hat, scheint mir bisher noch immer eine offene Frage zu sein.

RUMBERG   Worin liegen heute Parallelen zur Zwischenkriegszeit?

BARING   Erneut scheint ein Rückzug der Amerikaner wie der Russen aus den europäischen Angelegenheiten möglich, wobei man immer damit rechnen muß, daß die Russen ganz plötzlich erneut massiv präsent sind, unsere östlichen Nachbarn bedrohen, sie unter Druck setzen, uns übrigens auch. Wieder zeigt Großbritannien achselzuckendes Desinteresse. Wieder könnte sich Frankreich mit der Aufgabe überfordert fühlen und entsprechend unklug-gereizt reagieren, alleiniger Hüter einer auf Paris zentrierten europäischen Friedensordnung zu sein. Und im Osten?

Nur mit gemischten Gefühlen sieht man heute erneut ein nach Westen orientiertes, aber politisch und vor allem wirtschaftlich-sozial labiles Zwischeneuropa entstehen. Am Ende des Jahrhunderts wird, wie schon an seinem Anfang, wenn Sie an Serbien denken, der Balkan, ja der ganze ost- und südosteuropäische Raum zu einem denkbaren Pulverfaß Europas. Und Deutschland? Es ist in keiner Hinsicht mehr, was es damals war. Aber macht das die Sache besser? Es könnte, in einer solchen Situation, auf sich allein gestellt, einen Handlungsspielraum gewinnen, mit dem es politisch nichts Gescheites anzufangen wüßte.

SIEDLER   Da muß ich Ihnen zum Teil widersprechen. Ich habe den Eindruck, daß die Russen auf lange Zeit genug mit sich selber beschäftigt sein werden. Die Sorge – oder: die Hoffnung –, daß Amerika sich vom Kontinent zurückzieht, und die Deutschen es allein mit den Russen zu tun haben werden, geht meines Erachtens von einer Fehleinschätzung von deren Kraft und Interessen aus. Moskau wird alle Hände voll zu tun haben, sein eigenes Imperium zu stabilisieren, obwohl die Eigeninteressen seiner einzelnen Teile vermutlich dazu führen werden, daß das Land nach einer gefährlichen Zwischenzeit der inneren Unruhe in irgendeiner Form zusammenbleibt.

Aber die Rolle der lockenden oder bedrohenden Gegenmacht Europas hat die Sowjetunion wahrscheinlich auf lange Zeit verloren. Was hilft ihr das Arsenal von Atom- und Wasserstoffbomben, wenn die innere Ordnung in Moskau, Leningrad – das dann sicher schon wieder St. Petersburg heißt –, Kiew und Minsk zusammengebrochen ist? Außerdem sieht es nicht so aus, als ob sich die USA aus Europa und aus dem Mittleren Osten, also der Südflanke der Sowjetunion, zurückziehen werden. Machtpolitisch gesprochen, wird für eine Übergangszeit ein gewisses Vakuum entstehen, aber aus diesem osteuropäischen Niemandsland wird man voraussichtlich eher fragend und bittend als sorgenvoll auf die Flügelmächte im Osten und im Westen schauen.

Wenn Sie so wollen, Herr Baring, argumentiere ich ein wenig zynisch: Der Osten wird auch in dieser Hinsicht zu sich selber zurückkehren. Es wird weder eine fremde Militärherrschaft noch eine eigene Diktatur und schon gar nicht eine funktionierende Demokratie nach westlichem Muster geben. Hier und da wird man Versuche mit einem mehr oder minder intakten parlamentarischen System machen – auf jeden Fall in der Tschechoslowakei, falls sie als ein Staat erhalten bleibt und die Slowakei sich nicht doch selbständig macht. Ungarn hat in dieser Hinsicht ziemliche Chancen, obwohl man auch da nicht weiß, was aus dem halben Dutzend neuer und alter Parteien werden soll. Die Erfahrung der Wahl Walesas macht für die Zukunft Polens mißtrauisch, und außerdem muß man dort immer den Klerus im Auge behalten, der einer Partei sehr nahe kommt.

Was aus dem zerfallenden Jugoslawien wird, weiß heute niemand. Bestenfalls ein kroatisch bestimmter Nordstaat und ein serbisch beherrschter Südstaat, mit allerlei chaotischen Territorien und Staatsgebilden in der Mitte, halb von islamischen, halb von griechisch-orthodoxen Kräften zusätzlich zerrissen. Es zeigt sich, daß die Südslawen, nachdem sie einige Zeit mühsam von der Monarchie und dann weitere Jahrzehnte mit Gewalt von Tito zusammengehalten wurden, in die alte Zerrissenheit zurückfallen. Es wäre grotesk, hier auf dauerhafte Lösungen zu setzen; die hat es niemals gegeben, selbst nicht unter der türkischen Fremdherrschaft und auch nicht in der Ära des Panslawismus des 19. Jahrhunderts.

Diese Welt ist zumindest die letzten zwei Jahrhunderte hindurch von drei Großmächten beherrscht worden: von Österreich-Ungarn, dem Osmanischen Reich und dem Großrussischen Reich der Zaren. Alle drei Imperien sind von der Bühne abgetreten, und das bringt neue Unruhe und Unsicherheit in die südslawische Welt. Und dasselbe gilt für Rumänien und Bulgarien, die in eine wahrscheinlich lang dauernde Phase der Labilität eingetreten sind.

Wir sollten uns abgewöhnen, als Pädagogen auf die reine Lehre der Demokratie zu blicken und etwa Wirtschaftshilfen davon abhängig zu machen, daß man in Bukarest und Sofia die Spielregeln des *House of Commons* einhält. Gruppen werden das Land beherrschen, mitunter werden auch Generäle in verkappter Form eine Rolle spielen; natürlich werden die beiden Kirchen sich zur Geltung bringen. So ist das eben auf dem Balkan, und so wird es auf absehbare Zeit auch bleiben.

RUMBERG Sie gehen mit ihrem historischen Rückblick noch weit hinter die Zwischenkriegszeit zurück. Nur gab es vor 1914 schon durch die Großmacht Österreich-Ungarn, die wir wohl nicht wieder zum Leben erwecken können, eine mit heute gar nicht vergleichbare Situation. Mir scheint, daß die Labilität der Jahre zwischen dem ersten und dem zweiten Weltkrieg interessante Einsichten für heute bereithält und ich glaube, daß ein etwas genauerer, detaillierter Blick auf die Zwischenkriegszeit lohnend wäre.

BARING   In der Tat. Wenn Sie sich die Situation der zwanziger und dreißiger Jahre vergegenwärtigen, haben wir auf der einen Seite die Russen, die ganz von ihren eigenen Angelegenheiten absorbiert sind, von den Folgen der Revolution, des Bürgerkriegs, des Aufbaus eines stalinistischen Sozialismus, der furchtbaren Kollektivierung, des Terrors der dreißiger Jahre. Die Folge von alledem war, daß die Sowjetunion in Europa keine maßgebliche Rolle spielen konnte. Ich glaube, daß das heute ähnlich ist. Die inneren Probleme der Sowjetunion oder Rußlands sind aus ganz anderen Gründen als damals so groß, daß Moskau sich auch heute wieder mit der Außenwelt jenseits der eigenen Grenzen nicht beschäftigen kann, so gern man gerade in Europa eine maßgebliche Rolle spielen möchte.

Die Vereinigten Staaten gaben nach dem Ersten Weltkrieg, trotz Woodrow Wilsons gegenteiligen Bemühungen, ihrem historisch tiefverwurzelten, fast instinkthaften Isolationismus nach. Das ist heute und bleibt hoffentlich anders. Aber es ist nicht auszuschließen, daß auch die Amerikaner ihrerseits sich künftig stärker auf ihre eigenen Probleme konzentrieren müssen. Viele stellen das bei uns mit einem gewissen Frohlocken fest, weil sie törichterweise annehmen, es sei gut für uns, wenn die Amerikaner mit eigenen Schwierigkeiten überfrachtet sind. Aber auch Freunde der USA sind angesichts vieler unbeantworteter Fragen besorgt. Verlieren die Vereinigten Staaten nicht mehr und mehr ihre herausragende Stellung als Wirtschaftsweltmacht? Haben sie sich nicht mit ihren gewaltigen Rüstungsanstrengungen völlig übernommen? Ist ihre Staatsverschuldung nicht besorgniserregend hoch? Soziale Notstände haben ein Gewicht gewonnen, das sie bisher nicht hatten. Das Erziehungswesen ist weithin auf den Hund gekommen ... Die Liste ließe sich beliebig fortsetzen. Kurz und gut: Man muß damit rechnen, daß die USA angesichts der bedrückenden Fülle unerledigter Aufgaben künftig eine geringere Rolle in Europa spielen werden, als ich das für wünschenswert halte.

Großbritannien verhält sich in mancher Hinsicht ähnlich wie in der Zwischenkriegszeit. Vor allem ist es trotz seiner gründlich veränderten Situation auf ähnlich illusionäre Weise wie damals immer wieder geneigt, so zu tun, als ginge alles Europäische die

Engländer im Grunde nichts an. Das war unter Frau Thatcher noch ausgeprägter als heute; aber im Moment kann man wohl noch immer nicht genau sagen, welche Tendenz sich bei den Konservativen durchsetzen wird. Wenn Labour demnächst gewinnen sollte, würde ich glauben, daß der Trend zur *splendid isolation* eher stärker würde. Labour würde wohl sagen: schön und gut, Europa ist sicher nicht ganz unerheblich, die EG wollen wir auch nicht verlassen – da gibt es also Veränderungen gegenüber früher! –, aber grundsätzlich geht uns Europa auf die Nerven. Eine politische Union lehnen wir ab, und das Verhalten der Deutschen im Golfkrieg hat uns endgültig belehrt, daß mit denen nichts anzufangen ist. Die Deutschen reden zwar immer von einer Politischen Union, haben aber gar keine Ahnung, was das eigentlich ist und bedeutet. Sie haben vielleicht die Mittel, eine Macht zu sein, aber sie haben nicht mehr den Willen, nicht die Nerven, und mit solchen verschreckten Zwergen können wir uns doch nicht ernsthaft zusammentun. Manches davon würden Konservative genauso sehen und sagen. Großbritannien bleibt insgesamt eher abwartend, was sich in Europa entwickelt und setzt nicht – oder doch nur sehr zögernd – auf die europäische Karte.

SIEDLER Mit Richard von Weizsäcker sprach ich neulich über diese deutschen und europäischen Fragen, und da sagte er: Es gibt nur zwei Nationen, die die Einigung Deutschlands wirklich wollten, Washington und Moskau. Erstens wollten sie, daß Deutschland wiedervereinigt wird, zweitens wollen sie, daß Deutschland wieder auf der Weltbühne erscheint, und drittens wollen sie, daß Deutschland von Berlin aus regiert wird...

BARING Wobei aber vielleicht Weizsäcker manchmal dazu neigt, Amerika und Rußland gleichzusetzen. Ich kann mich noch an ein langes Gespräch mit Falin erinnern, das mich sehr beeindruckt hat und immer noch bei mir nachwirkt, obwohl es nun schon über zehn Jahre zurückliegt. Er packte damals gerade seine Koffer als Botschafter in Bonn. In einer Art Bilanz sagte er zu mir: »Natürlich wissen wir – wir, damit meinte er die Russen, die Moskauer Führung –, daß wir *momentan* keine Chance haben, die Amerikaner aus Europa zu verdrängen, aber im Grunde ist das natürlich unser Ziel, unser Interesse. Wir und sie – also die Russen und die Deutschen zusammen – sollten diesen Kontinent beherrschen.«

SIEDLER   Ich liege da sozusagen mit mir selber im Widerstreit. Zum einen scheint mir, daß die russische Gegenmacht Europas, die früher die Gestalt des Zarentums, dann die Form der bolschewistischen Sowjetunion hatte, für absehbare Zeit von der europäischen Bühne verschwunden ist. Das Rußland der Zaren war ja in den letzten zwei Jahrhunderten immer eine unheimliche Großmacht, deren Schatten auf die Mitte Europas fiel. Bismarck, Moltke und Bethmann Hollweg schauderten, wenn sie an die »Dampfwalze« dachten, die sich möglicherweise eines Tages nach Westen in Bewegung setzen würde.

Als Bethmann Hollweg, der Kanzler des vor Waffen starrenden wilhelminischen Reiches, sah, wie der Verwalter seines Gutes in Hohenfinow – nicht jenseits der Weichsel in Ostpreußen, sondern westlich der Oder in Brandenburg – neue Linden auf der Allee seines Besitzes pflanzte, winkte er müde ab: »Was soll das? In ein paar Jahren stehen doch die Russen hier.« Rußland war lange bevor die Bolschewiken die Macht in St. Petersburg ergriffen, die große Bedrohung Mitteleuropas.

Das ist aller Voraussicht nach für Jahrzehnte vorbei. Aber ich glaube zum anderen, daß auch das Deutsche Reich, sei es nun in der Gestalt des Kaiserreichs, der kurzlebigen Republik oder in der Form des Dritten Reiches, definitiv von der Bühne der Politik – nicht der Wirtschaft – abgetreten ist. In wenigen Jahren schon, ob nun mit der Vollendung des Gemeinsamen Marktes Mitte der neunziger Jahre oder erst am Anfang des neuen Jahrhunderts, wird der Kontinent auch politisch handlungsfähig sein. Die Gemeinschaft und nicht der Einzelstaat wird dann politisch Osteuropa gegenübertreten.

Ich komme noch einmal auf die Automobilindustrie zurück, weil sich an ihr allgemeine Entwicklungen besonders deutlich abzeichnen. Fiat baut seinen neuen »europäischen« Kleinwagen, den neuen Cinquecento, in Warschau, nicht mehr in Turin. Volkswagen lenkt seine größte europäische Investition in die

Tschechoslowakei, indem Wolfsburg praktisch Skoda übernimmt. Renault plant ein neues Automobilwerk an der Wolga, und Peugeot verhandelt mehr oder weniger im Verschwiegenen über ein Werk in Moskau. Rumänien aber versucht händeringend, Renault dazu zu gewinnen, seine veralteten und selbst im Osten nicht mehr konkurrenzfähigen Werke zu modernisieren. Nur England, die einst führende Macht im Kraftfahrzeugbau, spielt gar keine Rolle mehr, aber so geht es ihm ja überhaupt im alten Europa außerhalb der Insel.

Ist das nun noch nationale Wirtschaftspolitik, will jede Nation auf eigene Faust expandieren? Aber erstens werden die Aktien von Fiat, VW und Peugeot in allen Ländern frei gehandelt. Und zweitens: wie verhält es sich mit dem Export der russischen Peugeots, der tschechischen VW-Skodas und der spanischen Seats? Ich glaube, wir müssen uns ein für allemal abgewöhnen, in nationalen Kategorien zu denken.

Insofern ist der Vergleich von einst und heute irreführend. Es gibt eben keine deutsche Hochseeflotte, keine europäischen Kolonien mehr und kein französisches Nordafrika.

BARING Ein französisches Nord- und vor allem Westafrika gibt es durchaus, in meinem Sinne. An der Elfenbeinküste lebt heute die zehnfache Zahl von Franzosen, verglichen mit den Kolonialzeiten.

SIEDLER Auch in dieser Hinsicht ist Tsingtau von der Geschichte selber überholt.

BARING Das ja!

SIEDLER Europa muß den Mandarinen Asiens nicht mehr Handelsrechte abringen, sondern Neu-Delhi und Peking antichambrieren in Europa, damit man Arrangements für wirtschaftliche Sonderzonen trifft.

Die USA bleiben unser wichtigster Partner

BARING   Ich glaube, Sie überschätzen die Bedeutung der Wirtschaft und sehen die Zukunft der EG in zu rosigen Farben, darauf
sollten wir nachher noch zurückkommen. Lassen Sie mich vorher aber noch einen anderen Gedanken zu Ende führen. Die
Frage, welche der beiden früheren und auch gegenwärtigen
Weltmächte eigentlich stärker unseren eigenen Interessen
zuträglich ist, muß immer wieder neu und sehr sorgfältig geprüft
werden. Meine eigene Antwort ist ganz eindeutig: Wir müßten
verrückt sein, beim heutigen Zustand der Sowjetunion zumal,
uns mit den Russen zu verbinden, zu verbünden, auch wenn
sogar ein so transatlantisch gesinnter Mann wie Helmut Kohl
sich zu der Behauptung hat hinreißen lassen, die Russen und wir
hätten eine symbiotische Geschichte, was immer das heißen soll.
Das galt ja nicht einmal vor 1917, und inzwischen haben wir
längst nicht mehr das zaristische, halbwegs zivilierte Rußland
vor uns, sondern ein nach wie vor höchst problematisches
Gebilde, politisch desolat, desperat, ökonomisch, ökologisch
ruiniert, krisengeschüttelt, mit einer Führungsschicht, die in weiten Teilen nicht vertrauenswürdig, nicht allianzfähig ist. Dort
herrschen immer noch Spätstalinisten in vielen wichtigen
Machtpositionen.

Natürlich empfiehlt es sich nicht für uns, mit der Sowjetunion
– oder Rußland und seinen Anrainern – schlecht zu stehen. Aber
genausowenig wäre es angebracht, uns mit den Sowjets gut zu
stellen. Unsere größte, wichtigste Errungenschaft der Nachkriegszeit ist das Vertrauen, das wir uns im Westen erworben
haben; es ist immer noch ein zartes, leicht welkendes Pflänzchen.

Unser kostbarstes außenpolitisches Guthaben ist die Allianz
mit den Vereinigten Staaten, eine schlechthin entscheidende
Garantie gegen die uns immer wieder drohende Isolierung.
Ohne die energische Hilfe der USA wäre 1990 die Einigung
Deutschlands nicht zustande gekommen; es hing wesentlich an
Washington, daß sie so zügig vorangetrieben wurde, so rasch
gelang. Wir schlügen die Erfahrungen, die Lehren der ersten
Hälfte dieses Jahrhunderts in den Wind, wenn wir nicht alles
täten, um das Bündnis mit den USA zu pflegen, ja immer fester

werden zu lassen. Wir werden auch nur dann eine Chance haben, eine konstruktive Rolle im Europa der Zukunft zu spielen, wenn wir dieses Bündnis zum Ausgangspunkt, zum Angelpunkt unserer Pläne und Vorhaben machen. Die EG ist nützlich, gewiß; aber die NATO bleibt das einzig tragfähige Fundament unserer Freiheit und aller gesicherten Gestaltungsmöglichkeiten Deutschlands. Ich liebe Frankreich sehr, habe ein kleines Bauernhaus dort, wo ich viele Ferien verbringe. Aber man muß die politische Zusammenarbeit mit Paris als Deutscher nüchtern sehen, nicht sentimental – was auswärtigen Beziehungen ja nie gut tut.

Frankreich übernimmt sich heute, ähnlich wie in der Zwischenkriegszeit, bei dem selbstbewußten Versuch, eine europäische Führungsrolle zu spielen, bei der die EG, zumal Deutschland, wesentlich nur die Potentiale einer solchen Machtposition, die Frankreich abgehen, bereitstellen soll. Die Pariser *classe politique* hält die Vorrangstellung des eigenen Landes für so selbstverständlich, daß ihr das Übertriebene, das Unangemessene dieses Anspruchs gar nicht zum Bewußtsein kommt. Den übrigen Europäern bleibt dieses Mißverhältnis indessen nicht verborgen, und sie schließen sich instinktiv aneinander an, um Frankreichs stille Anmaßung behutsam in die Schranken zu weisen, auf das allerseits Erträgliche zu reduzieren. Das bleibt in Paris natürlich nicht unbemerkt. Die Aussichtslosigkeit des französischen Vormachtsanspruchs führt dort zu einer gewissen Bitterkeit uns gegenüber, die selten ausgesprochen wird, aber oft fühlbar ist.

Frankreich lebt in der Vorstellung, daß die EG als Plattform eines französischen Hegemonialanspruchs in Europa um so mehr in Betracht kommt, als die historischen Belastungen und moralischen Beschädigungen der Deutschen eine Führungsrolle Deutschlands ausschließen. Man erinnert uns gern, wenn auch diskret, an die berüchtigten zwölf Jahre, um den Deutschen ihren minderen Status vor Augen zu führen.

RUMBERG   Dürfen diese zwölf Jahre denn tatsächlich *ad infinitum* politisch und gerade auch außenpolitisch instrumentalisiert werden? Wird der Hinweis auf Auschwitz uns auch künftig erpressbar machen, die Deutschen willfährig und bescheiden halten?

BARING   Natürlich bleibt die NS-Vergangenheit auf unabsehbare Zeit eine Hypothek unserer Politik. Trotzdem muß man
sich fragen, welche Rolle die Vorgänge vor fünfzig Jahren bei der
Lösung der künftigen Aufgaben Europas wirklich spielen dürfen.
Da haben viele Osteuropäer andere Auffassungen als manche
Westeuropäer. Sie blicken erwartungsvoll auf Deutschland, nicht
furchtsam oder neidisch. Es kann in der Tat auf die Dauer nicht
gut gehen, wenn ein schwächeres Land sich eine Position bei-
mißt, die es nicht auszufüllen imstande ist. Im Blick auf die Krisensituation Osteuropas fällt auf, daß der französische Beitrag
zur Bewältigung dieser Lage äußerst gering ist. Das schwächt die
Legitimation Frankreichs für eine gesamteuropäische Führungsaufgabe. Frankreich ist eben doch vorwiegend eine westeuropäische Macht, keine gesamteuropäische. Das war auch in der Zwischenkriegszeit so. Es war damals so wenig wie heute imstande,
den osteuropäischen Raum westlich der Sowjetunion – oder
westlich Rußlands – wirklich zu stabilisieren.

Damit bin ich bei der wahrscheinlich bedrückendsten Parallele
zur Zwischenkriegszeit. All die neuen Demokratien dort, die
neuen Staaten, die damals entstanden aus den Trümmern des
Habsburger Reiches, waren außerordentlich labile Gebilde –
auch das wiedererstandene Polen. Es ist weder Frankreich noch
anderen gelungen, gar nicht ernsthaft versucht worden, die Verhältnisse dort zu stabilisieren. Sie sind zwar heute ganz anders,
aber keineswegs besser. Nach dem umfassenden kommunistischen Kahlschlag gibt es nirgendwo in Osteuropa Gesellschaften, die zu größeren Hoffnungen berechtigen als in den beiden
Jahrzehnten nach 1918. Wir müssen uns darauf einstellen, daß
alle diese osteuropäischen Länder auf verwandte Weise wieder
autoritär oder chaotisch werden, weil sie wirtschaftlich enttäu-
schen und sozial labil bleiben: auf lange Zeit Krisenherde.

RUMBERG   Damit sind wir wieder bei der großen Frage, die
einen entscheidenden Punkt unserer Gesprächs ausmacht: Wer
wird sich um diese Probleme kümmern? Muß man sich überhaupt mit diesen Krisen unsererseits beschäftigen? Was passiert,
wenn wir uns achselzuckend abwenden? Und wer ist »wir«? Die
Europäer? Oder nur die Deutschen? Oder vielleicht wieder die

Russen, oder noch immer die Russen? Oder auch die Amerikaner? Vielleicht sogar die Japaner?

BARING   Das alles ist, glaube ich, völlig offen. Die ganze Situation wird inzwischen zwar weniger optimistisch gesehen als noch vor einem Jahr, aber immer noch viel optimistischer, als es die Realitäten erlauben. Die Reaktion der Westeuropäer, uns eingeschlossen, ist bisher vorsichtig, allzu vorsichtig. Wir betonen immer wieder: Wir tun ja was, wir tun ja was, wir bemühen uns, wie jeder sehen kann. Insgeheim sagen wir uns: Wir brauchen sie nicht, sie brauchen uns; wir sitzen am längeren Hebel. Wir können im Grunde genommen die Krise, die ja nicht unsere Krise ist, sondern die Krise aller dieser kleinen, weniger wichtigen Völker, ganz gelassen betrachten. Für uns ist sie ungefährlich.

Ob das eine richtige Annahme ist, scheint mir sehr fraglich. Sie tut nämlich so, als ob es die Mauer, den Eisernen Vorhang, noch gäbe. Das ist aber bekanntlich nicht der Fall. Jede Krise Ostmitteleuropas wird uns heute sofort in Mitleidenschaft ziehen. Wir müssen jederzeit mit unabsehbaren Flüchtlingsströmen rechnen, wenn sich die Verhältnisse dort destabilisieren; die Menschen ganz Europas sind heute viel mobiler als in früheren Jahrhunderten oder in anderen Regionen der Welt. Daher müssen wir den Ostmitteleuropäern begründete Hoffnungen geben. Unsere Märkte ihren Waren öffnen, einseitig vorerst, und ihnen bald eine EG-Mitgliedschaft anbieten – nicht erst in einigen Jahrzehnten, wie François Mitterand meint.

RUMBERG   Widersprechen Sie jetzt nicht selbst dem Katastrophenszenario, das Sie vorhin gezeichnet haben?

BARING   Na ja, mir ist völlig klar, daß eine volle wirtschaftliche Integration Ostmitteleuropas in die EG noch viele Jahre brauchen wird. Aber man darf nie vergessen: Unsere östlichen Nachbarn können sich einen ökonomischen Zusammenbruch, wie wir ihn gegenwärtig in der früheren DDR erleben, nicht leisten. Sie haben keine großen Brüder, die dann für den Lebensunterhalt aufkommen. In erster Linie müssen wir Deutschen uns darum kümmern, daß Polen, Tschechen, Slowaken und Ungarn den

Weg in die Gemeinschaft Europas finden. Das gebietet unsere eigene Interessenlage, unsere neue geopolitische Situation. Wir waren nach 1945 ein westeuropäisches Land, sind jetzt, 1990, ein mitteleuropäisches geworden, müssen die daraus folgenden neuen Pflichten erkennen und erfüllen. Das ist kein neuer Imperialismus, ganz im Gegenteil: die unerläßliche Hilfe bei einer Beseitigung der schlimmsten Folgen des alten!

RUMBERG   Wenn ich die Parallelen, die Sie zur Zwischenkriegszeit ziehen, richtig verstehe, sagen Sie: wir haben die Lehren aus der Vergangenheit eigentlich nicht gezogen. Unsere moralisierende Sicht der Außenpolitik, die stets alles auf der Negativfolie von Hitler sieht und immer das Gegenteil von dem, was er getan hat, für richtig hält, verbaut uns im Grunde genommen den Blick für andere historische Bezüge, die weiter zurückliegen, in Weimar oder auch im Kaiserreich.

BARING   Verbaut uns den Blick für heutige Problemlagen überhaupt. Eine Frage, die jeden Menschen bei uns, vor allem jüngere Menschen, immer wieder heimsuchen muß, ist doch die: Warum ist ein Großteil unseres Volkes, das am Anfang des 20. Jahrhunderts als eines der tüchtigsten, wenn nicht das leistungsfähigste in der Welt überhaupt galt, auf Menschen wie Wilhelm II. und dann sogar Adolf Hitler hereingefallen? Es muß stärkere Übereinstimmungen zwischen ihnen und den Deutschen gegeben haben, als man meist wahrhaben will. Es müssen große Teile unserer damaligen Führungsschicht von bestimmten Elementen der Argumentation, die nach 1890 häufig wurde und die dann auch Hitler vortrug, überzeugt worden sein. Welche Argumente mögen das gewesen sein? Und was davon ist heute noch – oder wieder – relevant?

Es ging immer um die kritische Größe Deutschlands: Ohne kräftige, verläßliche Verbündete zu schwach, um Europa zu beherrschen, zu stark, um sich in die vorhandene europäische Ordnung einzufügen.

Mit Frankreich war es besonders schwierig, war ziemlich hoffnungslos, und zwar aus einem Grund, der heute leider wieder aktuell wird. Natürlich war die Kaiserproklamation vom Januar

1871 in Versailles hochgradig ungeschickt, die Annexion Elsaß-Lothringens ein schwerer Fehler. Der verlorene Krieg 1870/71 schmerzte die Franzosen. Aber eigentlich lag das starke Ressentiment Frankreichs uns gegenüber doch an etwas, was sich jetzt wiederholen kann: Wir hatten Frankreich als Vormacht Europas entthront, und das nahm man uns dort natürlich übel.

Wollen wir hoffen, daß der deutsch-französische Vertrag, auch die gemeinsame EG die Lage völlig verändert haben, eine Rückkehr der alten Rivalität ausgeschlossen ist! Die EG ist eine mächtige Klammer beiderseitiger wirtschaftlicher Interessen, und diese Interessengemeinschaft hält hoffentlich. Aber sicher ist das nicht. Es kann sogar sein, daß sich trotz dieser Klammer kräftige Ressentiments in der politischen Klasse Frankreichs entfalten und dann die Hilflosigkeit, diesen Ressentiments einen angemessenen Ausdruck zu geben, zu seltsamen politischen Verrenkungen führt.

RUMBERG   Welchen?

BARING   Zum Beispiel könnte Paris versucht sein zu erreichen, daß Europa Westeuropa bleibt, also das heutige EG-Europa ein Terrain wesentlich französischer Einflußnahme, einer Vorherrschaft Frankreichs. Wenn man weiß, wie uns Paris in der slowenisch-kroatischen Krise in den Arm zu fallen versuchte, weil es einen deutschen, einen großdeutschen Einflußgewinn fürchtete, dann hat man einen Vorgeschmack dessen, was uns erwarten mag.

Rußland bleibt, ja ist heute mehr denn je eine für uns sehr schwer kalkulierbare Größe. Schon im 19. Jahrhundert – man kann es bei Karl Marx nachlesen – war den Deutschen Rußland unheimlich. Viel anheimelnder, vertrauenswürdiger sind die Sowjets auch nach Gorbatschows Machtübernahme nicht geworden. Wir haben es heute dort mit einem Gebilde zu tun, das ungleich labiler ist als alle Regime, die wir auf Rußlands Boden in den letzten Jahrhunderten erlebt haben; es ist völlig unabsehbar, was aus diesem Großreich in den nächsten Jahren wird. Wird es friedfertiger sein, weil es krisengeschüttelt ist? Das ist nicht ausgemacht. Wird sein jahrhundertealter Drang nachlassen, in Europa eine große Rolle, die erste Geige zu spielen? Hat Rußlands Drang nach Europa aufgehört?

Bei Frankreich ist also leichtes, bei Rußland riesiges Mißtrauen geboten. Haben wir damit in Frankreich und Rußland wieder zwei natürliche Nichtpartner, so würde ich das ausdrücken, von denen wir fürchten müßten, daß sie sich gegen uns verbünden? Das taten sie ja 1892/94, was wir wohl im Augenblick trotz des fatalen Vorstoßes von François Mitterand in Kiew vom Dezember 1989, mit dem er die deutsche Wiedervereinigung zu bremsen versuchte, nicht zu befürchten brauchen.

Die einzige Chance des Deutschen Reiches, seine Situation zu stabilisieren, lag im Zusammengehen mit Großbritannien. Das haben selbst Wilhelm II. und Hitler sporadisch immer mal wieder eingesehen. Die Briten wollten aber nicht, jedenfalls nicht rasch. Sie wollten freie Hand behalten; denn sie waren auf allen Weltmeeren aktiv, und Europa interessierte sie nur bedingt. Sie wollten allerdings gleichzeitig verhindern, daß Europa unter die Vormacht einer einzigen Kraft oder Kräftekonstellation geriet. Deshalb würde eine russisch-französische Allianz, sobald sie gefährlich für Deutschland geworden wäre, meines Erachtens die Engländer zur Parteinahme auf unserer Seite veranlaßt haben. Wenn wir erstens die Nerven besessen hätten, uns mit einer langen englischen Unentschiedenheit abzufinden, und zweitens den Fehler vermieden hätten, England ins Gehege zu kommen, also auf Kolonien und eine Hochseeflotte verzichtet hätten, bilde ich mir ein – so würde ich verkürzt sagen –, daß es die Chance einer verläßlichen englisch-deutschen Balance gegen Frankreich und Rußland gegeben hätte. Wenn wir geduldig dieses Ziel verfolgt hätten, wäre unsere Position stabilisiert worden. Aber das hätte vorausgesetzt, daß wir ganz klar unsere eigenen Interessen im Kontrast zu den zentralen englischen gesehen und deshalb dort zurückgesteckt hätten, wo wir im Grunde nichts verloren hatten. Denn letzten Endes waren die Hochseeflotte und die Kolonien für uns nicht von entscheidender Bedeutung, weder wirtschaftlich noch militärisch.

RUMBERG Was bezwecken Sie mit diesem Ausflug in die Geschichte?

BARING Diese knappe historische Herleitung will auf etwas Aktuelles hinaus. Großbritannien spielt heute die Rolle nicht mehr, die es in Europa und der Welt bis 1945 und erst recht vor 1914 spielte; ein Zusammengehen mit London, so sehr ich es begrüßen würde, kann für uns keine Grundsicherung sein.

Seit einem halben Jahrhundert sind die Vereinigten Staaten die Erben der britischen Weltmachtposition. Ich sehe heute in den USA, ähnlich wie in England bis zum ersten und noch einmal bis zum zweiten Weltkrieg, unseren wichtigsten Partner, der unsere äußeren Unsicherheiten und inneren Labilitäten auch deshalb ausgleichen kann, weil die Amerikaner uns gegenüber keine Ressentiments haben. Wir sind für die USA kein Konkurrent, in keiner Weise. Wir bleiben, auch wenn wir uns noch so groß machen oder durch andere großgemacht werden, eine mittlere Macht, verglichen mit den USA. Gemeinsam mit Washington können wir jedoch viel Positives bewirken.

Ich lasse mich gern in die optimistische Voraussage hineinsteigern: Wir werden tatsächlich eine entscheidende Rolle bei der Stabilisierung Europas spielen können, aber nur mit den USA zusammen. Ich bin erschrocken darüber, wenn man im Kanzleramt manchmal die Prioritäten anders zu setzen scheint und ganz ernsthaft daran denkt, Frankreich für wichtiger zu halten als die USA. Da verwechselt man Sentimentalitäten mit Realitäten!

Man denkt offenbar da und dort bei uns eher daran, die NATO allmählich schwächer werden, sogar verrotten zu lassen, um dem europäischen Zusammenschluß eine Sicherheitsdimension hinzuzufügen, wie das so schön heißt. Das halte ich für eine gefährliche Illusion. Ich kann mich keine Sekunde überzeugen, daß wir in Frankreich oder Großbritannien hinreichend starke und hinreichend kooperative, hinreichend faire Partner für den Ernstfall haben. Sie sind ab und an zu schönen sicherheitspolitischen Redensarten aufgelegt, aber haben nicht durchgängig den guten Willen, sich gleichberechtigt mit uns militärisch zu verbinden. Sie sind sich zum Beispiel ihres Ranges als Atommächte sehr bewußt. Das ist zumal in Frankreich mit Händen zu greifen, gerade weil die Franzosen ihre eigene Schwäche deutlicher empfinden als wir unsere relative Stärke. Es gibt natürlich andere, vielleicht gewichtigere Gründe, die eine eigenständige europäi-

sche Verteidigung, eine wirkliche Europäisierung der NATO ausschließen: die Steuerzahler unseres Kontinents würden heute
noch weitaus weniger als in früheren Jahren bereit sein, die erforderlichen Mittel aufzubringen.

RUMBERG   Lassen Sie uns noch einmal auf Ihre Parallele zur
Zwischenkriegszeit zurückkommen, die insofern natürlich
besteht, als die Situation viel komplizierter geworden ist seit
1989 – im Vergleich zu den vierzig Jahren davor. Wir hatten seit
1945 eine bipolare Welt, trotz aller Auflösungserscheinungen
infolge der Ostpolitik. Es war klar, wohin man gehörte, und klar,
hinter wem man sich verstecken konnte. Ist nicht die wichtigste
Lehre des Golfkrieges, daß man sich hinter der EG, die in der
Krise völlig handlungsunfähig war, nicht verstecken kann?
Daher scheint mir auch die WEU als Instrument der Sicherheitspolitik oder der Verteidigungspolitik bloße Illusion.
    Kommt man nicht immer wieder auf de Gaulle zurück, der
gesagt hat, Europa sei, wenn es denn funktionieren solle, immer
nur ein Europa der Vaterländer, die nach nationalen, eigenstaatli-
chen Interessen definiert sind?
    Und da Sie vorhin sagten, der Unterschied zur Zwischen-
kriegszeit bestehe darin, daß die EG und andere Bündnisse
damals nicht bestanden hätten, die Frage: Ist nicht die EG im
Moment in der Gefahr, sich immer mehr selbst zu lähmen,
gerade wenn sie größer werden sollte? Bedeutet das nicht, daß
jedes Land seine eigenen nationalstaatlichen Interessen wieder
selber definieren muß und eben nicht sagen kann: wir treffen uns
irgendwann im nächsten halben Jahr in Brüssel, und dann werden wir schon irgendeine europäische Linie finden?

Die EG – eine politische Schimäre

BARING   Was Sie sagen, wirft viele Fragen auf. Ich fürchte seit
längerem, daß die EG nicht das leisten wird, was wir von ihr
erwarten. Das ist im Grunde schon durch den Zeitablauf klar;
wir waren Anfang der fünfziger Jahre viel näher an einem wirklichen europäischen Zusammenschluß. Ich bin nach wie vor über-

zeugt, daß die Europäische Verteidigungsgemeinschaft, die 1954 scheiterte, eine wirkliche Chance gewesen ist, im damaligen Europa der Sechs zu einem gemeinsamen Souveränitätsverzicht auf dem zentralen Gebiet der Verteidigung zu kommen und damit zu einer echten Supranationalität. Ich glaube fest, daß eine gemeinsame europäische Armee mit gemeinsamen Uniformen, gemeinsamen Offiziersausbildungen, gemeinsamen Waffen und vor allem mit einem gemeinsamen Budget – und so war das alles ja damals vereinbart – auf die Dauer auch eine Harmonisierung der Außenpolitik, eine gemeinsame europäische Außenpolitik erzwungen hätte. Denn wie könnte man eine gemeinsame Armee haben, eine gemeinsame Strategie, wenn man nicht weiß, welche Außenpolitik man treiben will?

Wir sind nie wieder so nahe an einem wirklichen europäischen Bundesstaat gewesen wie Anfang der fünfziger Jahre, und wenn man die Entwicklung Anfang der neunziger Jahre sieht, vierzig Jahre später, kann man nur feststellen: die damaligen Hoffnungen haben sich jedenfalls bis heute nicht erfüllt, und vieles spricht dafür, angesichts der divergierenden Interessen, die wir ja schon erörtert haben, daß es dabei auch künftig bleibt.

Trotzdem war ich immer der Meinung, daß die EG großen Wert hat – nicht nur ökonomisch, das ist ja klar, sondern auch gerade psychologisch. Die Beruhigung unserer Landsleute, die ich für besonders schreckhaft halte, bleibt immer eine außerordentlich wichtige Aufgabe. Die Deutschen sind ein angstbesessenes Volk; die gewaltigen Fehlschläge in der ersten Hälfte dieses Jahrhunderts haben unsere kollektive Psyche nachhaltig geprägt. Manche wollen unsere Traumatisierung bis auf den Dreißigjährigen Krieg zurückdatieren. Wie auch immer: unsere Unsicherheit sitzt tief, und sie wird noch lange andauern.

Die deutsche Angst wurde nach 1945 aufgehoben durch das neue Bewußtsein, in eine mächtige Allianz eingebettet zu sein, im Westen, Süden, Norden in einer partnerschaftlichen Umgebung zu leben. Die Deutschen sentimentalisieren die Politik gern, auch gerade die Außenpolitik. Sie haben es eben nochmals angedeutet: Deutsche lieben das Gefühl, mit lauter Freunden am Tisch zu sitzen. Deshalb ist die EG, selbst wenn sie nicht leistet, was sie ursprünglich leisten sollte, vielleicht am Ende nur eine

Art Großmarkt und Zollunion bleibt – und sie ist ja schon heute weit mehr als das –, von hohem psychologischen Wert.

Beide großen Bündnisse – die NATO auf ihre Weise auf dem Feld der militärischen Sicherheit, das ich nach wie vor für zentral wichtig halte – sind große reale und emotionale Beruhigungen: selbst wenn dies ihre eigentliche Leistung wäre, wären sie alle Kosten und Mühen wert.

Wahrscheinlich wird es bei einem Europa der Vaterländer bleiben. Charles de Gaulle wird heute in weiten Teilen der Erde als ein Seher, ein Visionär betrachtet. Er war jemand, der die reale Welt und deren weitere Entwicklung in zentralen Punkten deutlicher gesehen hat als die meisten seiner Zeitgenossen, Gegner und Anhänger gleichermaßen. Denn er hat ein Bild vor uns aufgerichtet, das inzwischen überall akzeptiert wird: Die Welt wird weiterhin aus den Bausteinen der Nationalstaaten bestehen. Der elementare Impuls bleibt überall lebendig, sich in Krisensituationen an die eigene Regierung zu wenden, auf die eigenen Leute zu verlassen. Man kann das im Augenblick überall in Osteuropa, kann es auch in Deutschland sehen. Bei allen Krisen denkt zumal in der DDR kein Mensch daran, sich nach Brüssel zu wenden, sondern die Bonner Regierung ist der Adressat aller Hilferufe und Proteste. Ich glaube, das ist letztlich in allen Ländern so. Die wesentliche Garantie des Wohllebens der Bürger, ihres Rechtsschutzes und ihrer Verteidigung wird nach wie vor im Nationalstaat gesehen – ganz zu Recht.

SIEDLER Stimmt das wirklich? Ist nicht tatsächlich jenes Europa, das man nach 1945 erhofft hat, Realität geworden, wenn auch in anderer Form, als Adenauer, Schuman und de Gasperi sich das damals erträumten? Und das war ja nicht nur ein Traum einiger alter Herren, denen man ruhig auch Churchill zuzählen sollte, sondern die romantische Vision der Jugend, die damals die Schlagbäume niederriß und die Vereinigten Staaten von Europa am liebsten über Nacht schaffen wollte. Sind wir denn jetzt, einige Jahrzehnte später, so weit von dem entfernt, was mit der Montanunion auf den damals wichtigsten Feldern der Industrie, Kohle und Stahl, anfing? Die literatenhafte Intelligenz, die eigentlich nie begriffen hat, worum es gerade ging, hat jahrelange Kampagnen gegen die »Multis«, die multinationalen Konzerne, geführt. Aber genau das wollte man doch, um eine Vorherrschaft des Nationalen in Zukunft auszuschließen. Die Ölkonzerne haben die nationalen Interessen auf ihrem Felde schon lange planiert, die Automobilkonzerne sind an einem Funktionieren der verschiedensten europäischen Absatzmärkte aus Eigennutz interessiert, und eine europäische Flugzeugindustrie gäbe es gar nicht mehr, wenn die Airbus-Produktion nicht auf ein halbes Dutzend Staaten verteilt wäre. Beispiele dieser Art könnte man aus fast jedem Bereich der Industrie nennen.

Die Sanierung auch nur der ostdeutschen Wirtschaft ist auf nationaler Ebene fast nicht mehr möglich; Kohl, Möllemann und der BDI werben ja unablässig darum, daß die Franzosen, die Italiener, die Skandinavier und die Benelux-Länder sich in Thüringen oder Sachsen engagieren. Früher, im Kaiserreich wie in der Weimarer Republik und im Dritten Reich, sah man in solchen Vorgängen einen Ausverkauf der nationalen Interessen. Jetzt bittet man händeringend darum, daß Käufer aus dem Ausland kommen und die heiligsten Besitztümer der Nation erwerben, in der Sprache der Wirtschaft gesprochen: daß man im anderen Teil Deutschlands investiert.

Ist das nicht ein Beleg dafür, daß der alte Begriff der Nation wirklich im Schwinden begriffen ist? Ich sehe also nicht ganz, daß Deutschland nur Urlaub von der Geschichte genommen hat, wie Sie vorhin sagten, sondern es kommt mir so vor, als ob die nationale Epoche der europäischen Geschichte tatsächlich hinter uns liegt. Wird daher all das, was Sie eben sagten, auch noch 1993 gelten, nach der Vollendung des Marktes?

BARING Ja, denn 1993 wird bestenfalls die Vollendung des Marktes bedeuten! Man hat mir gelegentlich vorgeworfen, daß ich die Bedeutung wirtschaftlicher Faktoren und damit die EG unterschätzte. Ganz sicherlich gibt es sehr engagierte, ja persönlich bewundernswerte Leute überall, auch in Brüssel, die noch immer glauben, daß dieses Gebilde auf lange Sicht durch die Kraft der wirtschaftlichen Integration zu einem europäischen Staatsgebilde wird. Ich sehe das nicht. Mir scheint, daß wir auf unabsehbare Zeit, auf wirklich unabsehbare Zeit ein Nebeneinander haben werden von wirtschaftlicher Integration auf der einen Seite und nationalstaatlicher Fortexistenz auf der anderen. Denn es zeigt sich ja, daß die Integration selbst innerhalb Westeuropas überall da, wo es um Kernfragen geht, um eine Politische Union, die diesen Namen verdient, um eine gemeinsame Währung oder auch zum Beispiel um die Harmonisierung der sozialen Sicherung, außerordentlich schwierig ist und der Nationalstaat außerordentlich beharrungsfähig.

Die sozialen Sicherungssysteme, die Vorstellungen, was soziale Sicherheit bedeutet, sind auch innerhalb der Marktwirtschaftssysteme sehr, sehr unterschiedlich. Die Schweiz und Amerika sind Beispiele von Ländern, die Risiken viel stärker dem einzelnen aufbürden. Wir haben eine starke sozialstaatliche Tradition, die neben der rechtsstaatlichen zu den tiefsten Wurzeln unserer gemeinsamen Existenz gehört, viel tiefer reicht als die eigenen Wurzeln der Demokratie. Diese hat bei uns keine kräftigen Wurzeln, jedenfalls keine alten, im Gegensatz zum Gedanken sozialer Verantwortung des Gemeinwesens. Schon am Anfang der Industrialisierung in Deutschland, im frühen 19. Jahrhundert, hat man lebhaft und breit diskutiert über die Notwendigkeit, die entstehende Arbeiterschaft sozial zu schützen. Ich glaube, daß es letztlich sehr viel schwerer sein wird, das soziale Westeuropa zusammenwachsen zu lassen als die westeuropäischen Wirtschaftsräume.

Ein Punkt noch zu Europa, der eigentlich in den vorigen Zusammenhang gehört. Ich finde, fundamentale Fehler, die Frankreich und Großbritannien nach 1989 gemacht haben, waren nicht so sehr der Besuch Mitterands in Kiew, dann in Ost-Berlin oder die unfreundlichen Reden von Frau Thatcher über die neuen Deutschen und die Gefahren, die von uns angeblich ausgehen. Der fundamentale Fehler ist gewesen, daß sie den Impuls von Kohl, die Politische Union West-Europas parallel zur Wiedervereinigung anzupeilen, im gleichen Atemzug ernsthaft und zielbewußt ins Werk zu setzen, nicht rasch aufgegriffen, sich nicht beherzt zu eigen gemacht haben. Denn die Gefährdung der Stabilität des Kontinents, die man vom neuen, wiedervereinten Deutschland erwartete, ließ sich doch leicht dadurch vermeiden, daß man dieses größere Deutschland nun unauflöslich zum Teil eines Bundesstaates oder Staatenbundes Westeuropa machte – und dies mit voller Zustimmung, ja auf Betreiben der Deutschen. Wenn man in Paris und London weitergedacht hätte, wäre klar geworden: die Deutschen werden demnächst weniger europageneigt sein, weil ihre neuen Landsleute nichts Rechtes mit Europa verbinden können, vier Jahrzehnte nachzuholen haben; das wird abfärben, zumal die ungelösten, schwierigen Aufgaben der Wiedervereinigung zwangsläufig die Blicke der Deutschen auf Deutschland lenken.

Man weiß nicht, ob man lachen oder weinen soll, daß gerade diejenigen, die allergrößte Befürchtungen gegenüber dem neuen Deutschland hatten, und das würde ich vor allem von Paris sagen, aber auch von London, den Königsweg nach Europa, die Politische Union, am allerwenigsten einschlagen wollten. Ich glaube, das wird sich als ein gewaltiger historischer Fehler erweisen; denn es war eine geschichtliche Chance, die man verpaßt hat und die nicht wiederkehrt.

Schon lange vor dem europäischen Debakel des Golfkriegs hat sich bei dieser Gelegenheit gezeigt, daß die Europäisierung nur ein Phrase ist. Europa als Machtzentrum, auch als Verteidigungsgemeinschaft ist leider eine Vision, die anscheinend keine Chance der Verwirklichung hat. Europa ist als Einheit ein schöner Traum, auch mein Traum, aber ich verwechsle ihn nicht mit der Wirklichkeit.

SIEDLER   Woher kam die Sorge der Franzosen vor dem wiedervereinigten Deutschland, vor der Größe, der Macht Deutschlands? Nach Adenauer, nach Schmidt, während der Regierungszeit von Kohl? Alle drei ausgesprochene Europäer, kein Atlantiker dabei, alles Leute, die bereit waren, sofort die französische Führungsmacht in Europa anzuerkennen, sie sogar zu wollen. Schmidt sagte bei jeder Gelegenheit: Wir haben die Führungsfähigkeit verspielt unter Hitler, wir erkennen an, Frankreich muß die europäische Führung übernehmen; wir sind bereit, uns ihnen unterzuordnen, wir sind auch bereit, die europäische Armee unter französischer Führung hinzunehmen. Warum war Mitterrand so verängstigt, daß Deutschland zuviel Macht gewinnen würde durch die Vereinigung?

BARING   Na, zum Teil ist das ja tatsächlich der Fall. Ich meine, die Franzosen haben, ähnlich wie die Polen auf ihre Weise, viel realistischer als wir Deutschen die Weltlage eingeschätzt und daher gewußt, daß trotz der intensiven wirtschaftlichen Kooperation, die wir in Europa haben, die Gehäuse der Nationalstaaten nicht zerfallen, sondern auch in Zukunft erhalten bleiben. Die Franzosen ahnen außerdem wohl, daß Deutschland sich auf Dauer – das wäre übrigens auch ohne die Wiedervereinigung passiert – nicht mit der Rolle abfinden wird, die ihm Frankreich zugedacht hat. Wenn es nicht zu einer wirklichen Integration Europas, also nicht zu einer echten europäischen Identität, einer staatlichen Gemeinschaftsbildung kommt, werden die Deutschen mit Ausnahme einiger Intellektueller, die einem negativen Nationalismus verfallen sind, über kurz oder lang unvermeidlich sagen: Wir haben lange auf Europa gewartet, sahen in Europa einen Ersatz für unseren gescheiterten, auseinandergesprengten Nationalstaat. Zum geeinten Europa ist es leider nicht gekommen, der deutsche Nationalstaat aber ist wundersamerweise zurückgekehrt. Wir müssen beides akzeptieren, uns also auf die neuen, alten Wahrheiten einstellen, unser Schicksal im Rahmen Deutschlands begreifen und gestalten, natürlich in enger Kooperation mit den anderen europäischen Völkern und Staaten, jedoch in fairer Wahrnehmung unserer eigenen Interessen.

Deutschland hat über Jahrzehnte hinweg für die EG große, finanzielle Vorleistungen erbracht – teils aufgrund der realistischen Annahme, die aber selten diskutiert wurde, daß diese EG wesentlich im Interesse unserer Industrie liege, teils aber auch aufgrund der illusionären Annahme, daß Europa unbedingt zustandekommen müsse und wir für dieses hohe Ziel Opfer bringen müßten. Die zweite Begründung wurde im Laufe der Zeit immer schwächer, weil sich immer deutlicher zeigte, daß andere zu einer wirklichen Integration nicht aufgelegt waren.

Seit wir wiedervereinigt sind, verstehen wir dieses Zögern besser. Ein Nationalstaat ist sich selbst meist genug – jedenfalls mehr als ein abgesprengtes Trümmerstück eines ehemals wichtigen Nationalstaats. Frankreich hat schlucken müssen, die geographische Ausdehnung der Bundesrepublik hinzunehmen, und einem so statusfixierten Staat mußte beispielsweise der Verzicht auf die Souveränitätsrechte in Berlin und Deutschland, die er aufgrund der Pariser Verträge von 1954 gemeinsam mit Großbritannien und den USA noch immer besaß, sehr, sehr schwer fallen. Valéry Giscard d'Estaing hat einmal, als er im Viermächte-Berlin aus dem Flugzeug stieg, die einprägsame Formel verwandt: »Unser Recht ist Ihre Freiheit.« So etwa sah die Basis aus, nicht nur in Berlin, auf der sich die Franzosen die Kooperation mit uns vorstellten. Ich nehme ihnen das gar nicht übel, die Staatenwelt ist so, ich stelle es nur fest. Sie waren sich immer der Tatsache bewußt, daß einige wenige Trümpfe aus den Zeiten ihrer vergangenen Weltmachtposition – wie ihr Sitz im UN-Sicherheitsrat, ihre *force de frappe* oder eben Restbestände von Siegerrechten des Zweiten Weltkrieges, die ihnen bekanntlich im Gnadenwege 1945 zugefallen waren – Frankreich einen gewissen Startvorteil uns gegenüber verschafft hatten, der dadurch verstärkt wurde, daß wir, unserer katastrophalen Niederlage und moralischen Diskreditierung eingedenk, Frankreichs Führungsrolle zeitweilig verinnerlicht hatten. Die Franzosen haben 1989/90 rasch geahnt, daß der Fortfall aller alliierten Sonderrechte in Deutschland ganz von selbst zu einer stärkeren Betonung des Eigeninteresses der Deutschen und einer Neuformierung, einer Neuformulierung des Nationalen in Deutschland führen würde.

Da haben sie sich bisher geirrt, kurzfristig. Kein Mensch hat bei uns im Rahmen der Souveränitätsdebatte 1990 die Frage aufgeworfen, wie es denn nun mit wirklichen, angemessenen Machtattributen für Deutschland stehe – vielleicht Atomwaffen, vielleicht einem Sitz im Weltsicherheitsrat. Ich sage nicht, daß wir dergleichen von uns aus jetzt anstreben müßten oder könnten. Ich wundere mich nur, daß man nirgends bei uns darüber debattiert. Wird das so bleiben? Wir reden ja hier dauernd darüber, daß das von uns für erforderlich gehaltene *Neue Denken* der Deutschen bisher nicht zu bemerken ist – jedenfalls nicht öffentlich stattfindet, oder doch nur verhüllt, beiläufig, verschwommen, etwa bei manchen Diskussionsbeiträgen zum Thema des Regierungssitzes.

Aber wenn wir drei recht haben, Brigitte Seebacher-Brandt einbeziehen und einige andere auch, dann wird nach unserer Einschätzung dieser Moment begreiflichen Zögerns vorübergehen.

Das Land wird, wenn es überleben will, sich die bisherige Denk-
faulheit und Verantwortungsscheu auf die Dauer einfach nicht
mehr leisten können. Das zeichnete sich schon vor der Maueröffnung ab, und Franzosen, Engländer, Polen und andere haben das
früher als wir Deutsche erkannt.

Auch die Amerikaner haben es gesehen, neidlos, ja voller
Freude, weil sie sich gesagt haben: dann kriegen wir endlich
einen vernünftigen, leistungsfähigen, kooperativen und energischen Verbündeten in Europa, stärker und fairer als die Franzosen, integrationsfreudiger als die Engländer, in der Mitte Europas gelegen und damit für die Osteuropäer in Zukunft der wichtigste Ansprechpartner. Für uns Amerikaner werden die Deutschen mit alledem, hat man in Washington gedacht, hat George
Bush schon 1989 gesagt, *der* europäische Führungspartner. Ein
großes Wort. Bisher erst recht ein Irrtum. Wie langfristig, wird
sich zeigen.

SIEDLER   Der einzige, der versuchte, sozusagen eine europäische Karte auszuspielen, die Einigung Europas voranzutreiben
nach der deutschen Vereinigung, war ja Kohl.

BARING   Ja!

SIEDLER   Da ging merkwürdigerweise die Thatcher sofort auf
Distanz, und auch Mitterand nahm den Ball nicht auf.

BARING   Ich habe schon gesagt, daß ich das für einen ganz großen Fehler unserer westeuropäischen Verbündeten halte, und
damit glaube ich gleichzeitig, daß Kohl jetzt seine eigene historische Rolle und Chance falsch definierte, wenn er die Politische
Union für die Krönung seines Lebenswerkes hielte, auf die er hin-
arbeiten müsse. Jedenfalls seit dem Golfkrieg, den ich doch für
viel symptomatischer und in seinen Folgen gravierender halte,
als das Kohl und Genscher tun, müssen wir alle nüchtern unsere
Optionen neu überdenken. Bundeskanzler und Außenminister
geben sich den Anschein der Überzeugung, unsere Unsicherheit
und Ängstlichkeit werde rasch vergessen, nach ein paar Monaten werde alles wieder sein wie vorher. Das glaube ich ganz und

gar nicht. Im Gegenteil scheint mir, daß der Schwächeanfall Europas, den die Golfkrise auslöste, im Gedächtnis aller Beteiligten noch lange haften bleiben wird. Unser eigenes Verhalten beschämt, zumindest im Nachhinein, viele Deutsche. Im Ausland hat man vernehmbar die Köpfe geschüttelt.

SIEDLER   Obwohl es ja merkwürdig ist, wenn ich Sie unterbrechen darf, daß Deutschland finanziell viel mehr für den Krieg aufgewendet hat als England oder Frankreich, die aber eben mit ihren Soldaten einen viel größeren Effekt erzielt haben.

Für einen neuen Patriotismus

BARING   Genau dies sollte der Ausgangspunkt anhaltenden Nachdenkens unter uns Deutschen sein. Ob wir eigentlich eine kohärente Außenpolitik haben und betreiben oder ob wir uns mit Redensarten begnügen, die uns allerdings teuer zu stehen kommen. Wir müssen klären, ob es wirklich möglich ist, sich auf unsere Weise ...

SIEDLER   ... freizukaufen ...

Wir müssen etwas so Elementares wie Macht wiederentdecken

BARING   ... aus der Affäre zu ziehen, indem man überall Schecks verteilt. Zum einen leben wir unglaublich über unsere Verhältnisse; ich erwähnte es schon. Wenn wir nicht rasch unser Land ruinieren wollen, muß man schleunigst aufhören, in diesem Umfang Schulden zu machen. Auch Steuererhöhungen werden nicht unbegrenzt möglich sein, andere Nachteile mit sich bringen.

Wir haben jahrzehntelang innen- wie außenpolitisch geglaubt, alles sei eine Frage des Geldes. Diese Denkungsart stößt jetzt an ihre Grenzen. Nicht nur, weil die Finanzmittel fehlen. Auch weil Geld und gute Worte zusammengehören. Zeichen der Verbundenheit sind privat, national und international in schweren Stunden ebenso wichtig wie materielle Hilfestellungen; das rechte Wort zur rechten Zeit wirkt heute wie eh und je Wunder.

Aber das haben wir allgemein vergessen. Daher gelingt uns auch die Wiedervereinigung nicht. Weil wir dem Pathos mißtrauen, glauben wir, uns mit politischen Phrasen zufriedengeben zu müssen, die niemanden anrühren, nichts in Bewegung setzen. Unsere Hauptverbündeten haben ein gelassenes, selbstbewußtes Verhältnis zu sich selbst und zur Umwelt; in der Stunde der Bewährung sind sie daher bereit zu gefühlvollen, feierlichen Worten. Gerade gegenüber den Amerikanern – die Franzosen sind in mancher Hinsicht elitärer, auch arroganter als die Angelsachsen, legen auf unsere Freundschaftsbekundungen weniger Wert – spielen unmittelbare Gesten der Verbundenheit eine große Rolle. An ihnen haben wir es im Golfkrieg wochenlang fehlen lassen. Schlimmer noch: Wir erweckten den Anschein, mit allen Parteien gleich gut stehen zu wollen. Ein Deutschland aber, das vor lauter Friedenssehnsucht zwischen Freunden und Feinden nicht zu unterscheiden wagt, wird ebenso in die Isolierung geraten, Mißtrauen ernten wie das machtbesessene, imperialistische Deutsche Reich. Zudem nähren wir mit den ausweichenden, nichtssagenden Redensarten, mit denen wir uns über die Runden helfen, seit langem den Verdacht, wir hätten dunkle Hintergedanken, die wir nur nicht verraten wollten. Seit 1989 zeigt sich, in welchem Maße wir meist vor uns hinsalbadern, was, glaube ich, innen- wie außenpolitisch gefährlich ist.

Wir müssen außerdem etwas so Elementares wie Macht, Machtpolitik wieder für uns entdecken. Es dient nicht der Ausbreitung des Realitätssinns bei uns, wenn der Außenminister erklärt, wir lehnten Machtpolitik ab, wollten sie durch Verantwortungspolitik ersetzen. Welch seltsame, weltfremde Alternative! Dergleichen wird einer verbreiteten Stimmung in Deutschland zuliebe gesagt, ich weiß; wir betrachten ja die gesamte Außenpolitik, alle Probleme der Welt, als bloße Spielwiese innenpolitischer Profilierungssucht, ordnen internationale Erfordernisse den Ergebnissen innerdeutscher Meinungsumfragen unter. Als Ergebnis werden harte Machtrealitäten der Erde, auch die Deutschlands, hinter dem Traumschleier unserer Illusionen verborgen. Diese Wirklichkeitsflucht verdeckt, daß es immer und überall auf einen veranwortungsbewußten Gebrauch von Macht ankommt, worauf denn sonst?

Wer beim Begriff der Macht ängstlich zusammenzuckt, hat von Politik noch nicht viel verstanden. Ich gebe Brigitte Seebacher-Brandt recht, wenn sie ganz am Schluß ihrer Abhandlung über *Die Linke und die Einheit* sagt: »Den Gesetzen der Verweigerung hat die Geschichte noch nie gehorcht, doch bisweilen

164

denen der Extreme, die sich wechselseitig begünstigen. Es steht nicht in der Macht der Deutschen, sich kleiner und ärmer zu machen, als sie sind, und dem großen Welttheater zuzuschauen. Es steht sehr wohl in ihrer Macht, nicht alle Wechsel anzunehmen, die präsentiert werden. Voraussetzung: ein Wort über die Verantwortung in der Welt und die Art, in der sie wahrgenommen werden soll. Andernfalls«, sagte sie, und das ist, worauf ich hinauswill: »andernfalls ist ein Umschlag der Stimmung im Land nur eine Frage kurzer Zeit.«

RUMBERG Befürchten Sie einen solchen Stimmungsumschwung?

BARING Ein solcher Stimmungsumschwung ist etwas, das man ebenso fürchten muß wie die jetzige Lethargie. Wenn die Deutschen erkennen, wie weltfremd ihr Verhalten war und wie sehr sie auch von ihrer eigenen Führung in der Illusion bestärkt worden sind, daß alle Machtpolitik, zumindest für uns, eine Sache der Vergangenheit sei, werden sie erneut in die Gefahr geraten, von einem Extrem ins andere zu fallen. Viele glauben ja allen Ernstes, daß die permanente Bekundung unseres Friedenswillens tatsächlich Frieden um uns herum schaffe, sind in voller Aufrichtigkeit davon überzeugt, daß es wesentlich von uns abhänge, ob es Frieden gibt oder nicht, ganz nach dem Motto: von deutschem Boden dürfe kein Krieg mehr ausgehen. Welche Banalität! Es ist vollkommen klar, daß von unserem Boden kein Krieg mehr ausgehen wird! Aber das ist doch gar nicht die Frage, die sich uns stellt. Wir müssen in erster Linie prüfen, wer uns bedrohen könnte, uns möglicherweise mit Krieg überziehen oder militärisch zu erpressen versuchen wird. Von solchen Absichten gar nicht zu reden, sie gar nicht mehr für möglich zu halten, verrät einen beklagenswerten, einen gefährlichen Mangel an Menschenkenntnis, historischer Erfahrung und an gegenwartsbezogenen Konstellationsanalysen der heutigen Welt.

Ich möchte das an einem Beispiel erläutern. Kürzlich erörterte ich mit Studenten diese Fragen. Aufgebracht äußerte dabei ein Diskutant, der mich offenbar völlig mißverstand, für einen Kriegstreiber hielt, er lehne alle deutsche Machtpolitik ab, verweigere sich beispielsweise der Vorstellung, daß deutsche Truppen eines Tages wieder in Polen einrücken könnten. Von Polen war bis dahin nicht die Rede gewesen. Aber ich griff sein Beispiel auf und fragte ihn, was denn seines Erachtens passieren solle, wenn uns die polnische Regierung eines Tages bäte, deutsche Truppen nach Polen zu entsenden, dort zu stationieren, weil sich Polen von anderswoher bedroht fühle. Und dieser Tag werde kommen, das sagten wichtige Beobachter ganz offen, irgendwann im nächsten Jahrzehnt.

RUMBERG   Das glauben Sie im Ernst?

SIEDLER   Vielleicht überspitzt Baring bewußt, um deutlich zu machen, daß möglicherweise auf Deutschland überraschende Entscheidungen zukommen, von denen sich unsere Friedenssehnsucht nichts träumen läßt. Selbst bei chaotischen Zuständen in Rußland halte ich allerdings ein Hilfsersuchen Polens gerade an die Adresse Deutschlands heute für undenkbar.

BARING   Sie haben Recht, vermutlich wird die EG – oder genauer die NATO – Adressat eines solchen Hilferufes sein. Aber praktisch wird es auf die Entsendung der Deutschen hinauslaufen, vielleicht garniert mit einigen Hundert Holländern, ein paar Dutzend Franzosen.

SIEDLER   Wie immer Ihrer Meinung nach die Truppen ins Land kommen mögen, ihre Anwesenheit würde alte Animositäten wecken und düstere Erinnerungen an das Generalgouvernement wachrufen. Jeder polnische Präsident oder Ministerpräsident würde sich einem Sturm der Entrüstung gegenübersehen, wenn er öffentlich auch nur mit dem Gedanken spielte, Deutschland um die Stationierung von Truppen in Polen zu bitten.

BARING   Uns muß vor allem zu denken geben, was die Reaktion Moskaus sein würde. Es gehört wenig Phantasie dazu, sie sich sehr unfreundlich auszumalen. Das müßten wir in der Stunde der Gefahr in Kauf nehmen, wenn uns die Polen lieb sind. Aber sind sie unseren Landsleuten so lieb?

Was die Einstellung der Polen uns gegenüber angeht, haben Sie meines Erachtens übersehen, Herr Siedler, welche psychologischen Veränderungen sich dort in den letzten Jahren vollzogen haben. Vermutlich war die Furcht vor Deutschland seit langem übertrieben, wurde künstlich vom Regime wachgehalten, um die eigene Position zu stabilisieren. Deutschland ist längst in ganz Osteuropa vom Schreckgespenst zum bewunderten Vorbild geworden. Wenn man die Polen ließe, würden sie sich vermutlich mit großen Mehrheiten der Bundesrepublik anschließen.

SIEDLER Ich nehme Ihre Äußerung als gedankliche Erprobung zukünftiger Möglichkeiten. Daß Hoffnungen dieser Art aus dem Osten Europas irgendwann einmal an uns herangetragen werden können, halte ich für ausgemacht. Als vor Monaten die Los-von-Prag-Bewegung in der Slowakei auf dem Höhepunkt war, wurden dort überall Stimmen laut, man solle sich an Wien oder Berlin anlehnen. Und gerade die gegenwärtigen Zustände in Slowenien und Kroatien demonstrieren ja, daß man selbst in so entfernten Gebieten auf Mitteleuropa hofft. Solche Sehnsüchte beziehen sich immer auf die Mitte des Kontinents, also auf Deutschland.

BARING Erstens gehen diese Gedanken in die fernere Zukunft und zweitens werden wir uns genau überlegen müssen, wo unsere Interessensphäre endet. Bei meiner eben schon erwähnten Diskussion mit Studenten fügte ich natürlich außerdem hinzu, daß wir jetzt überhaupt noch nicht handlungsfähig seien, auch blieben ja vorerst sowjetische Truppen in Deutschland stationiert.

Bestürzend für mich war die Reaktion völliger Verblüffung. Ich merkte an den geradezu fassungslos erstaunten Gesichtern, daß offenbar keinem der Anwesenden je der Gedanke gekommen war, deutsche Truppen könnten in einem anderen Lande willkommen sein, dort Frieden und Freiheit sichern. Die neuen Generationen junger Deutscher können sich offenbar deutsche Soldaten nur als imperialistische Eroberer vorstellen. Sie werden noch viel lernen müssen, ehe sie unsere Zukunft mit bescheidenem Selbstvertrauen meistern können.

Unser moralischer Größenwahn

RUMBERG Ist die Haltung jüngerer Deutscher, die Sie eben beschrieben haben, Ausdruck des moralischen Größenwahns, den Sie ganz am Anfang schon einmal erwähnten, die Folge einer ausschließlich moralischen Betrachtung von Politik, die es ablehnt, von Interessen oder von Macht zu sprechen, ja selbst ablehnt, auch nur darüber nachzudenken?

BARING Weltfremdheit, vielleicht sogar Weltangst ist nicht moralischer Größenwahn. Aber zum Größenwahn gehört zweifellos Weltfremdheit. Ich habe ja vor drei Jahren ein Buch veröffentlicht, dessen Thema »Unser neuer Größenwahn« war.

1988 – ein Jahr vor dem Fall der Mauer, ein Jahr vor dem Beginn unserer Neuvereinigung – waren die linken Gruppen bei den Grünen, aber auch in großen Teilen der Sozialdemokratie, auf die meine Kritik vornehmlich zielte, weit davon entfernt, sich für größenwahnsinnig zu halten. Ganz im Gegenteil. Sie verstanden gar nicht, was sie mit einem deutschen Größenwahn zu tun haben sollten. Das hatte ich vorausgesehen. Deshalb hieß es in der Einleitung meines Buches:

»Ein neuer Größenwahn bei uns? Wo denn, bei wem? Wollen wir nicht das exakte Gegenteil von allem sein, was wir vor 1945 waren, die leibhafte Widerlegung unserer früheren Maßlosigkeit? Wie könnte da unser moderates, moralisch bemühtes Auftreten, unsere laute Friedenssehnsucht irgend etwas gemein haben mit der waffenklirrend sprungbereiten, gewalttätigen Konfliktbereitschaft des wilhelminischen, gar des nationalsozialistischen Deutschland? In einem Punkte sind wir Westdeutschen uns völlig einig: Es muß heute alles anders sein als damals. Insoweit glauben alle an eine Stunde Null.

Aber gab es sie wirklich? Werden wir nicht inzwischen den alten Deutschen immer ähnlicher – in verwandelter Gestalt, mit neuen Formeln im Mund? Wo liegen, jenseits der Unterschiede, die Gemeinsamkeiten? Offensichtlich muß ich erläutern, was mit Größenwahn gemeint ist.

Worin bestand er vor 1945? Er war ein kompliziertes, explosives Gemisch aus Überwältigungsängsten und Allmachtsphantasien. Ein energiegeladenes, aber einsames Deutschland faßte irgendwann nach der Reichsgründung den trotzigen Entschluß, sich auf eigene Faust den Weg zur Weltgeltung zu bahnen. Kern des alten Größenwahns war also eine gewaltige Selbstüberschätzung, war die seltsame Gewißheit, aus eigener Kraft, ganz auf uns gestellt, könnten wir Berge versetzen, ein großes, immer größeres Reich zustande bringen, zusammenhalten. Wie kamen wir darauf? Als spekulativ begabte, aufgeregte Provinzler, die wir waren und sind, sahen wir unsere Umwelt ganz falsch. Wir hatten keine Ahnung von den Rahmenbedingunen dieses Reiches. Unserer Überheblichkeit aus Existenzangst, unserem verzweifelten Draufgängertum lag ein gestörtes Verhältnis zur Realität zugrunde. Wir wollten die uns umgebende Wirklichkeit nicht wahrhaben, leugneten sie aufgrund radikal idealistischer Vorstellungen. Diesen ›Wirklichkeitsverlust‹ hält Joachim Fest für ›das eigentlich unverwechselbare, charakteristisch deutsche Element im Nationalsozialismus‹ und vermutet, von ihm aus führten manche Verbindungswege weit zurück in die deutsche Geschichte.

Welche Gegebenheiten wurden von unseren Vorfahren so folgenschwer verkannt? In ihrer willensstarken, kraftvollen Entschlossenheit zu großartiger Selbständigkeit bei gleichzeitigem Unvermögen zu pragmatischem, realitätsgerechtem Handeln bemerkten sie gar nicht, jedenfalls nicht in ausreichender Zahl, wie zwingend notwendig es war, selbst um den Preis schmerzlicher Kompromisse, Deutschland mächtige Alliierte zu gewinnen. Zwischen 1871 und 1945 ist es uns nie gelungen, starke, zuverlässige Bundesgenossen zu finden, also Mächte an uns zu binden, die bereit gewesen wären, aus eigenem Interesse gemeinsam mit uns die Existenz des Reiches, die Zukunft Deutschlands dauerhaft zu sichern.

Dieses Reich ist ja nicht an Hitlers Verbrechen zugrunde gegangen, so abscheulich sie waren und so dauerhaft sie die Deutschen moralisch diskreditiert haben. Ohne Hitler, sagt Sebastian Haffner, hätte es bestimmt keinen millionenfachen Judenmord gegeben, aber auch ohne Hitler eine Art Führerstaat und wahrscheinlich einen Zweiten Weltkrieg. In ihm wäre das Deutsche, das Großdeutsche Reich (wie so auch) an Überan-

strengung zerbrochen, an der Übermacht seiner Gegner gescheitert. Denn das zentrale Problem unserer Einbettung in stabile
Bündnisse haben wir vor 1945 nicht zu lösen vermocht. Anders
gesagt: Wir besaßen bis 1945 keine hinreichend aufgeklärte Führungsschicht, die sich und den damaligen Deutschen die engen
Grenzen unserer äußeren Bewegungsmöglichkeiten, die
Beschränkung unserer internationalen Aktionsfreiheit, klarmachen konnte und wollte. Das wäre aber unbedingt erforderlich
gewesen, wenn Deutschland als Reich in der Mitte Europas hätte
auf Dauer Bestand haben sollen. Wir wurden rundum mit Arg-
wohn betrachtet. Man mißtraute unseren längerfristigen Absichten.

Heute mißtraut man uns draußen wieder. Nach 1945 war es
damit eine ganze Weile besser bestellt. Trotz und wegen der Niederlage war unsere Situation ja insgesamt plötzlich entscheidend
und positiv verändert, radikal vereinfacht. Die Zerschlagung
Deutschlands, so katastrophal und schmerzlich sie im ganzen
war, so segensreich erwies sie sich für uns Westdeutsche, brachte
sie uns doch fast nur Gutes: Statt rundum von Feinden umgeben
zu sein, wie vorher, gab es nur noch einen Gegner, im Osten; im
Westen aber lauter neue, feste Freunde. Im Lande selbst, in der
Bundesrepublik, fand sich, ein verblüffender Glücksfall, trotz
aller Verluste durch die Emigration, den Krieg, die KZs, eine her-
vorragende, demokratische Führungsschicht ein, in allen Parteien; vergleichbar qualifizierte Spitzenpolitiker, Persönlichkeiten dieses Ranges in solcher Zahl, hatte es weder im Kaiserreich
noch in der Weimarer Republik gegeben.

Aufgrund der Entscheidungen anderer, der Siegermächte,
aber auch mit kräftigem eigenen Zutun, vor allem Konrad Adenauers, doch, auf seine Weise, auch Kurt Schumachers, wurden
wir Westdeutschen aus der gefährlichen, fatalen Mittelposition,
die uns vorher zum Verhängnis geworden war, entschlossen
nach Westen verlagert, in eine Randlage gerückt, mit der West-
bindung dort verankert. Die Folge war nicht nur ein neuer, stabi-
ler, demokratischer Staat mit einer wirtschaftlich und sozial blühenden Gesellschaft, sondern gleichzeitig auch eine verblüffende
Beruhigung der deutschen Gemüter, eine neue, vorher unbekannte weltfreundliche Ausgeglichenheit unserer Landsleute.

Diese fundamentale, auch für unsere europäischen Nachbarn erfreuliche, beruhigende Wandlung der Westdeutschen hatte eine genau bestimmbare Ursache: den Einfluß der Vereinigten Staaten. Während Stalin und seine Nachfolger immer auf den Abzug der Amerikaner hofften und hinarbeiteten, haben die USA unsere Umorientierung, unsere Westintegration im wesentlichen bewerkstelligt und über die Jahrzehnte hinweg verläßlich garantiert. Bis heute beruhen die Stärke und Stetigkeit der Bundesrepublik auf dem Bündnis mit den Vereinigten Staaten. Frankreich und Großbritannien hingegen blieben in den entscheidenden strategischen Fragen immer nur willkommene Zutaten, so erfreulich sich die wirtschaftliche Zusammenarbeit mit ihnen (und den übrigen Mitgliedern der Europäischen Gemeinschaft) auch allmählich entwickeln mochte.

Mehr und mehr gerät inzwischen bei uns in Vergessenheit, daß unsere innere und äußere Freiheit gleichermaßen an der Allianz und der fortdauernden Präsenz der USA hängt. Veränderte Rahmenbedingungen und Kräfteverhältnisse, denen man längst hätte Rechnung tragen sollen, haben das Bündnis ohnehin geschwächt. Hinzu kommen andersartige Prägungen und Erwartungen neuer Generationen, kommen verbreitete Hoffnungen auf nationale Selbstfindung, die Sehnsucht nach einer neuen deutschen Identität (was immer solche Vokabeln beinhalten mögen), kommt damit auch ein modisch verspielter, unernster Antiamerikanismus: durchweg subjektive Faktoren von einigem Gewicht, die in den Köpfen und Herzen vieler unserer Landsleute die Bedeutung der Allianz allmählich verblassen lassen. Wenn wir nicht aufpassen, wird sie eines Tages an Entkräftung sterben, zumal es eine fatale Gleichzeitigkeit gibt zwischen unserer allmählichen Entfernung von den USA und der amerikanischen Abwendung, Enttäuschung und Ungeduld uns gegenüber.

Solche Vorgänge scheinen viele Westdeutsche allerdings inzwischen nicht mehr zu erschrecken. Sie halten uns ganz aus eigener Kraft für stabil. Das ist ein großer, gefährlicher Irrtum, der uns teuer zu stehen kommen kann. Denn wir haben zwar nicht mehr die Macht, die Welt erneut ins Unglück zu stürzen. Aber die Möglichkeit, uns selbst schwer zu schaden, um Selbstbestimmung und Wohlstand zu bringen, ist uns geblieben.

Unser neuer Größenwahn liegt, kurz gesagt, in der träumerischen Selbstüberschätzung, mit der wir annehmen, wir könnten aus eigener Kraft und ganz risikolos nach der Westintegration nun eine vergleichbar intensive, ähnlich positive Ostorientierung bewerkstelligen, ohne das amerikanische Fundament zu beschädigen, ja zu beseitigen, auf dem die Bundesrepublik ruht.«

Soweit das Zitat. Den einen oder anderen Satz aus dieser Einleitung würde ich heute, drei Jahre später, vielleicht etwas anders formulieren, diesen oder jenen Gedanken anders fassen. Aber auch in unserer völlig verwandelten Konstellation, angesichts der verschwimmenden, verschwindenden Blockgrenzen in Europa und im Zeichen der Wiedervereinigung, bleibt vieles von dem damals Gesagten gültig. Noch immer fällt der fehlende Wirklichkeitssinn auf, das gestörte Realitätsbewußtsein vieler Deutscher, links von der politischen Mitte weitaus deutlicher als rechts von ihr. Heute sogar viel stärker als damals. Es gibt eine weit verbreitete Abneigung, Tatsachen nüchtern zur Kenntnis zu nehmen, Rahmenbedingungen der Politik zu beachten, sich in die Mentalitäten und Interessenlagen anderer Völker einzufühlen, hineinzudenken.

RUMBERG   Soll das heißen, die Deutschen lebten politisch in Wolkenkuckucksheimen?

BARING   Natürlich ist es einfacher, das versteht sich, bei eigenen Wunschvorstellungen zu bleiben. Es ist verlockend zu glauben und sich selbst und anderen einzureden: Wenn wir uns friedlich verhielten, würden sich auch alle anderen friedlich verhalten, weil alles von uns, unserem guten Beispiel, dem unbedingten Friedenswillen der Deutschen abhänge. Eine solche Einstellung verrät eine tatenferne Selbstüberschätzung. Ihr liegt leider ja nicht zugrunde, damals nicht, heute nicht, daß wir unsere ganzen Macht- und Einflußmöglichkeiten mobilisieren müßten, um gute Lösungen zu erreichen. Nein, wir versuchen unsere Untätigkeit als moralisch hochwertig auszugeben, was niemanden irgendwo in der Welt überzeugt. Unsere Mittel sind sehr begrenzt, unentwegt müssen wir feststellen, daß die meisten der Probleme, mit denen wir es zu tun haben, deutscher Mitgestaltung unzugänglich sind. Wir sind keine Riesen, wirtschaftlich nicht, politisch noch weniger. Wir werden auch keine Riesen werden, niemals; militärisch schon gleich gar nicht. Aber wir haben natürlich einige Möglichkeiten, hier und dort Entwicklungen zu beeinflussen. Leider haben wir uns bisher nie in Ruhe und Sachlichkeit überlegt, auch mit dem nötigen Engagement, was denn genau unsere Möglichkeiten sind, von welchem Handlungsrahmen wir vernünftigerweise ausgehen können.

RUMBERG Auch das ist aber doch wohl lediglich, wie Sie vorhin gesagt haben, Weltfremdheit und nicht moralischer Größenwahn.

BARING Ja, moralischer Größenwahn ist etwas ganz anderes als fehlendes Augenmaß, mangelnder Wirklichkeitssinn. Er ist eine geradezu perverse Seite unseres gegenwärtigen Verhaltens. Nichts, sagt man, läßt sich unseren deutschen Verbrechen vergleichen. Wir wollen die Größten sein, auch bei ihnen. Und da wir die größten Verbrecher waren, sind wir jetzt klüger als andere Völker, weil wir diese fatale Erfahrung hinter uns haben und nun genau wissen, was man alles nicht tun darf. Wir sind deshalb berufen, die moralischen Schiedsrichter der Welt zu spielen – übrigens auch bei Fragen, die mit moralischen Erwägungen nur bedingt etwas zu tun haben.

Ich erinnere mich an ein kurioses, gleichzeitig ärgerliches Beispiel, einen Aufsatz des Berliner Bischofs Martin Kruse, als Ratsvorsitzender der EKD höchster Repräsentant der Evangelischen Kirche. Kruse plädierte in diesem Text für eine neue Schuldenpolitik gegenüber der Dritten Welt. Dabei rührte er die deutsche Schuldfrage, also unsere Vergangenheitslast, mit dem Problem einer westlichen Schuldenstrategie zusammen, um daraus den abenteuerlichen Schluß zu ziehen, die Deutschen hätten wegen ihrer historischen Erfahrungen eine nicht nur moralisch begründete Führungsaufgabe. Ich habe Kruses Ausführungen jetzt noch einmal herausgesucht; sie lesen sich nicht besser als zur Zeit ihrer Veröffentlichung 1988:

»Die Entwicklungsländer dürfen von den Deutschen erwarten, daß sie ihre eigenen leidvollen Erfahrungen nicht verdrängen, sondern wachhalten und einbringen. Mit dem Marshall-Plan ist uns ohne Rücksicht auf die Schuldfrage geholfen worden. Das war humanitären Motiven, aber auch langfristigen Eigeninteressen der Siegermächte zu verdanken. Sie wußten, daß Zweifel an der Zukunftsfähigkeit zu resignativer Lähmung und dem Gegenteil von Selbsthilfe führen. Kein Mitglied der Gläubigerländer dürfte deshalb den Stellenwert einer zukunfts-orientierten Schuldenstrategie und die Kurzsichtigkeit buchhal-terischer Lösungen so wirklichkeitsnah abschätzen können wie wir. Wir können und dürfen heute in der internationalen Schul-denpolitik nicht deckungsgleich mit denen argumentieren, die vergleichbare Erfahrungen nicht einzubringen haben. Es gibt nicht nur moralische Gründe dafür. Die Welt braucht solche Erfahrungen, damit sie sich nicht, wenn auch in abgewandelter Form, wiederholen.«

Kritische Ausländer könnten das für Heuchelei halten. Dabei ist es einfach nur Unsinn, ein für unser Land typischer Unsinn. Wir lieben Leute, die halbgare Gedanken mit moralischen Krite-rien vermischen und das Ergebnis nicht ohne heimlichen Hoch-mut vortragen.

Die Entwicklung hin zu unverbindlicher Selbstgerechtigkeit können wir seit 1968 beobachten. Sie unterscheidet diese Peri-ode unvorteilhaft von der alten Adenauerschen Bundesrepublik, die von diesem Zug frei war, mag sie auch andere Mängel gehabt haben. Aufgrund unserer Vergangenheitsbewältigung – auch ein Begriff, der das Mißverständnis erleichtert hat, man könne je Ver-gangenheit »bewältigen« – haben wir nicht nur unsere ganze Geschichte vor 1945 in den Abfallkorb geworfen, aus dem wir sie jetzt mühsam wieder herausklauben müssen, um sie auf ihre Lehren für uns Heutige zu befragen (weil unsere Lage der unse-rer Vorfahren ähnlicher wird als vor 1989), wir haben auch völlig vergessen, daß moralische Grundsätze in der Politik natürlich immer die Macht voraussetzen, ihnen zum Siege zu verhelfen. Im innerstaatlichen wie im internationalen Leben ergibt sich nichts von selbst. Alle Probleme müssen mit dem nötigen Nachdruck, in ganz ernsten, existentiellen Fällen sogar mit der Drohung, notfalls Gewalt anzuwenden, angegangen werden. Saddam Hussein gab uns einen Schnellkurs in Weltpolitik auf einem

Gebiet, in dem die Deutschen fast alles vergessen hatten. Haben sie inzwischen dazugelernt? Viele Landsleute scheinen immer noch zu glauben, daß nur wir einen Hitler zustandebringen können. Wenn eine solche Machtergreifung in einem hochzivilisierten Land wie Deutschland zum allgemeinen Erstaunen 1933 möglich war, kann daraus nur geschlossen werden, daß in zivilisierten Ländern, erst recht in unzivilisierten, die große Teile der Erdoberfläche beherrschen, unter bestimmten krisenhaften Umständen solche Wendungen ins Verhängnis immer möglich sind. Gegen diese Gefahr, wenn sie in unserer Nähe droht, in der engeren oder weiteren Umgebung Deutschlands, müßte man sich notfalls mit den erforderlichen militärischen Mitteln zur Wehr setzen, um die Freiheit des eigenen Volkes und die unserer Nachbarn und Partner zu sichern.

RUMBERG Sind Machtvergessenheit und moralischer Größenwahn wirklich Erscheinungen ausschließlich der Zeit nach 1968?

Wirtschaftlicher Erfolg als fragwürdige Selbstbestätigung

BARING Unser demonstrativ zerknirschtes, wohlfeil moralisches Gehabe verdeckt natürlich eine tiefe Unsicherheit, die schon früher Deutsche kennzeichnete. Andere Völker ruhen selbstverständlicher in sich als wir. Wir müssen uns immer von Neuem vor uns selbst rechtfertigen, müssen uns und aller Welt unsere Daseinsberechtigung durch Leistung beweisen, sonst sind wir in unseren eigenen Augen nichts wert. Die Tatsache, daß wir unser Selbstgefühl ganz wesentlich aus der wirtschaftlichen Leistungsfähigkeit des Landes ziehen, bedeutet eine ganz außerordentliche Gefährdung unserer inneren Balance.

RUMBERG Ist auch das eine Nachkriegsentwicklung?

BARING Nein, es gibt eine neuere amerikanische Untersuchung von Harold James aus Princeton, die mich sehr nachdenklich gemacht hat. Er zeigt, daß unsere extrem ökonomische Orientierung nichts Neues ist. Nicht erst die Bundesrepublik hat anstelle der gescheiterten Machtpolitik, nach dem Fehlschlag unserer militärischen Expansionsversuche, wie man immer lesen kann, ganz und gar auf industrielle Selbstverwirklichung gesetzt und sich als Wirtschaftsgroßmacht etabliert, um etwas darzustellen und vorzuzeigen. James sagt, das sei auch im letzten Jahrhundert schon so gewesen. Von Marx bis Bismarck habe Einigkeit geherrscht, daß die Wirtschaft unser Schicksal sei; das Reich von 1871 sei nicht so sehr als der langersehnte Nationalstaat empfunden worden – über ein Viertel der Deutschen lebte außerhalb der Reichsgrenzen –, sondern mehr als das schützende Gehäuse einer Wirtschaftsnation.

Wie gefährlich es für eine Nation ist, wenn sie sich wesentlich mit ihrem wirtschaftlichen Erfolg identifiziert, von ihm her definiert, zeigte sich nach 1918. Die Weimarer Republik und die sie tragenden Parteien siechten dahin, gingen zugrunde, sobald das Selbstgefühl der Deutschen in seinem zentralen Punkt erst durch die Inflation, dann die Wirtschaftskrise erschüttert worden war.

Wirtschaftskrisen sind natürlich auch heute immer möglich. Sie sind der Marktwirtschaft eigen. Vergleichsweise geringe Irritationen, die auch aus dem politischen Felde kommen können, haben mitunter drastische Folgen, ökonomisch wie politisch. Eine Gesellschaft, die sich wesentlich aus ihrer wirtschaftlichen Leistungsfähigkeit und deren Dividenden rechtfertigt, muß in besondere Schwierigkeiten geraten, sobald die Fähigkeit zu breiter sozialer Bedürfnisbefriedigung nachläßt. Deshalb sollte eine lebenskluge Politik darauf achten, andere, nichtmaterielle Elemente zum Bestandteil eines breiten gemeinsamen Zusammenhalts zu machen. An ihnen fehlt es bei uns in einem beklagenswerten Ausmaße.

Wir glauben, außen- wie innenpolitisch alle Malaisen, alle Defizite allein mit Geld bereinigen zu können, vermuten, wenn nur Geld irgendwohin gehe, seien auch die tieferen Probleme gelöst. Das ist eine sehr verkürzte Sicht des Menschen und des Lebens überhaupt, eine seelisch armselige Sicht. Ich will hier nicht eine Diskussion über die Sinnkrise anstacheln. Aber daß es in jeder Gesellschaft die Notwendigkeit gibt, sich breiter zu definieren als nur über die eigene wirtschaftliche und soziale Leistungsfähigkeit, das scheint mir offenkundig zu sein.

Alle stabilen, nämlich durch gemeinsam überstandene Krisen gehärteten Demokratien – und zu denen gehören wir, wie man inzwischen sieht, trotz aller Meriten des letzten halben Jahrhunderts noch nicht – werden durch tiefere Bindungen zusammengehalten als einen breiten Individualwohlstand und noble Sozialleistungen, wie sie die Bundesrepublik auszeichnen. Sie verbindet die gemeinsame, über Generationen weitergetragene Erinnerung an große Tage und grausame Zeiten, an Triumphe und Katastrophen, Kriege, Siege und Leiden, Leistungen und Fehlschläge, verbindet der Stolz auf die eigene Sprache, Kultur und Geschichte – ein Erbe, das freie Völker dazu bringt, in kritischen Zeiten zusammenzustehen und für das Ganze selbstlos zu wirken.

Wir Deutschen sind da heute ziemlich traurig dran, haben wenig Freude an uns selber, beneiden andere, weniger beschädigte Völker, sind nicht stolz auf uns. Als Charles de Gaulle im Herbst 1962 auf dem Bonner Marktplatz von dem »Vertrauen« sprach, das er »für das große deutsche Volk« hege, ging eine Bewegung des Erstaunens, ja der Erschütterung durch die Menge; viele Zuhörer waren zu Tränen gerührt. Ein Deutscher hätte dergleichen damals wie heute nicht gesagt. Schon gar kein Politiker; es wäre zu riskant, könnte ihm Hohngelächter eintragen. Das Schlimmste an Hitler sei gewesen, hat Theodor Heuss einmal gemeint, daß er uns gezwungen habe, mit ihm und seinesgleichen gemeinsam den Namen Deutsche zu tragen. Das hängt uns an, lähmt uns innerlich. Aber Hitler ist, weiß Gott, nicht alles. In dieser Schande erschöpft sich unsere Geschichte nicht.

Wir haben über die Jahrhunderte hinweg Bedeutendes geleistet, viele einzelne, unser Volk als Ganzes. Immer wieder hat es schwere Zeiten tapfer durchgestanden, sich fleißig und einfallsreich nach oben gearbeitet. Machtvergötzung kennzeichnet nur kurze Phasen unserer langen Geschichte. Auch wir haben Anlaß zu Selbstgefühl – natürlich in den richtigen Proportionen, mit Augenmaß. Doch das wagen wir uns nicht einzugestehen. Verlegen lösen wir alles Deutsche gern unverbindlich ins vage Europäische auf. Unsere Nation traut sich wenig zu, ist gern gebunden. Das wird auf die Dauer nicht reichen. Mit der bloßen Beschwörung eines inhaltsarmen Kulturpluralismus, mit phrasenhafter Internationalität ist uns so wenig wie den anderen geholfen. So gewinnen wir nie den opferbereiten Zusammenhalt, den wir notwendig brauchen. »Über kurz oder lang wird es sich als unvermeidlich erweisen«, schrieb neulich Stephan Speicher, »die alten Bestände auf das noch oder wieder Verwertbare zu überprüfen.« Wie wahr. Wir müssen unsere ganze Geschichte neu durchdenken, neu erfahren. Denn Menschen und Völker, die ihre Wurzeln nicht mehr kennen, werden haltlos.

Staaten haben keine Freunde – sondern Interessen

SIEDLER Doch noch einmal zurück, für einen Augenblick wenigstens, zu unseren wichtigsten europäischen Verbündeten: Was hat, um es noch einmal zu präzisieren, zum veränderten Verhalten Großbritanniens und Frankreichs gegenüber Deutschland geführt? Die Erfahrung der Unzuverlässigkeit der Deutschen in entscheidenden Lagen? Die Befürchtung, in bestimmten Situationen werde auf die Deutschen kein Verlaß sein, weil wir uns nämlich zurückziehen würden? Oder der kommende, noch unwägbare, aber sicherlich unvermeidbare Gewichtszuwachs der Deutschen als Nation?

BARING Haben wir das nicht alles schon ausführlich erörtert? Aber gerne nochmals: Ich glaube, daß alle diese Punkte eine Rolle spielen. Die Tatsache, daß wir nach vielen Versäumnissen und Fehlschlägen unserer früheren Bündnispolitik seit den fünfziger Jahren endlich verläßliche Alliierte hatten, hat uns häufig und in der öffentlichen Rhetorik allzusehr freudestrahlend meinen lassen, wir hätten nun allenthalben Freunde. Staaten haben keine Freunde, sondern Interessen – gemeinsame Interessen, aber auch divergierende Interessen. Schon Konrad Adenauer hat sich immer wieder erregt und besorgt gezeigt, daß Frankreich auch in Phasen, in denen es gemeinsam mit uns auf die europäische Integration setzte, gleichzeitig den Draht nach Moskau suchte, um für den Fall, daß es mit uns eine andere Richtung nähme, zusammen mit Rußland dann Deutschland zu kontrollieren – genau das, was Mitterand in Kiew noch einmal versucht hat. Man kann solche Gedanken und Hintergedanken keiner Regierung übelnehmen. Es gibt im Leben, in der Politik immer verschiedene Entwicklungsmöglichkeiten, auf die man sich alternativ einstellen muß.

Der Unterschied zwischen uns und anderen Staaten scheint mir zu sein: Die anderen arbeiten mit weniger schlichten Modellen als wir, denken nicht eindimensional. Andere Länder haben natürlich versucht, auf verschiedene Weise das deutsche Problem, das ihnen ja zugegebenermaßen in der ersten Hälfte des Jahrhunderts viel Kopfzerbrechen bereitet hatte, künftig bei den verschiedenen denkbaren Entwicklungen unter Kontrolle zu halten.

Als die bisherigen Kontrollmechanismen 1989/90 plötzlich außer Kraft gesetzt wurden, kam selbstverständlich die Sorge auf – sie wurde in der Presse überall sehr deutlich geäußert –, daß man nun nach anderen Möglichkeiten Ausschau halten müsse, sich Deutschlands künftig zu versichern. Das hat man leider in Paris und London nicht mit der richtigen Zielstrebigkeit getan. Ich behaupte immer wieder: der einzig konstruktive Ausweg, der völlig in der Richtung der bundesrepublikanischen Entwicklung seit Adenauer lag, wäre eine wirkliche Politische Union gewesen. Und ich hoffe von Herzen, daß ich Unrecht habe, wenn ich sage: wir werden sie nun nicht mehr erleben.

Wir werden die Politische Union nicht erleben in der Weise, in der man sie sich immer vorgestellt hat, nämlich als Bundesstaat mit einer eigenen Außen- und eigenen Militärpolitik. Man kann sich freilich fragen, ob ein solcher Bundesstaat nicht bereits stillschweigend ausgeschlossen wurde, als man die ursprüngliche Gemeinschaft der sechs auf neun und dann zwölf Mitglieder erweiterte. Zwölf Staaten mit neun Sprachen und entsprechend unterschiedlichen Kulturen im weiten Raum zwischen Schottland und der Ägäis konnten allenfalls einen lockeren Verbund bilden. Falls die Hoffnung, Europa werde sich zu einer handlungsfähigen Einheit verbinden, dennoch eine Realisierungschance hatte, dann bestand sie in den Monaten unserer Wiedervereinigung 1989/90; sie ist versäumt worden. Was immer man uns in den nächsten Monaten erzählen wird: Wenn es nicht zu einem bundesstaatlichen Zusammenschluß kommt, hat man es nicht mit einer wirklichen politischen Union zu tun. Es kann sein, daß uns irgendwann ein Gebilde vorgesetzt wird, das diesen Namen trägt, aber nicht mehr ist als eine organisierte politische Zusammenarbeit. Die ist sicher nützlich, aber eine solche Lösung ist nicht ausreichend. Sie schafft keine handlungsfähige Einheit.

SIEDLER Kommen nicht die Mißverständnisse darüber, wie weit die europäische Einigung fortgeschritten sei, daher, daß die Dinge in den letzten Jahrzehnten planlos verlaufen, im Vokabular der Systemtheorie gesprochen: sich selbst steuernde Vorgänge sind? Sie haben natürlich vollkommen recht mit Ihren Bemerkungen zum Überleben der nationalen Einheiten. Tatsächlich ist das Gehäuse der Nationalstaaten viel länger erhalten geblieben, als Adenauer, de Gasperi und Schuman voraussahen und wollten. Aber ist Europa nicht auf andere Weise viel weiter vorangekommen, als man damals geahnt hat?

Die internationale Verflechtung der Interessen ist doch so weit gediehen, daß Bonn nicht einmal mehr Subventionen für Weizen zahlen darf, ohne daß Brüssel Einspruch erhebt. Die Stützung des Steinkohlebergbaus, auch über den Jahrhundertvertrag, ist EG-rechtlich höchst bedenklich, und in einigen Jahren wird sie gar nicht mehr zulässig sein. Frankreich hat seine Atom-Stromwerke in Cattenom praktisch für den Export gebaut, was wahrscheinlich Deutschland gar nicht so unlieb war, denn der Import von Atom-Strom überspielt die nationalen Hemmnisse bei uns.

Ich will darauf hinaus, daß die europäische Einigung auf immer neue Widerstände trifft, aber unmerklich immer weiter voranschreitet. Eines Tages werden wir ein vereinigtes Europa haben, ohne es zu merken, denn auch die europäische Währung, und sei es in Gestalt des Ecu, ist nicht aufzuhalten. Wir haben noch immer keinen europäischen Präsidenten, und auch in einem Vierteljahrhundert wahrscheinlich keine europäische Armee. Dann werden eben auch in Zukunft der halben Million GIs national bestenfalls zehntausend Mann aus Paris und London im Golf an die Seite treten. Ist das mehr als ein Schönheits-fehler?

»Die Politik ist das Schicksal«, sagte Napoleon. Ist sie es wirk-lich noch? Die Sowjetunion ist nicht an der Politik zerbrochen und schon gar nicht am Militär. Sie war ganz einfach der wirt-schaftlichen Herausforderung nicht gewachsen, und jetzt zeigt sich, wie recht Helmut Schmidt schon in den siebziger Jahren hatte, als er sie ein Entwicklungsland mit Wasserstoffbomben nannte, worüber damals unsere Intellektuellen gelacht haben. Wie haben sie davor gewarnt, in der Tirpitzschen Manier die Sowjetunion totrüsten zu wollen! Genau das ist aber geschehen.

Natürlich, Deutschland glänzte im Golfkrieg durch Abwesen-heit, aber die D-Mark war recht anwesend; so sehr, daß die SPD eine Rückzahlung von Washington verlangt. Aber wer wird den Gewinn des Golfkrieges haben? Die größten Aufträge aus dem Iran hat bisher die Bundesrepublik bekommen, und es sollte mich wundern, wenn wir nicht auch in Syrien recht gut abschnei-den. Vielleicht muß man sich auf absehbare Zeit, vielleicht auf immer, daran gewöhnen, daß die USA der Weltpolizist sind und in ihrem Schutz Europa seine guten Geschäfte macht.

Warum sollten wir nicht weiter Urlaub von der Weltge-schichte nehmen? Japan tat das ein halbes Jahrhundert, und es ist ihm sehr gut bekommen. Vor dem Kriege spielte Tokio in der Weltwirtschaft eine sehr geringe Rolle, der Export nach Deutschland zum Beispiel betrug ein halbes Prozent. Nach vier-zig Jahren Pause nimmt Tokio den zweiten oder dritten Platz in der Rangliste der Handelsmächte ein. Möglicherweise verab-schiedet sich Deutschland und mit ihm Europa tatsächlich aus der Weltpolitik. Aber ist es nicht gerade die heraufziehende *pax americana*, die atlantische Weltzivilisation, in deren Schutz die traditionellen Mächte gedeihen? Die USA der Weltpolizist, Deutschland und Japan die Weltbankiers. Die Weltwirtschaft ist das Schicksal!

RUMBERG   Sie unterstützen also in guter deutscher Tradition Marx und Bismarck gegen Napoleon. Aber ist die Wirtschaft wirklich wichtiger als die Politik? Wenn ich an Jugoslawien, den Golf oder auch an das denke, was uns in der Sowjetunion an

Nationalitätenkonflikten noch bevorsteht, habe ich da doch Zweifel.

Ein deutsches Appeasement
liegt immer in der Luft

BARING   Ich auch. Die Wirtschaft ist natürlich wichtig, bedeutsamer als früher. Aber die Politik behält ihre Bedeutung und Militärisches eben auch.

Ich habe vor einer Weile für die *Frankfurter Allgemeine* beschrieben, wie man in zwanzig Jahren die Vereinigung Deutschlands deuten werde. Und dabei mußte ich mir natürlich auch Gedanken über die Zukunft von EG und NATO machen. Beim Schreiben dachte ich: Du wirst dich gerade bei diesen Fragen blamieren, denn man kann über die Zukunft jedenfalls als Historiker bekanntlich nichts sagen. Und ich habe dann geschrieben, was ich für ziemlich risikolos hielt: beide, die NATO wie die EG, seien vom Standpunkt des Jahres 2010 hinter den Erwartungen, die die Deutschen mit ihnen verbunden hätten, zurückgeblieben, obwohl alle Kanzler – von Adenauer bis Kohl – große Hoffnungen auf sie und zumal auf die Politische Union des Kontinents gesetzt hätten.

Auf diesen Artikel bekam ich einen Brief von Thomas Jansen aus Brüssel, der mir ebenfalls aus der Perspektive des Jahres 2010 antwortete. Bei ihm war die politische Einheit Europas längst eine Tatsache. Etwas ironisch setzte er hinzu – wir kennen uns lange, mögen uns, er kann sich das leisten –: in meinem Artikel könne man sehen, daß die Leute in Berlin nichts mitbekämen von dem, was sich in der Welt täte. In Brüssel sähe man, was die entscheidenden Realitäten und was Marginalien seien. Und wir Berliner hielten uns eben bei den Randfragen und Restposten auf. Die Politische Union werde natürlich zustandekommen, sogar schon in den nächsten Jahren, und sie werde das Gesamtbild des Kontinents und Deutschlands verändern. Ich habe Jansen geantwortet: ich teilte seine Hoffnung, aber nicht seine Überzeugung, verwechselte nicht meine Hoffnung mit der Wirklichkeit der nächsten Jahre.

Dieser Briefwechsel fand vor dem Golfkrieg, vor der Jugoslawien-Krise statt, die deutlich gezeigt haben, wie weit wir von der Einheit auch nur Westeuropas entfernt sind. Europa besteht, das muß man sehen und immer wieder sagen, nach wie vor aus Nationalstaaten.

Was heißt das nun für uns? Zunächst einmal: nüchtern diese Tatsache zu sehen, anzuerkennen. Wir sollten uns nicht darauf versteifen, Europa, die Politische Union doch noch zustandezubringen. Niemand erwartet das gerade von uns.

Unsere wichtigste Aufgabe liegt nach wie vor nicht darin, weit ausgreifende Pläne vorzulegen. Ich glaube, daß niemand damit rechnet, daß Deutschland umfassende Neuordnungsvorschläge für den Kontinent macht. Das ist eine Rolle, die wir durch Hitler auf lange Zeit verspielt haben. Was wir uns und den anderen in erster Linie schulden, ist eine Klärung unserer eigenen historisch-politischen Situation. Wie sehen wir Deutsche uns und unsere Rolle, heute und morgen? Wir müssen uns Deutschen, im Westen wie im Osten, unsere eigene Interessenlage klarmachen.

Ich glaube, daß die wichtigste Folge der Wiedervereinigung ist, daß wir das Erbe jener Geschichte antreten müssen, von der wir nach 1945 geglaubt haben, sie sei endgültig eine Sache der Vergangenheit, sei ganz und gar irrelevant geworden. Die leidvolle Mißerfolgsgeschichte vorher habe mit unserer neuen Lage, die so ganz anders sei, nichts mehr zu tun, und wir brauchten unseren Kopf mit den alten Problemen nicht mehr zu belasten, könnten ihn frei nur noch mit Zukunftskonzepten beschäftigen. So haben wir uns in den letzten Jahrzehnten verhalten, und das erklärt unsere großen Erfolge damals ebenso wie die beträchtlichen Orientierungsschwierigkeiten heute – ja die verbreitete Unfähigkeit, die veränderte Lage als solche überhaupt zu erkennen.

RUMBERG Welche Konsequenzen ergeben sich denn, sobald man die Lage als verändert erkannt hat?

BARING Unsere neue Aufgabe muß sein, weil wir rein geographisch dem Bismarck-Reich heute mehr ähneln als die alte Bundesrepublik, gemeinsam zu prüfen, was von den früheren Konstellationen zurückkehrt, was von den damaligen Erwägungen tatsächlich überholt ist, was aber eben auch neu relevant wird. Haben uns Bismarck oder Stresemann künftig noch – oder wieder – etwas zu sagen? Das ist keine Frage, die man jetzt historischen Universitäts-Seminaren allein überlassen könnte. Und Geschichte darf sich schon gar nicht bei uns weiterhin reduzieren auf das schlimme Dritte Reich.

Die Frage, wie es mit unserem Volk und seinem Staat weitergehen soll, kann nur beantwortet werden, wenn wir unsere Vorfahren eingehend zu Rate ziehen. Denn ihre Welt wird wieder mehr und mehr auch unsere Welt, trotz aller Veränderungen. Nur wenn wir uns deutlich darüber klar werden, was unsere neuen, zum Teil sehr alten Probleme sind, erst wenn wir unsere eigenen Interessen definieren, die Lehren unserer früheren Fehlschläge beherzigen, werden wir wissen, was wir bescheiden, aber auch energisch zu tun haben.

Wir sollen nicht glauben, daß wir eine Großmacht, gar Weltmacht würden. Das ist alles Unsinn. Was man hören kann an Befürchtungen im Innern, an Befürchtungen, zum Teil auch Hoffnungen draußen, zeigt viele Übertreibungen. Unsere Größe bleibt auch in der neuen Gestalt sehr begrenzt. Das war übrigens immer so.

Deutschland war stets eine begrenzte Macht insofern, als es uns nie möglich war, dem Kontinent unseren Stempel aufzudrücken, selbst in den mächtigsten Zeiten, die wir hatten. Wir sind eine Mittelmacht, bleiben Mittelmacht, haben aber künftig eine größere Rolle und Verantwortung zu spielen. Doch was deren Inhalt konkret ist, was mehr als Bekundung allseits guten Willens ist, nämlich nüchterne Deutung unserer eigenen Interessenlage, das wissen wir nicht, als Volk nicht. Das weiß auch die politische Führung, die politische Klasse nicht. Das weiß niemand, darüber redet niemand. Dieses Schweigen im Lande ist es, was wir bald beenden müssen. Wir müssen eine große nationale Debatte haben, weil es um Themen geht, die einer solchen Debatte würdig sind.

RUMBERG   Können Sie versuchen, einige Elemente anzudeuten?

BARING   Da gibt es Probleme über Probleme, Fragen über Fragen! Unsere Isolierung ist eine permanente, fast unvermeidliche Gefahr. Man kann das am Golfkrieg sehen. Wenn wir gesagt hätten, vor allen anderen oder gleichzeitig mit den Amerikanern: Nichts wie hin! Selbstverständlich wird die Bundeswehr mit beträchtlichen Verbänden den Kuwaitis zu Hilfe eilen! Wenn wir das gesagt und getan hätten, hätten wahrscheinlich viele gemeint: kaum sind sie vereinigt, schnappen sie schon wieder über, drängen sich vor, sind die ersten an der Front, wie beim Boxeraufstand damals in China. Und wir hätten uns dadurch isoliert.

Unser tatsächliches Verhalten, also der Versuch, uns zu verstecken, so zu tun, als ob wir gar nicht vorhanden wären und uns das alles gar nichts anginge, statt dessen nur klammheimlich zu helfen, hat uns aber auch isoliert. Wie wir es auch anstellen, es wirkt leicht falsch. Das führt dazu, daß wir uns lieber unsichtbar machen, ganz klein.

Bloß keine Verantwortung übernehmen! Wir sehen, daß sie mit sehr vielen unangenehmen Begleitumständen verbunden wäre. Als während des Golfkrieges unter Bundeswehrsoldaten eine Verweigerungswelle rollte, weil es fern in der Türkei gefährlich zu werden drohte, als deutsche Soldaten öffentlich bekannten, daß sie desertieren würden, falls sie in die Golfregion geschickt würden, haben mich diese Reaktionen sehr nachdenklich, sehr besorgt gemacht. Wie soll es bei dieser Haltung mit uns weitergehen? Wir haben es verlernt, für uns selbst einzustehen – und erst recht für andere. Auch was Sie, Herr Siedler, eben gesagt haben über die internationale Aufgabenteilung und den amerikanischen Weltpolizisten, der dann ja wohl für uns die Kastanien aus dem Feuer holen soll, paßt in dieses Bild. Es kommt uns nicht in den Sinn, daß wir geradezu zynisch, jedenfalls bequem und einträglich die eigene Rolle definieren.

Wir orientieren uns ganz am engen, privaten Bereich, wo wir für und gegen alles versichert sind. Wir leben risikolos, ohne das Bewußtsein denkbarer internationaler Risiken, und vergessen dabei, daß jahrzehntelang andere unsere Freiheit und Selbstbestimmung gesichert haben – und weiter sichern. Wir glauben deshalb inzwischen, ganz von allein sei auch in Zukunft der Rahmen unserer nationalen Existenz stabil. Wenn uns jemand zu unserer größten Verblüffung anzugreifen, zu erpressen drohte, würden wir uns freizukaufen versuchen – um jeden Preis. Ein deutsches Appeasement liegt in der Luft, eine hoffnungsvolle Unterwürfigkeit gegenüber jedem Gegner, der massiv genug auftritt. Solche Gegner wären nicht mehr denkbar? Da kann man nur lachen.

Wir halten heute den Frieden für einen öffentlichen Anspruch, den man einfach im Sessel sitzend einfordern kann. Demzufolge sind wir nicht einmal bereit, mit Leib und Leben für die Freiheit und Sicherheit unseres eigenen Landes zu sorgen. Selbst bei unmittelbarer Gefahr an unseren Grenzen wären viele nicht bereit, Haus und Hof, Weib und Kind mit Waffengewalt zu verteidigen. Viele betrachten unsere Bundeswehr als Attrappe, als Papparmee, sogar als perverse Mörderbande. Im tiefsten Innern spüren wir wohl, daß da etwas nicht stimmt: Sind manche vielleicht deshalb so scharf gegen die Amerikaner, weil sie sich insgeheim vor ihnen schämen? Wir Deutsche müssen uns künftig – jeder sich selbst und alle untereinander – mit großem Ernst fragen: Was ist uns so wichtig, daß wir gemeinsam bereit sind, falls alle anderen Mittel versagen, unser Leben einzusetzen?

Diese Grundfrage kann man gerade in der Demokratie, in der es auf den Gemeinsinn der Bürger ankommt, nicht mit Redensarten beantworten. Die Angst vor jedem Krieg ist verständlich. Denn er ist furchtbar; man muß alles tun, ihn zu vermeiden. Aber noch immer bleibt er das letzte Mittel. Das kann grundsätzlich nur der kurzsichtige, rabiate Egoismus leugnen, der sich mehr und mehr in unserem Lande ausgebreitet hat.

Viele Deutsche ahnen dumpf, daß auch wir zwangsläufig Fehler machen werden, sobald wir uns jenseits unserer Grenzen draußen in der Welt stärker engagieren. Dann werden nämlich nicht nur amerikanische, sondern auch deutsche Fahnen verbrannt werden! Davor haben wir Angst. Denn wir wollen von allen geliebt werden. Dieses Ziel ist aber auf dieser Erde unerreichbar. Wer jeden zum Freund haben will, hat keinen, sondern steht am Ende allein. Es hilft nichts, alle Ausflüchte verfangen nichts mehr: Wir Deutschen müssen jetzt erwachsener, ernster und tapferer werden.

RUMBERG   Erwachsener?

BARING   Sie haben recht: der Vergleich mit dem Ende der
Kindheit, dem natürlichen Zwang, erwachsen zu werden, ist
schief. Unser Volk ist alt, seit tausend Jahren lebhaft zu Gange in
der Mitte Europas. Aber es gibt einen Sehnsuchtstraum aller
Erwachsenen, den viele teilen: Kinder zu sein, die Verantwortung los zu sein; gerade die moderne Gesellschaft mit ihren
sozialen Sicherungen fördert diese Einstellung. Viele Menschen
bleiben lebenslang Kinder in ihrer Mentalität, wollen von anderen umsorgt werden, und das gilt auch für Völker. Wir würden
gerne diesen Zustand eigener Verantwortungslosigkeit unendlich verlängern, zumal er uns ja erlauben würde, unsere moralischen Werturteile über alle Welt weiterhin ungehemmt zu
äußern. Das wird aber nicht gelingen. Die Tatsachen werden uns
diese Fluchthaltung nicht erlauben.

Außenpolitische Prioritäten

RUMBERG   Wenn wir Verantwortung übernehmen müssen,
zumindest für uns selbst, dann stellt sich zwangsläufig die Frage
nach den Prioritäten. Wir haben das zu Beginn schon einmal kurz
gestreift, aber keine Rangfolge vorgeschlagen. Welche haben
Sie?

BARING   Das ist eine schwierige Frage, die ich so beantworten
würde: Amerika steht an erster Stelle, Europa an zweiter – Westeuropa –, dann Osteuropa an der dritten, zuletzt kommt die
Sowjetunion oder Rußland, was immer dort an Staaten entstehen sollte. Diese Prioritätenliste hat natürlich offenkundig
Schwächen. Insofern ist der Außenminister gar nicht falsch beraten, wenn er sagt: eine solche Liste gibt es nicht, kann es für uns
nicht geben. Wirtschaftlich gesehen, wäre möglicherweise die
EG an erster Stelle zu nennen. In der Sicherheitspolitik, in der
Außenpolitik stehen die USA für mein Verständnis unzweifelhaft
an erster Stelle. Wie drückt sich das bei der Rangfolge unserer
Interessen aus? Man kann ja nicht sagen: Kanonen statt Butter,

die Sicherheitsfragen sind wichtiger für das Überleben der Völker; denn normalerweise sind die wirtschaftlichen Fragen wichtiger. Die Prioritäten hängen also davon ab, über welches Thema man redet.

Eine solche Rangliste bietet auf jeden Fall die Chance, unsere Grundvorstellungen zu klären. Stehen uns die Russen näher als die Polen? Oder liegt es umgekehrt? Welche Chancen sehen wir, daß sich die Sowjetunion aus dem Chaos herausarbeitet, in dem sie gegenwärtig steckt? Spielt es eine Rolle, ob wir uns an Konsolidierungsversuchen beteiligen, und welcher Art müßte unsere Mitwirkung sein, um Erfolge hinreichend sicher zu machen?

Ich will mit meiner eigenen Auffassung nicht hinter dem Berge bleiben: In unserer Ostpolitik der sechziger, siebziger, achtziger Jahre stand Moskau an erster Stelle. Hielt es nicht den Schlüssel zur DDR in der Hand? Eine neue deutsche Ostpolitik muß sich jetzt in erster Linie auf Polen, die Tschechoslowakei, Ungarn konzentrieren, diesen Ländern den Weg in die westlichen Vertragssysteme öffnen, sie dadurch zu festen Mitgliedern der westeuropäisch-atlantischen Welt machen. Diese Eingliederung ist eine überschaubare Aufgabe, der wir Deutschen uns widmen sollten. Wir sind berufen, in diesem Sinne der bescheidene Einiger Europas zu werden. Wo Europa östlich endet, sollten wir dabei weise der Zukunft überlassen.

Mit der Sowjetunion in ihrer heutigen, schwankenden, verschwimmenden Gestalt ist dagegen keine umfassende Zusammenarbeit denkbar. Bestenfalls wird es punktuell bei überschaubaren, konkreten, beiderseits nützlichen Vorhaben zu einer fruchtbaren Zusammenarbeit kommen – etwa einer Modernisierung der dortigen Eisenbahnen oder der Ölindustrien.

Falls die Meinung in Deutschland allerdings weiterhin dahin geht, die Sowjetunion und nicht Ostmitteleuropa für unseren eigentlichen Partner zu halten, sehen die Aussichten für Polen, die Tschechoslowakei, auch Ungarn entsprechend trübe aus. Ich würde das bedauern, aber die Auffassung ist sicher weit verbreitet: im Osten zählen nur die Russen!

SIEDLER Das stimmt ja auch. Der Osten bleibt für mich Rußland. Nicht nur Bulgarien und Rumänien, auch Ungarn, zum Teil

Polen, vor allem einige Nachfolgestaaten Jugoslawiens werden auf einige Jahre Explorationsfelder des Westens sein. Ich habe schon gesagt, daß ich gerade für Deutschland dort außerordentliche Möglichkeiten sehe. Wir werden sogar unverhofft die Chance erhalten, große Teile Osteuropas zu monopolisieren.

Aber sind alle diese Länder wirklich, gutgemeinte Bekundungen beiseite gelassen, Partner im Sinne des Gebens und Nehmens? Ich bin hartnäckig: Rußland wird auch in Zukunft unser wichtigster Partner im Osten sein, nicht Ungarn, nicht Jugoslawien, noch nicht einmal Polen.

BARING   Da haben wir den alten Gegensatz zwischen Russenfreunden und Polenfreunden! Osteuropa steht für viele bei uns – entgegen dem, was die osteuropäischen Völker hoffen, von uns erwarten – an letzter Stelle auf unserer eben genannten Prioritätenliste.

Eine verbreitete Neigung bei uns geht offenbar im Augenblick dahin, achselzuckend zu sagen: Die Rekonstruktion Osteuropas wollen wir mal lieber ganz den Menschen dort überlassen. Wir wünschen ihnen alles Gute, Vaclav Havel und Leuten seiner Art zumal, geben auch Ratschläge, hindern niemanden von uns, dort tätig zu werden, aber wir können uns nicht auf breiter Front überall aktiv engagieren, ganz unmöglich! Wir haben schon in der DDR entdeckt, wie schwierig alle Hilfe ist, welche Ressentiments sie auslöst. Das wäre in Böhmen oder Polen bestimmt nicht besser. Die sollen sich selbst helfen! Wir sehen zu, warten ab. Die entscheidende Frage bei dieser Reihenfolge bleibt nur: was passiert, wenn sich die Osteuropäer nicht selber helfen können, nicht allein auf die Beine kommen? Treffen dann die Folgen uns, und in welchem Ausmaße?

Wir haben in Ostmitteleuropa, denken viele Deutsche, kein eigenes, aktives Interesse. Die Länder dort brauchen den Westen, nicht der Westen sie. Osteuropa bietet wenig, was unseren Interessen entgegenkäme.

Fremdenverkehr? Auch er wird sich in Grenzen halten. Dorthin werden nur historisch und nostalgisch motivierte Reisende aufbrechen, die in Zahlen kaum ins Gewicht fallen. Billigtouristen bringen ebensowenig das große Geld.

SIEDLER Aber wirtschaftspolitisch? Ungeheure Exportmärkte tun sich auf, und die können uns Erdgas liefern, Erdöl,
Stahl, Kohle und Getreide.

BARING Es ist fraglich, ob es in Osteuropa »ungeheure
Exportmärkte« gibt. Man könnte sagen: Es gibt ungeheure
Bedürfnisse, Konsum-Bedürfnisse dort. Aber wir haben es mit
300 Millionen armer Menschen zu tun: also viel Bedarf, aber
keine Kaufkraft! Woher soll denn die erforderliche Kaufkraft
kommen? Was können diese Länder liefern, was hier nicht schon
im Überfluß vorhanden wäre? Bei der Lieferung von Rohstoffen
denkt man vor allem an die Russen. Getreide wohl kaum, das
müssen sie ja selbst einführen.
  Aber was unsere Exporte angeht, frage ich nochmals: Womit
wollen denn die Russen und andere Osteuropäer außer mit Rohstoffen bezahlen?

SIEDLER Sie haben recht, es sind zwar unsere traditionellen
Exportmärkte, aber ob es Handelspartner werden, scheint doch
fraglich. Nun beklagten Sie, daß Osteuropa zu Unrecht auf der
Prioritätenliste der Deutschen ganz unten stehe. Aber wo wäre
denn realistischerweise sein Platz? Vor Rußland? Die Sowjetunion (oder was von ihr übrig bleibt) ist ein wirklicher Partner,
nicht nur ein Absatzgebiet. Wir brauchen Erdöl. Außer der arabi-
schen Welt kann es – übrigens nur in Grenzen – einzig die
Sowjetunion liefern, denn die norwegischen und britischen
Quellen werden demnächst erschöpft sein. Wir sind wahrscheinlich in noch höherem Maße auf Erdgas angewiesen, und das
kann nur aus Sibirien kommen. Wir brauchen Edelmetalle, die
die Sowjetunion im Überfluß hat.
  Rußland bleibt auf unabsehbare Zeit der geborene Partner
Deutschlands und in gewissem Maße ganz Europas. Man darf
sich durch das gegenwärtige Debakel in der Sowjetunion den
Blick nicht trüben lassen. Die Länder Osteuropas, so sympathisch sie uns sind, bleiben demgegenüber vollkommen entbehr-
lich. Natürlich sind Warschau, Prag und Budapest Herzstädte
Europas, aber die Wirtschaft des Westens kommt sehr gut auch
ohne sie aus.

BARING Zumal wir eine wesentliche Veränderung der Situation nach 1945 bisher noch nicht erwähnt haben, die aber sehr zur Beruhigung unserer früheren Ängste beigetragen hat: Nach dem Zweiten Weltkrieg hatte Deutschland endlich Zugang zu den Weltmärkten. Das war früher nicht der Fall, weil uns die damaligen Weltmächte, vor allem also Frankreich und England, die große Kolonialgebiete und Einflußzonen besaßen, dort ausgesperrt hatten. Insofern ist der Kampf um Absatzmärkte in Osteuropa für uns nicht mehr von so entscheidender Bedeutung, wie das früher der Fall gewesen wäre.

German decline?

RUMBERG Im Gegenteil, wenn wir uns tatsächlich auf Osteuropa konzentrieren würden, hätte das ja möglicherweise fatale Folgen für unsere internationale Wettbewerbsfähigkeit im Bereich der zukünftigen Schlüsselindustrien.

BARING Genau. Wenn wir uns vom Jammergeschrei und Notgeheul der Osteuropäer erweichen lassen und sagen: In der Tat, wir müssen die Herstellung lebensfähiger Volkswirtschaften dort vorrangig als unser zentrales Anliegen behandeln, dann laufen wir große Gefahr, unsere eigentliche Hauptaufgabe zu versäumen, nämlich die Sicherung der Zukunft einer leistungsfähigen Industriegesellschaft mit neuen Branchen, die auf der Höhe der Zeit sind.

Es gibt ernstzunehmende Stimmen im Lande, die der Meinung sind, wir seien heute in der gleichen Lage wie England um 1890. Damals habe das Weltreich England auf dem Höhepunkt seiner Macht gestanden, sei unbestritten die Nummer eins in der Welt gewesen. Indessen habe sich gleichzeitig bereits der Niedergang Großbritanniens abgezeichnet, weil die Engländer auf den damals modernsten Gebieten – der Chemie-Industrie, der Elektroindustrie, bei den Verbrennungsmotoren – abgehängt wurden, einfach nicht mehr mitziehen konnten. Ihnen fiel ja insgesamt der Übergang von der eher experimentellen ersten Phase der industriellen Revolution zur modernen Großindustrie der zweiten Phase schwer. Und genau vor dieser Gefahr, den Anschluß zu verpassen (sagt zum Beispiel Konrad Seitz, der Chef des Planungsstabes im Auswärtigen Amt unter Genscher), stehen wir Deutschen jetzt, weil wir in den wirklich zukunftsweisenden Industriezweigen sehr weit zurück sind und unsere wirtschaftliche Hauptstärke gegenwärtig noch immer auf Industriezweigen beruht, die das 20. und nicht das 21. Jahrhundert prägen. Die Folgen unseres Hinterherhinkens werden sich freilich nicht sofort, sondern – das lehrt der Vergleich mit Großbritannien – erst nach Jahren und Jahrzehnten zeigen.

Wir können jedenfalls künftig nicht weiterhin auf die Kohle- und Stahlindustrie, auch nicht auf stahlverarbeitende Industrien wie den Maschinenbau oder die Automobilherstellung setzen – das waren die Industrien des deutschen Wirtschaftswunders. Doch jetzt, am Ende unseres Jahrtausends, bricht ein ganz neues Zeitalter an, das von anderen Schlüsseltechnologien dominiert werden wird.

Da ist einmal die Informationstechnik. Bis heute sind erst knapp ein Sechstel aller Möglichkeiten der Mikro-Elektronik ausgeschöpft. Dann gibt es die Biotechnik. Maßgefertigte Bakterien werden in Zukunft unsere Gewässer reinhalten, um nur ein Beispiel zu nennen. Von kaum vorstellbarer wirtschaftlicher Bedeutung werden die neuen Werkstoffe sein, durch die elektrischer Strom ohne Widerstand fließen kann.

Weiterhin müssen neue Energien entwickelt und genutzt werden. Denn sowohl mit den fossilen Brennstoffen als auch mit der Kernenergie landen wir in der ökologischen Katastrophe. Es ist eine viel zu selten erwähnte Tatsache, daß mit den neuen Technologien zum Beispiel eine drastische Senkung des Energieverbrauchs einhergeht, so daß trotz des weltweiten Wachstums von Industriegesellschaften künftig die Ressourcen sparsamer und die Umwelt schonender behandelt werden können. Die Umweltkrise ist eine Krise des gegenwärtigen Industriezeitalters; das hochtechnologische Zeitalter weist den Weg aus dieser Krise; grünes Bewußtsein und technischer Fortschritt lassen sich künftig versöhnen.

Schließlich muß man damit rechnen, daß sich ein Teil unseres Lebens mit Raumlabors und Energiesatelliten von der Erde in den Weltraum verlagert. Vielleicht wird es schon bald permanent bemannte Stationen auf Mond und Mars geben. Doch in einer Kultur der Nostalgie, des Technikpessimismus und der Angst läßt sich diese Zukunft nicht als Aufgabe begreifen und gestalten. Konrad Seitz hat in seinem höchst bemerkenswerten, wirklich wichtigen Buch *Die japanisch-amerikanische Herausforderung* unsere Blindheit und unseren Kleinmut angeprangert.

Wenn wir nämlich den DDR-Deutschen, den Osteuropäern helfen und auch das bedrohliche Nord-Süd-Gefälle ausgleichen wollen, dann müssen wir, das ist wirklich die unerläßliche Voraussetzung, selber stark, also wirtschaftlich leistungsfähig bleiben. Wir, das heißt Deutschland, aber natürlich auch die Europäische Gemeinschaft. Denn die Supermächte des 21. Jahrhunderts werden ihre Macht nicht mehr auf das Militär stützen, sondern auf die Wirtschaft, auf die neuen Hochtechnologien.

Da europäische Firmen oft mit amerikanischen, mehr noch mit japanischen Firmen nicht mehr konkurrieren können, droht ein Verdrängungswettbewerb. Er ist in vollem Gange, hat die Härte früherer Kriege. Die europäischen Hochtechnologiemärkte werden nach und nach von Tochterfirmen globaler amerikanischer und japanischer Unternehmen geschluckt. Europa verkommt, wenn es so weiter geht, zu einer Kolonie, und das hätte für unsere labilen Verhältnisse natürlich verheerende Folgen.

RUMBERG   Das kann man aber doch heute in Deutschland kaum laut sagen, ohne als defätistischer Spinner verlacht zu werden.

BARING   Wenn man im Augenblick solche Sorgen äußert, trifft man auf völlige Verständnislosigkeit. Überall herrscht die Gewißheit, Europa meistere sein Schicksal und werde wieder Einfluß in der Welt gewinnen. Das ist aber überhaupt nicht sicher. Es kommt alles darauf an, daß wir ganz rasch die richtigen Weichen stellen, um im Wettlauf mit Japan und den USA zu bestehen. Das ist unsere wichtigste Herausforderung. Wir müssen die Europäische Gemeinschaft zum dynamischen Kern eines europäischen Großraums von 700 Millionen Menschen werden lassen, müssen verhindern, daß Amerika sich einseitig zum Pazifik wendet. Wir müssen gemeinsam mit den USA einen nordatlantischen Kooperationsraum als Gegengewicht zum pazifischen Wirtschaftsraum schaffen. Nur so kann auf lange Sicht auch den unterentwickelten osteuropäischen Staaten geholfen werden.

Das eilt alles sehr, während sich die Westeuropäer gemütlich zurückzulehnen gedenken. Sie wollen nicht sehen, wie weit sie bereits zurückgefallen sind. Der zentrale Grund für ihre Blindheit ist der Rückstand unseres Bewußtseins. Konrad Seitz erinnerte in einem Interview mit der *Wirtschaftswoche* Mitte April daran, daß zu Beginn der siebziger Jahre, als Amerikaner und Japaner bereits die Informationsgesellschaft ausgerufen hatten, in Deutschland noch das Buch von Wilhelm Fucks Bestseller war, der die Stahl- und Energieproduktion für die ausschlaggebenden Faktoren der künftigen Macht von Staaten gehalten habe. »Hätte er recht gehabt, wäre heute die Sowjetunion die Wirtschaftsmacht Nummer eins.«

Statt dessen ist jetzt Japan am Zuge, und wie. Das globale Gleichgewicht der Kräfte ist in Gefahr, und es verschiebt sich nicht zu unseren Gunsten. »Solange wir Dinge haben, die der andere von uns braucht und nur von uns bekommen kann, wird er seinerseits auch uns die neuesten Dinge geben. Die Kernfrage ist: einseitige oder gegenseitige Abhängigkeit? Es ist klar, daß wir nicht in allen Hochtechnologien an der Spitze sein können. Aber wir müssen es in einigen Bereichen sein, dann ist die Welt in Ordnung, dann sind wir fähig zu gleichberechtigter Kooperation. Die Europäer aber haben, mit Ausnahme von Frankreich, keine Ahnung, was auf dem Spiel steht, und sie haben keine gemeinsame Strategie.«

Früher seien Kriege geführt worden um Territorien. Das sei längst vorbei. Heute gehe es um Märkte. Wer Schlüsseltechnologien monopolisieren könne, brauche keine kolonialen Eroberungen. Es sei sozusagen eine moderne Art des Krieges, die sich im Norden abspiele, in der Hochtechnologie-Triade Nordamerika, Europa, Japan.

Im Süden herrschten dagegen noch die Vorstellungen des 19. Jahrhunderts. Saddam Hussein habe Territorien und Ölquellen erobern wollen.

RUMBERG   Und wo ist der Ausweg? Wie können wir unseren
Rückstand gegenüber Japan aufholen?

BARING   Seitz sagt: Konsequent von den Japanern lernen! Ihre
geradezu symbiotische Zusammenarbeit von Managern und
Beamten kopieren!»Wir brauchen für die Hochtechnologie eine
Industriepolitik japanischen Stils, die zwei normalerweise im
Konflikt stehende Aufgaben miteinander vereint: Wettbewerb
und staatliche Industrieförderung. Es ist zugleich eine Industriepolitik, die konsequent auf die neuen Industrien setzt und nicht,
wie die jetzige, alte Industrien mit Subventionen am Leben hält.
Erhard würde sich ja im Grabe umdrehen, wenn er sähe, was wir
aus seiner Marktwirtschaft gemacht haben.«

Wenn man dies alles bedenkt, wird klar, daß die Deutschen
nicht nur im Bereich des Militärischen und Strategischen und auf
dem Gebiet der Außenpolitik eingeschlafen sind, sondern auch
auf dem Felde, auf dem sie sich für besonders leistungsfähig halten: dem der Wirtschaft. Deutschland ein ökonomischer Riese?
Bald wird es heißen: Das war einmal.

Zugleich wird klar: wir werden durch die deutsche Vereinigung nicht unbedingt stärker. Sie beschäftigt uns allzusehr, fes-
selt übermäßig unsere Aufmerksamkeit – ohne daß dabei viel
herauskäme. Wir lamentieren viel zu viel über all das schöne
Geld, das in die neuen Bundesländer fließt. Zumindest lamentieren wir aus den falschen Gründen. Es müßte uns Sorgen machen,
daß all dies Geld nicht in die Hochtechnologie-Forschung
gesteckt, sondern weithin unproduktiv verwandt wird: Zwei
Drittel der Gelder für die ehemalige DDR gehen in den Konsum.
Wir finanzieren gegenwärtig eine reine Verbrauchskonjunktur,
die in dem Augenblick zusammenbrechen wird, in dem der von
West nach Ost fließende Milliardenstrom spürbar gedrosselt
werden muß, weil beim besten Willen keine weiteren Mittel in
den öffentlichen Kassen vorhanden sind.

Indem wir uns gedanklich fast ausschließlich unproduktiv mit
dem DDR-Erbe beschäftigen, widmen wir längst nicht genug
Aufmerksamkeit der langfristig viel wichtigeren Herausforderung, bei der dritten industriellen Revolution mitzuhalten. Wir
stecken enorme Summen in die Sanierung der früheren DDR, die
an sich in neue Hochtechnologien investiert werden müßten.

Unsere Politik müßte unbedingt dafür sorgen, beide Aufgaben gleichzeitig anzupacken; die Kraft dazu hätten wir. Man muß sie nur mobilisieren. Noch auf eine zweite Weise verstellt uns aber die Wiedervereinigung den Blick auf zentrale Zusammenhänge. Um nochmals Konrad Seitz zu zitieren: »Die Nachfrage aus den neuen Bundesländern erzeugt in Westdeutschland ein hohes Wirtschaftswachstum. Inmitten des Booms merken wir nicht, daß einige Unternehmen – unsere Halbleiter- und Computerunternehmen – wachsende Verluste machen und von Untergang oder Übernahme durch die Japaner und Amerikaner bedroht sind. Während in unserem Bewußtsein nur Deutschland und allenfalls noch Europa und der Golf existieren, monopolisieren die Japaner in einer lautlosen Schlacht auf den Weltmärkten die Schlüsseltechnologien des 21. Jahrhunderts.« Wenn wir uns weiter bei solchen Diagnosen taub stellen, wenn trotz aller Warnungen nichts bei uns geschieht: dann Gute Nacht.

Die Geschichte gehört nicht den Historikern

RUMBERG   Ich würde gerne noch einmal zu einem ganz anderen Punkt zurückkommen, der im Hinblick auf das Beispiel Großbritannien auch mit dem eben Gesagten zu tun hat, auf die Frage des Lernens aus der Geschichte. Nicht nach der Kochrezept-Art, aber doch vielleicht im Hinblick auf Beispiele, auf Analogieschlüsse. Sie haben Bismarck und Stresemann erwähnt, auf die man noch näher eingehen müßte, und es fallen uns vielleicht noch mehr Themen aus der deutschen Geschichte ein, die für die Selbstdefinition der heutigen Deutschen, die heutige deutsche Rolle in Europa und der Welt, nützlich sein könnten. Unser Geschichtsbewußtsein, wenn man diesen Begriff verwenden will, darf sich ja eben nicht – das haben wir mehrfach betont – auf Auschwitz beschränken, sondern es gibt sehr viel weiter zurückgreifende Traditionslinien, die wir uns bewußt machen müssen.

BARING   Wer sich professionell mit Geschichte befaßt, glaubt leicht, er sei damit zu ihrem amtlichen Verwalter bestellt, und wenn er dann als Treuhänder etwas geklärt und entschieden hätte, sei es damit auch im Bewußtsein des Landes fest verankert. Da wir viele Historiker in Deutschland haben, müßten die Dinge – die historischen Kenntnisse, das historische Bewußtsein – zum Besten stehen.

Das ist aber nicht der Fall. Die Mehrheit unserer Landsleute lebt ohne rechte Ahnung vergangener Zeiten. Man sollte denken, daß sich unsere Mitbürger einen Reim auf die deutsche Gegenwart, die Zukunft und damit notwendigerweise auch auf die deutsche Vergangenheit machen. Diese Orientierung fehlt indessen weithin völlig.

Unsere Geschichte ist in dem großen schwarzen Loch verschwunden, das Drittes Reich heißt. Diese furchtbare, im Grunde unbegreifliche Erfahrung hat uns jede Freude an deutscher Vergangenheit ausgetrieben, welcher Zeiten auch immer. »Das Beste, was wir von der Geschichte haben«, sagt Goethe irgendwo, »ist der Enthusiasmus, den sie erregt.« Von diesem Enthusiasmus sind wir wirklich himmelweit entfernt. Wir schämen uns, zu einem Volk zu gehören, in dem »das« möglich war, auch wenn wir inzwischen überwiegend aus Generationen stammen, die keine Zeitgenossen der Verbrechen waren. Im Bewußtsein hat nachträglich eine Totalisierung des Nationalsozialismus stattgefunden, nachträglich, daher in jüngeren Generationen spürbarer als bei den Älteren, den inzwischen Alten: alles gehörte zu ihm, führte zu ihm hin; er hat alles entwertet.

Alle Gedenktage zum Beispiel werden bei uns als Pflichtübung erlebt. Wenn Sie fragen: Wen haben wir denn gerade auf der Briefmarke gehabt, und warum, dann kann Ihnen kein Mensch eine vernünftige Antwort geben, und falls er eine Antwort geben kann, weil er zufälligerweise gelesen hat, welcher Mensch das war, kann er nicht erklären, warum wir den nun gerade feiern. Unsere Vergangenheit spielt sich nur in einigen deutschen Feuilletons ab, aber auch dort nur in ganz wenigen Köpfen, überdies nur fragmentarisch, meist kulturgeschichtlich, und schon die Kollegen lesen das nicht. Im Lande selbst wird Vergangenheit aller Art bestenfalls als eine Form sporadischer Unterhaltung aufgefaßt, aber nicht als etwas von essentieller Wichtigkeit, das mit dem Leser ernsthaft zu tun hätte, sein Bemühen voraussetzte und unterstützte, sich selbst mehr und mehr, auf eine ganz persönliche Weise, als ein Deutscher zu empfinden, der die Lehren der berühmten, berüchtigten zwölf Jahre beherzigt, aber gleichzeitig in anderen, helleren Phasen unserer Vergangenheit erfreuliche, erhebende, vorbildliche Anknüpfungspunkte deutscher Identifikation und Weiterentwicklung findet.

Zu den zwölf Jahren kommen jetzt aus der früheren DDR noch weitere vierzig, fünfundvierzig Jahre mißglückter Vergangenheit hinzu. Mit ihnen werden wir uns leichter tun, weil die DDR ein sowjetisches Erzeugnis war und immer blieb; ihr Anfang wie ihr Ende erlauben keinen Zweifel. Sie gehört in die sowjetische, die russische Bilanz seit 1917, sind doch die Russen, wie vor ihnen die Deutschen, das zweite große europäische Volk – schrieb François Furet Anfang des Jahres – »das unfähig war, seinem 20. Jahrundert einen Sinn zu verleihen«.

Da wir gerade noch einmal bei der DDR sind: lassen Sie mich kurz einen Gedanken ausspinnen, der mit dem Eingeständnis meiner eigenen Torheit beginnt. Im Augenblick erlebe ich viele Landsleute, meist westliche natürlich, die genau gewußt haben, daß die Wiedervereinigung kommen würde. Ich habe nicht zu ihnen gehört. Ich war einer von denen, die glaubten, es werde sehr viel länger dauern, vielleicht sogar immer bei zwei Staaten bleiben, die Doppelstaatlichkeit unter den Bedingungen einer zunehmenden Liberalisierung im Osten auch von den beteiligten Bevölkerungen als Dauerlösung hingenommen, mehr und mehr akzeptiert werden. Mir schwebte zeitweilig das Modell eines neuen Deutschen Bundes vor, der die Bundesrepublik, die DDR und Österreich einschließen sollte. Ich hatte beobachtet, daß es zwischen Ost-Berlin und Wien eine sehr entspannte, intensive Zusammenarbeit gab und man in Wien, jedenfalls in den Zeiten von Kreisky, gelegentlich der Meinung war, eine auf Wien konzentrierte Einigung der drei deutschen Staaten ins Auge fassen zu sollen. Natürlich nicht sofort, erst nach weiteren Jahren, wenn nicht Jahrzehnten.

Nehmen wir jetzt mal an, ganz theoretisch, völlig hypothetisch, die deutsche Vereinigung mißlingt. Das ist durchaus möglich. Es kann sein, daß die soziale Enttäuschung der Ostdeutschen wie der finanzielle Verdruß der Westdeutschen sich gegenseitig so steigern, daß man von einer schweren Dauerkrise spre-

chen muß. Ich halte es für sehr, sehr unwahrscheinlich, aber nicht
für völlig ausgeschlossen, daß ein Großteil der DDR-Bevölkerung in einer solchen Lage eines Tages sagt: Wir wollen natürlich
nicht die Honecker-DDR wiederhaben, aber wir wollen – die
Mauer von unten wächst ja permanent – uns eigenstaatlich nach
unseren eigenen Kriterien neu organisieren und nicht diese ewig
bemitleideten, ja verachteten Verwandten unsympathischer
Neureicher bleiben. Ein mentaler Separatismus der neuen Bundesländer ist nicht undenkbar.

SIEDLER   Aber es muß jemand da sein, der ihnen zig Milliarden
pro Jahr gibt. Rußland tut es nicht mehr, Westdeutschland will es
dann nicht mehr und die EG sowieso nicht.

BARING   Wie auch immer. Ich erörtere das alles ja nur ganz
hypothetisch, will auf etwas anderes hinaus. Ich meine, die Frage
wäre dann: Was lehrt uns eigentlich die deutsche Vergangenheit
für einen solchen Fall? Seit den siebziger Jahren waren viele der
Meinung, das Reich von 1871 sei doch von Anfang an eine Fehl-
konstruktion gewesen. Dafür gab es auch gute Argumente. Das
legte und legt die Frage nahe: Müssen wir wirklich immer auf das
Bismarck-Reich blicken, an das jetzt viele anknüpfen – ich auch?
Was hatten wir eigentlich vorher, was ist eigentlich der Deutsche
Bund gewesen, was hat man in der Zeit vor Gründung des Bis-
marck-Reiches an alternativen Lösungen erwogen? Da fällt
sofort der Name von Konstantin Frantz, der einen wirklichen
Deutschen Bund, ein organisch-genossenschaftliches, föderati-
ves Gebilde forderte, weil die deutsche Nation kein einheitliches
Wesen habe, sondern ein Volk von Völkern sei. Die Bayern und
Niedersachsen, schrieb er, seien andere Leute als die Franken
und Schwaben; noch ganz andere seien die Brandenburger und
Pommern. Wolle man sie alle in einen Topf tun, könne das niemals gut gehen. Mit anderen Worten: Wenn man in der DDR
eines Tages tief enttäuscht wäre über die gesamtdeutsche Entwicklung, müßte man überlegen: Gibt es eigentlich andere
Lösungen?
    Auch wenn ich selbst nicht glaube, wie ich eben schon gesagt
habe, daß es zu dieser neuen Teilung kommt, die dann ja auf dem

freien Willen der DDR-Deutschen beruhen würde, wäre es nicht
ganz unnütz, sich alternative Entwicklungen ab und an vor
Augen zu halten. In der DDR, um zu testen, was von der jetzt
nicht selten gehörten Behauptung wirklich zu halten ist, man sei
zu Honeckers Zeiten doch besser dran gewesen als heute. Zu
Ende gedacht, müßte das auf den Versuch einer Umgründung
hinauslaufen, also vielleicht auf das, was die Veranstalter des
4. November 1989 auf dem Berliner Alexanderplatz angestrebt
haben: einen Staat, in dem der wahre, humane Sozialismus eine
Heimstatt findet. Für mich eine Schimäre, aber um meine Einschätzung geht es nicht; ich war nie DDR-Bürger, nie ein Sozia-
list. Und es sind ja viele Tönungen eines Sonderbewußtseins,
einer separaten Entwicklung vorstellbar.

Auch in der alten Bundesrepublik könnte die Hypothese einer
irgendwie gearteten DDR-Neugründung hilfreich, nämlich ent-
lastend wirken angesichts steigenden Ärgers bei gleichzeitig
zunehmender Ratlosigkeit. Es könnte für die ehemaligen DDR-
Bewohner unter Umständen eine wichtige Lehre sein, wenn sie
irgendwann mit dem Ende westdeutscher Geduld rechnen müßten. Sie fühlen sich in all ihrer Unsicherheit einer Sache allzu
sicher: daß wir Westdeutschen für sie zuständig sind. Da wäre es
gut, trüge zum Frieden zwischen den Deutschen bei, wenn sie
einkalkulierten: vielleicht ermannen sich die Westdeutschen
eines schönen Tages und teilen uns mit: Wenn vielen von euch
das alles so wenig gefällt, wenn ihr weder zu arbeiten noch etwas
dazuzulernen bereit seid, sondern nur Forderungen stellt, schla-
gen wir euch vor, wir setzen euch raus. Wir ändern die Verfassung, ihr werdet frei und könnt euren Kram künftig alleine
machen!

RUMBERG   Worauf wollen Sie denn mit diesem abenteuerlichen Gedankenexperiment hinaus?

BARING   Es gibt geschichtlich, nur das will ich damit verdeutlichen, nichts Zwangsläufiges, sondern es sind immer alternative
Möglichkeiten vorhanden. Wenn man in der Geschichte zu
Hause ist, heißt das einfach, sich verschiedene Entwicklungen
vorstellen zu können. Unsere historische Kenntnis ist zu gering,

deshalb unsere Phantasie zu begrenzt. Jahrzehntelang glaubte alle Welt, es bleibe unendlich lange so, wie es sei, und dann plötzlich glauben alle, es habe so kommen müssen, wie es kam. Wieso denn? Es war nur eine ganz kurze Zeit lang möglich, Deutschland unter akzeptablen Bedingungen zusammenzuleimen, und es kann auch ganz verschieden weitergehen.

Ich glaube, daß insofern eine größere Kenntnis unserer Geschichte unsere Phantasie auf konstruktive Weise beflügeln würde, ganz bestimmt. Sie würde uns nicht einengen, fesseln, auf schlimme Traditionen festnageln, wie manch einer zu fürchten scheint – ganz im Gegenteil: sie würde uns befreien. Wir würden sehen, unter welchen Voraussetzungen etwas geschah, was unter anderen Voraussetzungen undenkbar ist. Die Perspektivenverengung der Bundesrepublik bestand darin, daß man sich aufgrund der Tatsache, daß nichts aus der Zeit des Reiches und der Zeit davor mehr brauchbar schien, jeder historisch verankerten Eigendefinition entzog. Man konnte sich nichts anderes mehr vorstellen als das, was als bloßes Trümmerstück des Alten der durchaus begrüßenswerten Westintegration anheimgegeben wurde.

Die Bundesrepublik: eine Synthese aus Bismarcks Reich und Adenauers Rheinbund

RUMBERG   Sie haben eben behauptet, daß wir immer auf das Bismarck-Reich blickten, und hinzugefügt, daß wir jetzt an dieses Reich anknüpften. Viele meiner Altersgenossen sehen weder das eine noch das andere: auch nach der Wiedervereinigung denken sie nie an das Deutschland von 1871, das für sie genauso graue Vorzeit ist wie der Dreißigjährige Krieg, das Reich Karls des Großen oder Hannibals Alpenzug. Und noch weniger verbindet sie mit Bismarck, wenn sie an unser heutiges Deutschland denken. Für uns nach dem Mauerbau Geborene war die Teilung selbstverständlich, keiner hatte Deutschland anders erlebt. Die Bundesrepublik, die 1949 in Bonn gegründet wurde, empfanden wir als die deutsche Normalität, eine neue Normalität in unserer Geschichte.

BARING Ich sehe das ganz anders, und ich wage zu prophe-
zeien, daß sich meine Sicht in den kommenden Jahrzehnten
mehr und mehr in Deutschland durchsetzen wird – in Bayern,
aus dem Sie, Dirk, stammen, sicher ganz zuletzt. Das Ausland
sieht überwiegend schon heute die deutsche Staatskontinuität
als etwas Selbstverständliches an, kann sich eine andere Interpre-
tation der Entwicklung kaum vorstellen, schüttelt über unser
Zögern erstaunt die Köpfe, kann die unglaublichen Schwierigkeiten, die uns die Frage des Regierungssitzes gemacht hat und
weiter macht, gar nicht verstehen.

Im Ausland hat man sofort nach der Maueröffnung begriffen:
Wir erleben jetzt die Wiederkehr Deutschlands. Es kehrt zurück
auf seinen angestammten Platz in Europas Mitte. Es heißt nicht
mehr Reich, und das ist gut so; denn dieser antiquierte mittelal-
terliche Name hat den Deutschen lange den Kopf verdreht, zu
ihrem und unserem Schaden. Es ist auch in wesentlichen Cha-
rakterzügen nicht mehr jenes Deutschland, das wir vor 1945
kannten. Aber es ist, alles in allem, natürlich Deutschland, unver-
kennbar.

Über alle Brüche und Wandlungen hinweg, die das Land erlebt
hat, fällt eindrucksvoll die Kontinuität von Staat und Gesellschaft ins Auge. Das Völkerrecht, seinerzeit oft als weltfremd
belächelt, hat mit großer Einmütigkeit schon in den ersten Jahrzehnten nach 1945 die Bundesrepublik Deutschland juristisch
für identisch mit dem Deutschen Reich erklärt. Die DDR war in
dieser Sicht schon damals nur eine vorübergehende Sezession,
die Abspaltung eines Landesteils, der Bonner Staat hingegen,
entgegen dem Augenschein, rechtlich das Reich. Jeder Blick auf
die Landkarte seit 1990 zeigt sofort, daß wir Deutschen wieder in
den Grenzen des Bismarckreiches leben, freilich verkürzt um
jenes reichliche Viertel des Landes, das 1945 polnisch geworden
ist, verkürzt natürlich erst recht und schon lange um das Reichs-
land Elsaß-Lothringen. Nicht nur geographisch, auch rechtlich,
institutionell, gesellschaftlich, politisch ruht die Gesamtverfas-
sung des heutigen Deutschland noch immer auf vielen der Fundamente, die in der Ära Bismarcks vor 120 Jahren gelegt wurden.

Freilich wurde der Staats- und Gesellschaftsbau durch die vier
Jahrzehnte nach 1949 ganz wesentlich modifiziert; völlig neue

Flügel kamen hinzu, anderes wurde umgebaut oder abgerissen. Durch das zeitweilige, bedrohliche Vordringen der Russen bis in die Mitte Deutschlands ergab sich der Zwang für den verbleibenden Rest, festen Rückhalt, verläßliche Freunde im Westen zu suchen, um die eigene Freiheit zu retten. Durch Adenauers erfolgreiche Integrationspolitik ist Deutschland energisch nach Westen verlagert, in allen Lebensbereichen tiefgreifend verwestlicht worden. Das Symbol dieser Umorientierung war – oder wurde, richtiger gesagt, 1990 – Bonn, diese bescheidene Universitätsstadt an den Ufern des Rheins, und das Zögern, den Regierungssitz nach Berlin zurückzuverlegen, entsprang bei manchen nachdenklichen, sorgenvollen Zeitgenossen wesentlich der Befürchtung, ein von der alten Reichshauptstadt her regiertes Deutschland könnte weniger westlich, international weniger vertrauenswürdig wirken als der bisherige Bonner Staat.

Das heutige Deutschland ist eine geglückte Synthese aus Bismarcks Reich und Adenauers Rheinbund. Anders gesagt: Wir leben noch immer im Deutschland Bismarcks, aber in der weltoffenen, republikanischen Form, die ihm die Ära Adenauer gegeben hat.

RUMBERG   Wie werden wir uns denn in Zukunft praktisch verhalten in diesem neuen – oder alten – Deutschland? Was müssen wir tun, was sollten wir nicht tun, was ist nötig und was ist realistisch möglich?

Mit unserem heutigen Ideenhaushalt werden wir nicht zurechtkommen

BARING   Tja, mit dem Wort »realistisch« wird bei uns natürlich alles weggebügelt, was den Leuten in ihrer Bequemlichkeit gegen den Strich geht. Realistisch ist, was Menschen für real im Sinne von notwendig und gleichzeitig auch machbar halten. Und das ist, wie die Geschichte aller Völker lehrt, eine von Fall zu Fall sehr variable Größe. Wenn ich Studenten auf den Unterschied der Zeiten, der Wertungen hinweisen möchte, dann sage ich, daß mir und meinen Klassenkameraden, zehnjährigen Kindern damals Anfang der vierziger Jahre, die »Größe des Reiches wichtig« war. Denn ich weiß, daß die Heutigen Worte wie »Größe« und »Reich« als Provokation empfinden, ihnen keine Bedeutung mehr zumessen. Ich will damit Nachdenklichkeit erreichen, eine Sensibilität für die Zeitgebundenheit dessen, was einer Gesellschaft am Herzen liegt. Funktioniert jedesmal. Immer neu erstaunt sagen die Studenten: wie können Menschen, wie kann eine Zeit, eine Gesellschaft so borniert gewesen sein, dergleichen für Werte zu halten, für die zu leben, ja zu sterben sich lohnt?

Ich bin nicht für die Wiederbelebung des Reiches und würde auch nicht mehr das Wort »Größe« im Blick auf Deutschland verwenden. Ich will nur sagen, daß zeitlich nahe aufeinanderfolgende Generationen Deutscher in unserem Jahrhundert ganz unterschiedliche Dinge für maßgeblich gehalten haben.

Ernst Nolte hat in jenem kurzen Text, der Anfang Juni 1986 in der *Frankfurter Allgemeinen* erschien und wegen einiger mißverständlicher, auch unglücklicher Wendungen langen Ärger auslöste, der als »Historikerstreit« oder richtiger, wie Imanuel Geiss gemeint hat, als »Habermas-Kontroverse« unrühmlich in die Geschichte eingehen wird, eingangs sehr klar dargelegt, wie ich immer noch finde, weshalb eine Phase, die so kurz zurückliegt, daß alle Älteren unter uns sie noch am eigenen Leibe erlebt haben, heute völlig unverständlich erscheint.

Die Erklärung ist einfach. Viele zentrale Wertungen haben sich ins glatte Gegenteil verschoben: Je mehr die Bundesrepublik zur Wohlstandsgesellschaft wurde, desto fremder mußte das Dritte Reich mit seiner Ideologie kriegerischer Opferbereitschaft wirken. Der Verherrlichung des Heldentodes, dem damaligen Totenkult, steht heute der allgemeine Gesinnungspazifismus gegenüber, dem Männlichkeitswahn des Nationalsozialismus jetzt der Feminismus. Hitlers Weltherrschaftsanspruch mußte auf Spätere um so seltsamer wirken, je deutlicher wurde, daß die Bundesrepublik allenfalls die Rolle eines Staates mittlerer Größenordnung spielen konnte. Damals gab es die ungeheuerliche Endlösung, heute zählt sich die Bundesrepublik zur Vorhut der humanitär gesinnten Länder.

Warum erwähne ich das alles hier noch einmal? Natürlich wird niemand zu den extremen Grundeinstellungen der NS-Zeit zurück wollen. Das versteht sich von selbst. Darum geht es auch gar nicht. Ebenso offensichtlich wird jedoch heute, daß unsere jetzige intellektuelle und moralische Ausstattung nicht für die nächste Phase unserer Geschichte reicht. Die zwölf Jahre, so schrecklich und folgenreich sie waren, sind nicht unsere ganze Geschichte. Wir haben uns nach 1945 zu einseitig neu orientiert, haben einfach das Gegenteil dessen, was vorher galt, für richtig gehalten. So einfach liegt es aber nicht. Wir haben unsere Lektion vielleicht zu gut gelernt – und sie damit sicherlich mißverstanden. Es ist 1945 mehr vom Wagen gefallen, als uns gut tut. Einiges muß aufgehoben und noch einmal sorgfältig bedacht werden. Nur ein Beispiel: Ich las neulich in einer Zeitung die Überschrift: »Zurück zur Würde des Dienens«. Der Ton hat mich getroffen, mir sofort eingeleuchtet. Solche Worte und Gedanken sind jetzt fällig.

Übrigens Würde. Zu diesem so altmodisch wirkenden Begriff wäre zu fragen: Fehlt uns nicht heute überall der Sinn für die angemessene, stilsichere Selbstdarstellung unseres Gemeinwesens, eben das Gespür für die Erfordernisse schlichter Würde, würdiger Schlichtheit der Repräsentanz des Staates, wie sie Preußen in seinen besten Zeiten auszeichnete? Die Potsdamer Doppelgrablegung der beiden Hohenzollern-Könige war insofern erneut eine jener verpaßten Gelegenheiten, an denen unsere neueste Geschichte so reich ist: mit uns selbst ins Reine zu kommen. Die öffentliche Debatte war doch auf weite Strecken absurd. Dabei hätte gerade die Teilnahme Helmut Kohls der Beweis dafür sein können, daß wir Heutigen unseren Frieden mit diesen längst vergangenen Zeiten gemacht haben. Denn ging es beim 17. August 1991 je um den Versuch, bei dieser Gelegenheit Preußen zu rehabilitieren, zu verherrlichen, gar seine Auferstehung vorzubereiten? Solche Befürchtungen waren von Anfang bis Ende absurd. Worum ging es wirklich? Zwei sehr verschiedene, in vielem gegensätzliche Könige, mit großen Stärken und Schwächen, der Jüngere zweifellos genial, bei aller Umstrittenheit seiner Gaben und Taten eine Gestalt von nationalem, ja europäischem Rang, sollten, nun hoffentlich entgültig, in Potsdam ihre letzte Ruhe finden, wie Preußen auch, dieser seltsame, widersprüchliche, früh überanstrengte Staat.

RUMBERG   Aber sind solche Erwägungen wirklich zeitgemäß?
Wir hatten diese Frage vorhin schon einmal: wird ein solcher
Ton ein aufmerksames, aufnahmebereites Publikum finden?

BARING   Wir sind uns doch wohl darüber einig, daß wir mit
unseren heutigen Vorstellungen, Werten, Wünschen, Hoffnungen, die wir seit dem letzten Kriege entwickelt haben, nicht über
die nächsten Jahrzehnte hinwegkommen werden. Diese Gesellschaft wird zugrunde gehen, wenn sie sich auf den engen heutigen, wenn auch respektablen Kanon beschränkt. Die neue Situation ist dadurch gekennzeichnet, daß mehr Verantwortung,
mehr Aufgaben, mehr Pflichten – ja, Pflichten! – auf die Deutschen zukommen, und damit müssen sie sich endlich beschäftigen. Denn wenn sie sagen: Das lehnen wir alles ab, wir bleiben
gerne Zwerge, tief versteckt im dunklen Walde, wohlstandsgesi-
chert, weil das doch die einzig vernünftige und erfreuliche
Lebenshaltung ist, dann werden wir, Hedoniker, die wir geworden sind, in ein Fellachendasein absinken. Dann werden wir in
die Situation geraten, daß andere unser Schicksal entscheiden.
   Es geht nicht nur um Innenpolitik, geht wesentlich um
Außenpolitik. Weil Hitler alle ihre Grundregeln mißachtete,
haben wir sie einfach vergessen: Für einen Großteil unserer
Landsleute gibt es gar keine Außenpolitik mehr, sondern nur
noch Friedenspolitik – oder was sie dafür halten. Immer in dem
Bemühen, moralisch einwandfreie und zugleich praktische
Schlußfolgerungen aus dem Dritten Reich zu ziehen, haben wir
die Appeasement-Politik Großbritanniens in den dreißiger Jahren außerordentlich kritisch betrachtet. Wir haben oft gesagt:
Wie konnten die Engländer nur, obwohl sie sahen, daß da
jemand wie Hitler sich vorarbeitete, auf die Politik der Versöh-
nung und des Ausgleichs setzen, obwohl doch abzusehen war,
daß der Mann irgendwann geneigt sein würde, einen Krieg zu
entfesseln? Aber ich finde, daß das, was wir heute unter anderen
Vokabeln betreiben, im Grunde genommen und bei Lichte
betrachtet auch nur Appeasement ist. Denn auch wir glauben,
daß durch gutes Zureden, durch Kompromißgeneigtheit, jeder
Konflikt beizulegen ist. Diese Einstellung hat bis weit in den
Golfkrieg hinein die öffentliche Diskussion bei uns bestimmt.

206

Daß Krieg furchtbar ist, wird jeder zugeben. Dennoch kann er unvermeidlich sein. Was macht man, wenn man es mit einem Gegner zu tun hat, der aufs Ganze geht? Diese Frage gehört leider nicht für alle Zeiten der Vergangenheit an, wie viele glauben; sie kann immer wieder praktisch werden. Wenn man sie in vollem Ernst bedenkt, erfordert sie eine Antwort, die schicksalhaft ist: Überzeugungen und auch ganze Gesellschaften sind nur in dem Maße etwas wert, als man für sie zu kämpfen und auch zu sterben bereit ist, falls es notwendig werden sollte. Ich glaube, daß diese stille, ruhige Entschlossenheit die letzte Probe auf die Ernsthaftigkeit unserer eigenen Überzeugungen ist, die Probe auf unser Bekenntnis zu Freiheit, Bürgergesinnung und Verfassungstreue.

RUMBERG   Diese Entschlossenheit sehen Sie bei uns nicht?

BARING   Wir sind weit entfernt von diesem Ernst! Was mich seit längerer Zeit am meisten beunruhigt in politischen Diskussionen bei uns, ist der immer wiederkehrende Eindruck: Die Leute reden, und zwar auf den Straßen, in den Kneipen wie im Parlament, ohne das Gefühl zu vermitteln, irgend etwas sei ihnen wirklich ernst. Statt dessen: alles Theaterdonner, bloße Gesten, Redensarten. Man hat allzu häufig das Gefühl, wenn man ihnen zuhört: Wir können es so oder anders machen, wir können es auch bleiben lassen, was wir hier sagen, hat überhaupt keine Folgen, verpflichtet zu nichts. In solchen Momenten spürt man: Wir haben 1945 unsere Verantwortung für das eigene Schicksal abgegeben, abgeben müssen – und inzwischen haben wir völlig vergessen, daß es so etwas wie ein Verantwortungsgefühl für das Ganze überhaupt einmal gab.

Wie anders steht es damit doch in Ländern wie Israel oder Südafrika! Ich war geradezu ergriffen, als ich zum ersten Male in diesen beiden Ländern war. Ich will mich dabei gar nicht über deren Politik äußern, obwohl dazu natürlich viel zu sagen wäre. Mich hat in diesen Ländern der große Ernst meiner vielen Gesprächspartner bewegt. Bei allen Unterredungen, die man dort hatte, mit den unterschiedlichsten Leuten – und das gleiche gilt immer wieder auch in den USA und England –, fiel mir auf, daß sie viel verantwortungsbewußter argumentierten als wir. Bedächtiger, abwägender, ernster. Man spürte das Bewußtsein der Menschen dort: Wenn wir uns falsch verhalten, eine falsche Politik treiben, sind wir geliefert. Wir müssen mit unserem Leben, mit der Existenz unserer ganzen Gesellschaft für das einstehen, was wir hier sagen. Es hängt also etwas von unseren Worten ab, wir müssen die Verantwortung für unsere Worte und Taten tragen.

Damit gewinnt jede politische Debatte eine ganz andere Dimension, als ich sie von zu Hause gewohnt war. Man spürte: Die Menschen dort stehen hinter ihren Worten, während zu Hause die meisten nur gefällige, glatte Redensarten von sich geben. Sie klingen ganz gut, was man eben heute so sagt. Aber es steckt nichts, steht niemand dahinter.

Es ist ja keineswegs wahr, daß wir am Beginn einer überschaubaren Periode der Weltgeschichte stünden. Erst recht wäre es eine Illusion zu glauben, wir seien in einen paradiesischen Zustand der Welt eingetreten, in dem Krisen, Unruhen, Aufstände, Kriege undenkbar geworden seien. Ganz im Gegenteil, Erschütterungen aller Art werden aufgrund des demographischen Drucks, sozialer und wirtschaftlicher Notstände in vielen Teilen der Welt während der nächsten Jahre und Jahrzehnte um sich greifen. Auch in nächster Nähe sind schwere Konflikte und Kämpfe nicht ausgeschlossen. Solchen Gefahren müssen wir mit äußerstem Ernst rechtzeitig ins Auge blicken. Wir müssen uns lange vor der Zeit darüber klar werden, was wir tun können, wenn die Krise kommt. Gesellschaften, die sich zu sicher fühlen, gehen beim Eintritt des Unerwarteten natürlich zugrunde.

SIEDLER   Taucht da nicht ein alter Konflikt wieder auf? »Lieber rot als tot« gegen »Lieber tot als rot«?

BARING   Ja, nur damals war es damit natürlich nie so ganz ernst, weil das Gleichgewicht des Schreckens immer hieß, daß im Falle eines Krieges auch die andere Seite ihre Vernichtung erleben würde. Man lebte also beiderseits ziemlich sicher, obwohl das seinerzeit nicht so gesehen wurde. In Zukunft werden wir mit neuen, ganz anderen Herausforderungen rechnen müssen. Was werden wir machen, wenn ein Land wie Libyen mit den Produkten seiner Giftgasfabriken uns zu erpressen versucht? Wird dann nicht der Kontinent, unser Land eingeschlossen, kampflos zurückweichen, kapitulieren? Saddam Hussein war doch kein Einzelfall, mit dessen Zähmung, falls sie überhaupt wirksam wird und bleibt, diese Art von Eroberungsdrang und Geltungssucht aus der Welt verschwunden wäre. Wer weiß: Vielleicht kommt ja sogar er wieder nach ganz oben. Vielleicht schafft er es doch noch, Atombomben zu bauen und Rache zu üben.

SIEDLER   Wenn die Berichte stimmen, hätte es nur noch fünf Jahre gedauert, dann wäre Hussein im Besitz der Atombombe gewesen. Was hätten wir dann gemacht? Hätten wir es in Kauf genommen, einen wirklichen Atomkrieg zu führen?

Deutsche Atomwaffen?

BARING   »Wir« ist gut. Wir haben ja, falls Sie die Deutschen meinen, keinerlei Atomwaffen. Aber damit kommen wir auf ein Feld, das noch sehr, sehr viel heikler als vieles bisher Erörterte ist, die Frage nämlich, die Adenauer stark beschäftigt hat: ob der Verzicht Deutschlands auf Atomwaffen wirklich für alle Zukunft gilt. Er hat in seinen »Erinnerungen« betont, was historisch übrigens in Frage gestellt werden kann, Dulles habe ihm versichert, daß der Verzicht nur *rebus sic stantibus*, also nur unter den herrschenden, den obwaltenden Umständen gelte.

Was immer 1954 und später besprochen und beschlossen worden ist, was immer der Nichtverbreitungsvertrag seit 1968 sagt: Hier liegt eines der Probleme, mit denen wir uns möglicherweise in Zukunft auseinandersetzen müssen. England und Frankreich sind bisher nicht geneigt, ihre Atomwaffen europäisch zu definieren. Es spricht wenig dafür, daß sie dazu künftig eher bereit sein könnten. Ob wir auf die Dauer, bei der großen Verletzlichkeit unseres Landes, um diese Waffen herumkommen? Oder schließt diese extreme Verletzlichkeit von vornherein solche Waffen aus? Da gibt es viel zu erwägen, abzuwägen. Verletzlich sind wir ja schon wegen unserer Atomkraftwerke, die Gegner bombardieren könnten...

Waffen, auch Atomwaffen, sind nicht an und für sich gefährlich. Sie werden es nur in der Folge politischer Spannungen. Kein Staat kann vermeiden, und sei er noch so friedfertig, zum Zentrum starker Spannungen zu werden. Wichtiger, wirksamer als die – nachfolgende – Verteidigung ist in Krisenzeiten die – vorbeugende – Abschreckung. Denn was heißt Verteidigungsbereitschaft? Was ist verantwortungsbewußte Abschreckung? Der deutlich geäußerte Wille, notfalls auch zu kämpfen, sich mit allen verfügbaren Mitteln seiner Haut zu wehren. Diese erklärte, sichtbare Entschlossenheit ist die beste, die sicherste Garantie, am Ende nicht kämpfen zu müssen.

Haben wir, diese Frage drängt sich hier auf, überhaupt noch die Kriegführungsfähigkeit? Sie wissen vielleicht, daß Falin mit der Begründung, Deutschland habe sie verloren, Gorbatschow von der »Unschädlichkeit« der Wiedervereinigung überzeugt haben will. Die Sowjetunion könne ihr gefahrlos zustimmen, weil von Deutschland keine Gefahr mehr ausgehe. Die Deutschen würden in jedem denkbaren Konflikt auf jeden Fall vernichtet und seien daher zu einer Politik des Friedens verurteilt.

Ob diese Prämisse eigentlich stimmt, was viele bei uns glauben, oder ob sie letzten Endes zumindest in dieser Allgemeinheit nicht stimmt, kann hier nicht erörtert werden. Ich weiß nur: Wir werden vielleicht bald diese sehr ernste Diskussion führen müssen, in eigener Verantwortung zum ersten Male. Wir werden nämlich nach und nach erkennen, daß unsere volle Selbstbestimmung, die Souveränität, die wir zurückgewonnen haben, insofern eine reale Veränderung ist, als sie eine viel größere Verantwortung für unser eigenes Schicksal, für uns alle mit sich bringt.

Die Allianzen werden nicht mehr alle Fragen für uns automatisch beantworten; die Art von wohlmeinender Vormundschaft, unter der wir lange Zeit standen, ist aufgehoben. Wir müssen nun selber wissen und sagen, welchen Preis wir für unsere Freiheit und Sicherheit zu zahlen bereit sind. Andersherum gesagt: welche Unsicherheit wir bewußt in Kauf nehmen. Bei unserem ausgeprägten, extremen Sicherheitsbedürfnis wird man gespannt sein können, wie die Debatte, sobald sie einmal in

Gang kommt, ausgeht. Wir sind ja extrem risikoscheu geworden.

Das Versagen der Parteien

RUMBERG   Was wird werden, wenn die Deutschen erkennen,
daß Risiken aller Art zurückkehren, man mit ungelösten, unlösbaren Problemen leben muß? Welche Wendung wird der Natio-
nalcharakter dann nehmen?

BARING   Damit sind wir am tiefsten Punkt, am eigentlichen
Kern unserer Diskussion, denke ich. Denn es ist sicher, daß das
Wesen der Deutschen wandlungsfähig ist. Die Modernisierung
oder Sanierung der DDR ist, verglichen damit, nur ein Oberflä-
chenphänomen.

Es sind eben nicht alle Fragen, mit denen eine Gesellschaft in
der Geschichte konfrontiert ist, Fragen des Geldes oder mit Geld
lösbare Fragen, sondern es kommt in tieferen Schichten der politischen Entscheidung auf andere Kräfte und Triebfedern an – auf
Zivilcourage, Überzeugungstreue, Risikobereitschaft, um nur
diese Eigenschaften zu nennen.

Das Gefühl für das unvermeidliche Risiko unserer ganzen Existenz muß, glaube ich, in Deutschland neu geweckt werden. Und
rasch. Wenn nämlich Gefahren künftig unvermittelt auftauchen,
auf die wir gedanklich überhaupt nicht vorbereitet sind, muß
man bei unserem zu Panik neigenden Volk fürchten, daß es dann
zu einem sehr heftigen, irrationalen, nicht mehr steuerbaren
Umschwung in der öffentlichen Meinung kommt, mit unabsehbaren Konsequenzen.

Das ist ja, glaube ich, was man heute im westlichen Ausland
fürchtet: eine neue deutsche Labilität und Unberechenbarkeit.
Kein vernünftiger Mensch dort nimmt an, daß wir je zur Wahn-
sinnspolitik des Dritten Reiches zurückkehren. Nein, man
befürchtet eine Neuauflage Deutschlands vor 1914: unsicher
über seine europäische Rolle, mächtig und ohnmächtig zugleich,
hin- und hergerissen zwischen Größenwahn und Verlassenheits-
ängsten.

Es ist also nötig, sich rechtzeitig mit diesen Fragen zu beschäftigen, sich noch in halbwegs ruhigen Zeiten ein Urteil zu bilden, eine nationale Debatte über diese Fragen zu führen. Und diese Diskussion wäre gleichzeitig die wichtigste Voraussetzung, um dann auch das zu bilden, was das Ziel all dieser Bemühungen sein muß: eine politisch verantwortliche Schicht in unserem Lande. Ich möchte nicht von einer »politischen Klasse« reden, weil Klasse immer sofort an Klassenschichtung, Klassengegensätze, an Oben und Unten denken läßt. Mir schwebt vor, daß diese Gruppierung oder Schicht sich aus Menschen der unterschiedlichsten Bevölkerungsbereiche zusammensetzen müßte, die in dem Willen geeint wären, die Verantwortung für unser Land unpathetisch ernst zu nehmen und in diesem Sinne zu leben und zu wirken.

RUMBERG   Glauben Sie im Ernst, diese hehre Wunschvorstellung könnte Wirklichkeit werden?

BARING   Ich gebe zu: das klingt ziemlich hochtrabend! Wir finden solche Menschen – selten, aber immerhin – heute eher in der früheren DDR als im Westen. Das kann nicht überraschen. Es hängt mit den Zeiten zusammen, die unsere Landsleute drüben hinter sich haben. Wer sich dort bewährte, als es schwierig war, mußte eine innere Kraft entwickeln, auf die er jetzt bauen kann. Sie läßt ihn heute anders sprechen und handeln – gelassener, gleichzeitig konzentrierter, unpolemischer, großzügiger als die vielen eiligen Politik-Manager unserer Tage in der alten Bundesrepublik. Männer wie Manfred Stolpe, Friedrich Schorlemmer, Richard Schröder oder Wolfgang Thierse, Frauen wie Regine Hildebrandt, diese Mutter Courage aus Brandenburg, sind für mich Beispiele, Vorbilder eines neuen, erneuerten, vielleicht nämlich alten, bei uns vergessenen Politikertyps. Sie leben, man merkt es sofort, aus Eigenem, sind innerlich freier, haben Berufe, in die sie immer zurückkehren können, sind daher nicht auf die Parteiapparate angewiesen. Solche Menschen könnten im vereinten Deutschland, denke ich, eine ganz, ganz wichtige Rolle spielen, sie werden hoffentlich zur Erneuerung unseres in Routine erstarrenden Parteiwesens beitragen.

RUMBERG   Wird sich dieses größere Verantwortungsgefühl, das aus der Situation, aus den Umständen zwingend notwendig scheint, von selbst, quasi als Naturgesetz, einstellen, oder wird man die neue Haltung von staatlicher Seite, von seiten der Medien, von seiten der Hochschulen, von seiten der allgemein interessierten Öffentlichkeit aktiv befördern müssen?

BARING   Naturgesetze gibt es in diesem Sinne nicht. Nichts ergibt sich von selber, und viele Gesellschaften sind ja, wie wir wissen, untergegangen, weil sie ihre Situation und die ihnen drohenden Gefahren falsch eingeschätzt haben. Es ist das tägliche Brot der Historiker, feststellen zu müssen, wie wenig Menschen wissen, was ihre wahren Interessen sind. Daher verhalten sie sich als Kollektive wie als Einzelmenschen interessenwidrig und erleiden dann Schiffbruch. Das ist also die Grundeinsicht, von der wir ausgehen müssen. Von selbst ergibt sich nichts.

Es ist auch keineswegs gesagt, daß gerade eine Demokratie immer die Führungsgruppen herausbildet, die sie braucht. Ganz im Gegenteil, wie man schon bei Aristoteles nachlesen kann. Nehmen Sie Frankreich in der Dritten und Vierten Republik: ein *régime d'assemblée*, also die labilen Verhältnisse einer oft chaotischen, tumultuösen Versammlungsherrschaft eines in viele Gruppen und Grüppchen gespaltenen Parlaments; zahllose Regierungsstürze; die Republik mehr als einmal am Rande des Abgrunds, in dem die Dritte 1940, nach der Niederlage, die Vierte achtzehn Jahre später, im algerischen Bürgerkrieg, würdelos versank.

Sogar in einer seit langem so fest etablierten Demokratie wie der amerikanischen ist offenkundig, wie schwach, eben durchschnittlich, die politische Führung auf weite Strecken war. In den mehr als zweihundert Jahren, in denen sie jetzt besteht, ist ihr politisches Personal nur in zwei vergleichsweise kurzen Phasen wirklich bedeutend und damit auf der Höhe der Zeiten gewesen: in der Anfangszeit des späten 18., frühen 19. Jahrhunderts, mit George Washington, Alexander Hamilton, Thomas Jefferson und wie sie alle heißen, danach jedoch erst wieder in den anderthalb Jahrzehnten, die dem Zweiten Weltkrieg folgten.

Welche amerikanischen Präsidenten können im späteren

213

19. Jahrhundert bedeutend genannt werden? Da fällt einem, wenn man wohl will, Andrew Jackson ein, auf jeden Fall natürlich Abraham Lincoln. Aber sonst? Sehr viele gibt es nicht; der Rest ist insgesamt medioker. Was folgt daraus? Daß man immer in der Demokratie hoffen muß, die Institutionen möchten aufgrund der Traditionen, von deren Licht sie erleuchtet werden, stabil genug sein, auch mittelmäßige Amtsinhaber zu ertragen, ohne zu leiden oder gar zusammenzubrechen.

Unser Problem wird noch lange bleiben, daß weder unsere Traditionen noch unsere Institutionen fest genug im Bewußtsein der Bürger verankert sind, um Stabilität im Wandel zu sichern. Kein Regime seit 1871 hat lange genug gedauert, um selbstverständlich zu werden – am ehesten noch die alte Bundesrepublik vor dem Beitritt der neuen Länder, deren Bewohner jetzt in der Demokratie natürlich bei Null anfangen. Es wird dauern, bis sie in der Bundesrepublik heimisch werden, wird eine schwierige Phase wechselseitiger Anpassung geben. Unsere Geschichte ist leider reich an abrupten Brüchen, an katastrophalen Zusammenbrüchen, in denen Traditionen wie Institutionen zerfielen.

Hoffen darf man heute, daß wir auf dem Fundament dieser vierzig Jahre westdeutscher Nachkriegspolitik weiterbauen, Stabilität sichern können. Aber das setzt voraus, wie schon gesagt: daß die Parteien sich von Grund auf erneuern.

Wir alle sind der Staat. Die Parteien sind nur dafür da, die Kräfte der Gesellschaft zu bündeln und zu handlungsfähigen Einheiten zusammenzufügen. Aber mehr als das sind sie nicht. Wir alle drei sind offenbar gemeinsam überzeugt, daß die Parteien seit langem ihr Konto überziehen, sich in vielen Feldern eingenistet haben, für die sie personell nicht qualifiziert sind und in denen sie daher nicht nur die Einseitigkeit, sondern gleichzeitig das Mittelmaß fördern. Was ist in den letzten Jahrzehnten aus unseren einstmals großartigen Rundfunk- und Fernsehanstalten geworden! Solche Bereiche müßten der Autonomie der Gesellschaft zurückgegeben werden, weil sie besser allein mit ihnen zurande käme als unter der Kuratel der Parteien.

Die wichtigsten Krisenelemente unseres Parteienstaates sind allgemein bekannt, die entsprechenden Schlagworte jedermann geläufig: die Machtausdehnung der Parteien bei gleichzeitiger Abschließung nach außen, zur Bevölkerung. Ihre Verwandlung in eine geschlossene Gesellschaft, mit der sich die politische Klasse der Bundesrepublik gegen das eigene Volk sperrt. Die Abschottung der Parteien gegen Außenseiter, Seiteneinsteiger, mit der Folge einer erschreckenden personellen Verarmung. Dem entspricht die zunehmend vermißte Fähigkeit der Parteien, ein herausragendes Führungspersonal heranzubilden, das auf der Höhe der Aufgaben und Erwartungen des Landes steht. Statt dessen fällt ihre Neigung auf, sich nur noch als Versorgungsunternehmen von Berufspolitikern zu verstehen, auf deren Qualität und Qualifizierung sie aber keine Gedanken oder gar Anstrengungen verschwenden, so daß wir es mit einer zunehmend parasitären Herrschaftskaste zu tun bekommen. Auf der anderen Seite finden wir die gierige Neigung der Parteien, sich mehr und mehr aus dem Staatshaushalt völlig unangemessen großzügig zu bedienen; Hans Herbert von Arnim bleibt ein Rufer in der Wüste. Alle Dekadenzerscheinungen des hiesigen Parteienwesens werden uns in den nächsten Jahren viel beschäftigen, weil sie immer stärker als Mangel spürbar werden.

SIEDLER Jedermann ist irritiert, wie wenig starke Begabungen in den Parteien heute sichtbar werden. Die Sozialdemokraten scheinen ihre Nachfolgefrage zwar gelöst zu haben, aber man muß sich nur die Personaldiskussion vor einem Jahr in Erinnerung rufen, um zu sehen, wie man Engholm vor wenigen Monaten noch in seiner eigenen Partei eingeschätzt hat. Sieht so der Nachfolger Helmut Schmidts aus? Ist er ein großer Integrator – das deutsche Gegenstück zu Amerikas großem jugendlichem Kommunikator vor drei Jahrzehnten –, wie ihn die verschiedenen Flügel der Sozialdemokraten einst in Willy Brandt gehabt haben? Ein Zuchtmeister vom Schlage Herbert Wehners ist Engholm auf keinen Fall, das sieht jeder.

Bei der CDU ist hinter der in jederlei Hinsicht massigen Figur Helmut Kohls schon gar nichts sichtbar. Jahrelang hat man immer vom parteiinternen Sturz Kohls geredet und stets neue Namen ins Spiel gebracht. Einmal wurde von Stoltenberg als möglichem Nachfolger gesprochen, dann war Wallmann sein

Gegenspieler. Späth gab ganz offen zu erkennen, daß er sich als geeignete Alternative zu Kohl betrachtete, und ein halbes Dutzend anderer potentieller Putschisten bis hin zu Geißler wurden mehr oder weniger offen gehandelt.

Zur Zeit sitzt Kohl auch in seiner eigenen Partei so sicher im Sattel wie nie zuvor. Aber das liegt wahrscheinlich nicht an seiner Stärke, sondern an der Schwäche, dem Nichtvorhandensein der anderen. Die Freien Demokraten machen ihrerseits nur noch von sich reden, wenn sie in interne Kämpfe verwickelt sind. Lambsdorff wird im nächsten oder übernächsten Jahr alterswegen abgelöst werden. Möllemann erhebt schon jetzt offene Ansprüche auf seine Nachfolge, Genscher sagt bei jeder Gelegenheit, daß er am Ende dieser Legislaturperiode abtreten werde, und Mischnick muß immer wieder neu gebeten werden, bei der Stange zu bleiben. Bangemann und Haussmann sind praktisch ausgeschieden und haben Zuflucht in Europa oder in der Privatwirtschaft gesucht, kurz bevor sie gestürzt wurden. Auch hier ist kein kommendes Führungspersonal sichtbar.

Es ist schon erstaunlich. Nach dem Dritten Reich nahm man an, daß niemand mehr vorhanden sei. Die einen, das Weimarer Führungspersonal, waren inzwischen zu alt geworden, die anderen in den Konzentrationslagern oder im Rußlandkrieg umgekommen, die dritten während der zwölf Jahre nach Amerika oder nach England ausgewandert, eine Reihe potentieller Ministerpräsidenten und Minister Nachkriegsdeutschlands, wie Adolf Reichwein und Julius Leber, hingerichtet worden.

Man vermutete, daß es eine Generation dauern würde, bis eine neue Führungsschicht herangewachsen sei. Tatsächlich aber stand ein Geschlecht von Riesen bereit, lauter Gründerväter einer zweiten deutschen Republik. Lassen wir Adenauer und seinen Gegenspieler Kaiser und den ganz jungen Strauß beiseite, so war in fast jedem CDU-Landesverband eine ganze Mannschaft von nach vorne drängenden Hochqualifizierten vorhanden. Damals fochten sie alle übrigens noch Grundsatzstreitigkeiten über die zukünftige Parteilinie aus, zum Beispiel über das Verhältnis von Christentum und Sozialismus; die Auseinandersetzungen über das Ahlener Programm zeigen, daß sich selbst Adenauer in diese Debatte einschaltete.

Und was für eine Fülle starker Persönlichkeiten auf seiten der Sozialdemokraten! Natürlich Schumacher, dann der Kärrner der Partei, Ollenhauer. In Bayern Waldemar von Knoeringen, in den norddeutschen Hafenstädten Brauer, Kaisen und Weichmann, in Berlin Ernst Reuter – und neben diesen Bürgermeistern die brillanten Intellektuellen wie Fritz Erler und Adolf Arndt. Selbst die kleine FDP konnte mit nationalen Figuren paradieren – neben Theodor Heuss etwa Reinhold Maier und Thomas Dehler. Man könnte, ohne sich die Vergangenheit nostalgisch übertrieben zu vergolden, noch zumindest ein weiteres Dutzend überregional bedeutender Figuren nennen, alle potentielles Führungspersonal.

Als man sich auf eine Wüste gefaßt gemacht hatte, war das Deutschland von 1945 überreich an Persönlichkeiten. Eine halbes Jahrhundert später, als zwei Generationen durch demokratische Schulen, Universitäten und Berufe hindurch gegangen waren und eigentlich an Spitzenleuten kein Mangel herrschen sollte, sucht alle Welt mit der Laterne nach Führungsfiguren. Sie sind weder bei den Sechzig- noch bei den Vierzigjährigen sichtbar, und bisher zumindest geben sie sich auch nicht in den Jugendorganisationen der Parteien zu erkennen. Ich glaube, man übertreibt nicht, wenn man von einer Ödnis in der politischen Landschaft der Bundesrepublik spricht.

Nach einem Wahlsieg wird das ja bei der Kabinettsbildung immer mit Händen greifbar. Die Regierungschefs haben kein offizielles oder inoffizielles Schattenkabinett, das nur darauf wartet, die Dinge in die Hand zu nehmen. Die jeweiligen Parteiführer, CDU oder SPD, schicken dann nach überall hin Emissäre aus, um ministrable Außenseiter zu gewinnen. Hier fehlt ein Wirtschaftsminister, dort sucht man nach Justiz- oder Finanzministern. Kultusminister sind überhaupt gar nicht zu bekommen; oft hilft man sich damit, Parteilose anzuheuern.

Das ist keine provozierende Feststellung. Alle Beobachter der Situation sind sich über die Lage einig, und selbst in den Parteien sieht man das hinter vorgehaltener Hand genauso. Aber die wirklich interessante Frage ist dabei, wie es dahin gekommen ist. Soll denn wirklich die Begabungsreserve einer Nation über Nacht erschöpft sein? Gibt es tatsächlich Zeiten, in denen man sich damit abfinden muß, daß es eben niemanden mehr gibt – wie es zwischen Metternich und Hardenberg einerseits, Bismarck andererseits niemanden gegeben hat?

Oder drängen die wirklich begabten Persönlichkeiten nur nicht mehr in die Politik, sondern anderswohin? Gibt es nicht genauso viele interessante junge Leute wie zu allen Zeiten, die nur eben nicht in die Parteien gehen? Deutschlands Botschafter in Washington, Berndt von Staden, den später Helmut Schmidt zu seinem Staatssekretär machte, führte während seiner amerikanischen Jahre mitunter Klage, daß die deutschen Parlamentarier die Botschafter als »ihre« Herbergsväter ansähen. Alle wollten einen Empfang in der deutschen Botschaft oder, wenn sie ein wenig prominenter seien, sogar ein Abendessen in seiner Residenz. Und dabei seien sie im allgemeinen vollkommen belanglos. Die Gesprächsthemen, das Niveau der Unterhaltungen, die Fragestellungen, der Wissenshorizont! Man sei zumeist am Ende solcher Besuche regelrecht deprimiert.

Aber dann käme plötzlich eine Delegation der deutschen Industrie, der deutschen Bankenwelt, der deutschen Wirtschaft. Das seien Leute der allerersten Kategorie, nicht nur auf ihrem eigenen Felde urteilsfähig und informiert. Dann begreife man wieder, weshalb dieses Land eine erste Industriemacht in Europa sei, in mancherlei Hinsicht wirklich an der Spitze marschiere. Hängt es damit zusammen? Sind die Leute schon da, genauso eindrucksvoll wie früher, nur daß sie nicht mehr in die politische Welt gehen? Und warum tun sie das nicht mehr? Das bloße Klagen hilft der Erkenntnis nicht weiter. Es reicht nicht, wenn man nur immer konstatiert, daß eben nichts da sei.

Ich will versuchsweise die Theorie aufstellen, daß die Politik begabte junge Leute nicht mehr verlockt, weil dort nichts mehr entschieden wird. Immer mehr Zuständigkeiten liegen bei übernationalen Behörden. Ob es nun eine gemeinsame europäische Währung in ein paar Jahren oder vielleicht erst in Jahrzehnten geben wird – wenige Währungsfragen werden noch auf nationaler Ebene entschieden. Selbst die Höhe der Zinsen für Ausgleichszahlungen im Bereich der Landwirtschaft muß mit europäischen Behörden verhandelt werden, weil sonst Brüsseler Klagen kommen. Immer neue Bereiche der Wirtschaftspolitik fallen

in die Zuständigkeit der Europäischen Gemeinschaft. Die alte
Frage der Subventionierung von Kohle und Stahl muß in jedem
Einzelfall von europäischen Gremien beraten und genehmigt
werden. Es sieht so aus, als gingen immer weitere Bereiche der
Umwelt-, der Handels-, der Finanz- und der Industriepolitik aus
der Zuständigkeit nationaler Regierungen auf europäische
Behörden über.

Sicher werden die Nationalstaaten viel länger erhalten bleiben,
als man das im Überschwang der Adenauer-Ära vermutete. Aber
diese Nationalstaaten haben mit jedem neuen Jahrzehnt weniger
Entscheidungsvollmachten, und irgendwann wird der Moment
gekommen sein, daß Europa verwirklicht ist, während der
Nationalstaat nur scheinbar noch eine Bedeutung hat.

Warum sollte ich, wenn ich dreißig oder vierzig bin, in die Politik gehen, falls meine Diagnose zutrifft, daß nicht mehr die Politik, sondern die Wirtschaft das Schicksal ist? Spengler hat schon
in den zwanziger Jahren prophezeit, daß die starken Begabungen
nicht mehr in die Literatur, in die Kunst, in die Politik drängen,
sondern in die Industrie, in die Wirtschaft, in die Wissenschaft.
Sein reaktionärer Spott über »die halbgebildete Herde unserer
Intellektuellen«, die sich immer über Dinge aufrege, die eigentlich gar nicht mehr auf der Tagesordnung stünden, hatte so
unrecht nicht.

Die Veränderungen der Wirklichkeit fanden zwischen Kant,
Hegel und Marx in der Philosophie statt. Haben Philosophie,
Literatur und Kunst im letzten halben Jahrhundert noch einen
wesentlichen Beitrag zur Veränderung der Welt geleistet? Die
Theater sind leer, nicht weil schlechter als früher auf den Bühnen
agiert würde, sondern weil niemand mehr das Gefühl hat, daß
hier die Fragen unserer Epoche abgehandelt werden. Die Literatur zwischen dem jungen Hauptmann und dem alten Thomas
Mann artikulierte die Wirklichkeit der Epoche, von Kafka und
Musil ganz zu schweigen. Hat jemand noch ernsthaft das Gefühl,
die Romanciers der Nachkriegszeit, also Andersch, Nossack,
Böll und die meist schon vergessenen Erzähler der Gruppe 47,
hätten auch nur begriffen, daß die Welt ihr Gesicht verändert
hatte? Brecht und Benn kommen einem nach einem halben Jahrhundert geradezu modern vor, wenn man sie mit den Lyrikern

der Nachkriegszeit vergleicht, deren Namen man zumeist schon im Lexikon nachschlagen muß.

Damit soll nicht die Literatur bekrittelt, sondern lediglich die Frage gestellt werden, ob die großen Bewegungen heute tatsächlich noch mit den Mitteln der Literatur faßbar sind. Auch auf diesem Felde sind die Wissenschaft...

BARING   Teile der Wissenschaft!

SIEDLER   ...und vor allem die Wirtschaft viel aufregender, und deshalb hat man ein so großes intellektuelles Vergnügen, mit wirklich bedeutenden Industrieführern zusammen zu sein. Die Namen, die einem da von Hermann Josef Abs bis Edzard Reuter in den Sinn kommen, sprechen für sich.

Mir scheint, daß es durchaus verständlich ist, wenn die starken Begabungen nicht mehr in die Politik oder in die Kunstwelt, sondern in die Wissenschaft und in die Wirtschaft drängen. Vielleicht kommt daher die Nachwuchs-Misere unserer Parteien, die vergebens nach jungen Leuten Ausschau halten.

BARING   Ganz offenkundig ist: Wenn die Parteien sich als reformunfähig erweisen, werden sie zugrundegehen, vielleicht sogar rascher, als wir denken – und sie ahnen. Dann wird eines Tages die Bevölkerung diese Parteien hinwegfegen, so wie sie unter extrem schwierigen Bedingungen es in der DDR innerhalb von ein paar Wochen geschafft hat, das dortige Einparteien-Regime an die Luft zu setzen, in Luft aufzulösen. Auch Demokratien sind nicht gegen solche Wandlungen gefeit. Im Gegenteil, sie sind eine Garantie dafür, daß notwendige Machtwechsel sich ohne einen Zusammenbruch des Staates abspielen, sondern im Rahmen der Institutionen vor sich gehen können.

Die Erosion der Parteien ist schon seit einem knappen Vierteljahrhundert bei uns sichtbar, war am Aufkommen der Bürgerbewegungen abzulesen. Sie zeigten seit den späten sechziger, frühen siebziger Jahren, daß die Bürger sich von den Parteien nicht mehr hinlänglich vertreten fühlten, seit die Parteien nicht durchlässig genug nach unten sind, um Impulse aus der Bevölkerung aufzunehmen. Ich bin seit langem ein Anhänger der Versuche, die Direktauswahl der Kandidaten durch die Bevölkerung – zumindest durch alle Parteimitglieder – durchzusetzen. Ich glaube, daß solche Vorwahlen, *primaries*, ein wichtiges Element wären, um die Verkümmerung der Parteien zu Sekten aufzuhalten, rückgängig zu machen, indem die Apparate ihre Kandidaten öffentlich präsentieren müßten und die Anhänger der jeweiligen Parteien dann sagen könnten: Ja, den wollen wir, und den wollen wir nicht, sondern lieber den. Das könnte helfen. Die Verengung der Parteien zu bloßen Machtapparaten und Werbeagenturen, die Verwandlung der Politik in eine eigenständige Berufskarriere mit den entsprechenden sozialen Sicherungen – die Leute haben nie etwas anderes gemacht als Politikmanagement –, das hat, so berechtigt es im Ansatz gewesen sein mag, zu einer Entwicklung geführt, die seit vielen Jahren die Parteien im eigenen Lande mehr und mehr isoliert, schon lange vor der Flick-Affäre und den Parteispenden-Prozessen.

Wenn man diese harsche Kritik äußert, muß man freilich sofort hinzufügen: viel Kritik an den Politikern, die bei uns geübt wird, ist vollkommen unberechtigt! Da spielen der in Deutschland weitverbreitete Neid und die Mißgunst, auch die Kleinlichkeit eine Rolle, zunehmend auch eine traditionelle Abneigung gegen alles Parteiwesen. Man stellt überhaupt nicht in Rechnung, wie zeitaufwendig und kräfteverzehrend die Parteiarbeit für die Betreffenden ist, so daß viele, die da maulend das Wort ergreifen, selbst niemals bereit wären, ein auch nur annähernd gleiches Engagement zu zeigen. Aber auch wenn man dies mildernd in Rechnung stellt, ist die Entwicklung der Parteien nicht so, daß sie ihre Zukunft als gesichert ansehen können.

SIEDLER   Wenn Sie in London sind, und es wird Ihnen ein Gast in einer Gesellschaft vorgestellt, member of parliament, was empfinden Sie dann? Hier in Deutschland lächelt man doch, fragt bestenfalls nach dem Wahlkreis. Celle oder Rosenheim? Ein Mitglied des Abgeordnetenhauses? Des Landtags? Des Bundestags? Meist sagt man sich: Na ja, ein netter Mensch, aber nicht sonderlich interessant. Ich glaube, ein Abgeordneter genießt keine besondere Achtung. Ich frage mich, wie das in England und Frankreich aussieht.

BARING   Ich glaube, man müßte sich fragen, ob das nicht im Kaiserreich ähnlich gewesen ist. Hat nicht die Parteienverachtung, die Politikverdrossenheit in Deutschland eine sehr lange Tradition? Wie lange wurde das Parlament als Schwatzbude abgewertet! Der Parlamentarismus hat es in Deutschland besonders schwer gehabt. Erst in der Nachkriegszeit, nach 1945, hatten die Deutschen den Eindruck, daß Demokratie und Autorität, Handlungsfähigkeit und breite Diskussion sich vertragen, keine Gegensätze sind.

SIEDLER   Obwohl im alten Reichstag natürlich die Debatten der Nation in den achtziger und neunziger Jahren des vorigen Jahrhunderts auf hohem Niveau abgehandelt wurden.

Gibt es eine Angelegenheit, die alle Bürger durch ihre Würde, Wichtigkeit und Größe bewegt?

BARING   Ich würde sagen, wir sind von einem Extrem ins andere gefallen. Wir hatten damals gewissermaßen nur ein Debattenparlament ohne reale Verantwortung für die Dinge, weil wir eben einen Staat hatten, in dem der Einfluß des Parlaments auf die Regierung gering, die Verknüpfung der beiden schwach war, während wir heute ein sehr fleißiges Arbeitsparlament haben, das aber nicht zugleich die Tribüne der Nation ist, die gerade in Umbruchszeiten so wichtig wäre. Allzu selten sind eigenständige, leidenschaftliche Diskussionen quer durch die Parteien, wie wir sie am 20. Juni 1991 vor der Entscheidung über den Regierungssitz des vereinten Deutschland im Bundestag erlebt haben.

Wenn die Vermutung stimmt, die ich mir aus vielen Anzeichen zusammenreime, daß die deutsche Vereinigungskrise eine vergleichbare Bedeutung gewinnen könnte wie die Krise, die wir nach 1945 erlebt haben, also einen Neubeginn, einen Mentalitätswandel, erfordert, dann kann man vielleicht eine optimistische Prognose wagen. Dann wird es nämlich auch neue Menschen in der Politik geben. Es ist auffällig in der Politik der Nachkriegszeit, daß es damals viele neue Kräfte gab, aus den verschiedensten Berufen. Nach dem Debakel des Dritten Reiches, oft schon während des Zweiten Weltkrieges waren zahlreiche Menschen zu der Überzeugung gekommen: Das darf uns nicht noch einmal passieren! Wir müssen uns künftig um die öffentlichen Dinge kümmern, können dies nicht nur professionellen Politikern überlassen, müssen selber in die Politik! Wenn Sie die ersten zwei Nachkriegsjahrzehnte betrachten, werden Sie viele entdekken, die keineswegs aus dem alten Weimarer Parteien-Establishment kamen, sondern neue Gesichter und Figuren waren.

Bisher ist etwas Vergleichbares bei uns nicht erkennbar. Ich sage in Vorlesungen mitunter: In zwanzig Jahren, wenn ihr das Land regiert, müßt ihr dies und das bedenken. Dabei fällt mir jedesmal auf, daß die Studenten nach rechts und links verstohlen ihre Nachbarn mustern, ob wohl ein künftiger Minister oder gar Kanzler neben ihnen sitze? Jedenfalls bezieht wohl keiner meine Bemerkung auf sich; denn wenn es jemand auf sich bezöge, würde er sich nicht nach allen Seiten umgucken. Irgendwann sprach mich einmal ein Kollege auf meine Redewendung an und sagte:»Wissen Sie, Sie scheinen da in der Vorlesung immer diesen seltsamen Spruch loszuwerden. Sie sind jedoch unter Historikern, die denken nicht so. Da kann man sehen, daß Sie von den Politologen und den Juristen herkommen; die denken eher gestaltend als wir hier.«

Aber ich vermute, daß die Reaktionen in deren Vorlesungen nicht so sehr viel anders wären. Das hat natürlich viele Gründe. Es spielt eine Rolle, daß die jetzigen Studenten-Generationen das verbreitete Gefühl haben, nicht gebraucht zu werden – während beispielsweise die 68er überzeugt waren, sie könnten die Welt aus den Angeln heben. Allgemeiner ist von Bedeutung, daß die Politik, das öffentliche Leben, nichts oder wenig zählt in einer Gesellschaft, deren Hauptkennzeichen das eigene Fortkommen, der persönliche materielle Erfolg, der individuelle Lebensgenuß sind.

Warum sind viele von uns nicht in die Politik gegangen? Ich könnte mir denken, daß es in den Zeiten Thomas Manns – oder zumindest in seiner Jugend – eine Ehre war, die man gar nicht ausschlagen konnte, in der Stadt Lübeck Senator zu werden. Wenn man sich heute etwa in Hamburg oder in Berlin vorstellt, man sollte Senator werden, würde man sich vielleicht fragen: Stehst du in einer Reihe von Vorgängern, die fortzusetzen eine große Ehre, ja eine Pflicht ist? Eine Pflicht, aber auch eine Ehre. Wenn ich mir angucke, was für Leute in den mir bekannten Stadtstaaten oder auch in entsprechenden Bundesländern solche Ämter füllen, kann von einer solchen Ehre kaum je die Rede sein. Und ich würde sagen, daß diese Einsicht bei meinesgleichen sicher eine Rolle gespielt hat. Nicht, was finanziell dabei herauskommt, obwohl ich das keineswegs beiseite schieben möchte, ist ausschlaggebend. Die soziale Bedeutung, das Gewicht des Opfers ist es – die Frage also, ob es um eine Pflicht geht, der man sich nicht entziehen kann, und eine Ehre, derer man gerne teilhaftig werden möchte.

Heute hat man doch das Gefühl, wenn man von Pflicht oder Ehre spricht, ganz anderen, längst vergangenen Jahrhunderten anzugehören. Das darf aber nicht so bleiben! Und wenn sich die Zeiten ändern, werden auch neue Leute in die Politik gehen, gerade junge Menschen, die unter anderen Umständen an ganz andere Karrieren gedacht hätten. Wenn meine Annahme richtig ist, daß durchaus nicht alle Menschen materiell orientiert sind, sondern dies nur eine Mode der letzten Jahrzehnte bei uns war, die sich von vorigen Moden deutlich unterschied, dann werden sich unter veränderten Rahmenbedingungen Männer und Frauen, die sonst vielleicht zur Deutschen Bank oder zu Daimler-Benz gegangen wären, plötzlich entschließen, in der Bundeswehr oder der Staatsverwaltung oder den Parteien Karrieren zu machen, weil sie denken: Himmel, es nützt nichts, schnelle Autos in großen Mengen zu produzieren und auch zu fahren, wenn die Fundamente bröckeln, auf denen die Gesellschaft, auf denen unser Deutschland ruht!

SIEDLER Konstatieren Sie eine Wirklichkeit oder eine Hoffnung? Wird die Vereinigungskrise, von der auch Herr Rumberg immer redet, wirklich empfunden außerhalb Berlins und der Ostzone? Betrifft das die Bürger in Stuttgart und München? Ich bin da sehr skeptisch. Sagt man nicht in Baden-Baden oder Düsseldorf, es ist etwas dazugekommen, was uns viel mehr Ärger macht und Mühe und Geld kostet, als wir gedacht haben, aber uns betrifft es ja eigentlich nicht?

BARING Das ist ja der Grund, weswegen wir erstens, vom Pessimismus erfüllt, uns zusammengesetzt haben und zweitens, weil wir Optimisten sind, glauben: es wird sich etwas in Deutschland verändern.

Ich bin überzeugt, daß großer Problemdruck eine Debatte erleichtern und auslösen, auch zu neuen Einsichten, einem anderen Verhalten führen kann. Alle sind, was die Wiedervereinigung angeht, inzwischen zu der Erkenntnis gekommen, daß die Sache sehr, sehr teuer wird. Das haben wir begriffen; viel teurer als wir dachten. Alle beginnen auch zu ahnen, daß es mit Geld allein nicht getan ist, daß also Menschen, Millionen Menschen, in den Osten gehen müssen. Seit Monaten haben wir daher die Debatte: wie kriegen wir das denn hin? Denn mit materiellen Anreizen allein ist es offenbar nicht getan aufgrund der fehlenden Lebensqualität drüben. Es tröpfelt also nur, bisher. Auf sieben, die in die alte Bundesrepublik ziehen, kommt einer, der umgekehrt ostwärts wandert. Vielleicht wird sich also die frühere DDR zunächst entvölkern, falls der Trend anhält. Auch deshalb wird die Konsolidierung der neuen Länder sehr lange dauern; es geht um einen Wandel in Generationen. Aber hat das nicht auch eine gute Seite? Eine Umorientierung im öffentlichen Bewußtsein geht heute – Gott sei Dank, möchte man sagen – nicht mit jener erdrutschartigen Geschwindigkeit der nationalen Revolution von 1933 vor sich. Wenn also heute ein Umdenken beginnt, dann dauert das seine Zeit. Aber es wird kommen.

Mit mäßigem Optimismus wage ich die Prognose, daß eine als verändert erkannte Situation dann auch das Verhalten ändert und neue Leute dazu bringen wird, sich politisch zu engagieren. Insofern sind die Erwägungen, die man im Augenblick anstellt, doch von anderer, ernsthafterer Art, als was man so vor zehn, zwanzig Jahren erörterte. Ich würde heute nachdrücklicher als damals Jüngeren zuraten, sich für öffentliche Aufgaben bereitzuhalten, denen man nicht mehr ausweichen darf. Den meisten Zumutungen kann man ja heute ausweichen. Doch die Zeiten sind nicht mehr danach. Churchill hat einmal gesagt: Ich war immer bereit, Märtyrer zu werden, aber dankbar dafür, daß die Bewährungsprobe verschoben wurde. Kein Mensch verlangt, daß wir etwas so Extravagantes wie Märtyrer werden. Aber die Situation ist da, wie der alte Adenauer gesagt haben würde.

Was ist zu tun? Vor knapp zweihundert Jahren, 1796, also kurz nach der Französischen Revolution, erschienen (Peter Glotz hat 1980 daran erinnert) Betrachtungen eines Mannes namens Johann Adam Bergk, in denen dieser klagte, die damaligen Verhältnisse ließen keinen Patriotismus wachsen. Nicht das Geburtsland bringe ihn schon hervor, kein Fürst könne ihn schaffen, keine Gewalt ihn herbeizwingen. Nur durch eine Angelegenheit, die alle Bewohner durch ihre Würde, Wichtigkeit und Größe interessiere, könne er geweckt werden. Glotz fügte damals hinzu, was er leider, auf das einige Deutschland gemünzt, heute nicht wiederholen würde, fürchte ich, obwohl nichts dringender wäre, gerade in seiner Partei: »Vielleicht sollten wir diese Frage des achtzehnten Jahrhunderts, das neunzehnte überspringend, aufgreifen: Können die *heutigen* Verhältnisse Patriotismus entstehen lassen? Finden wir eine Angelegenheit, die alle durch ihre Würde, Wichtigkeit und Größe interessiert? Diese Fragen hören sich akademisch an. Sie sind politischer, als viele glauben.«

Register

Aachen 67
Abs, Hermann Josef 220
Adenauer, Konrad 16, 18f., 22,
 36, 51, 56f., 123f., 128f., 155,
 158, 170, 174, 178-180, 182,
 203, 209, 216, 219, 225
Aix-en-Provence 49
Algerien 116
Altmark 47
Andersch, Alfred 219
Antonescu, Ion 90
Arndt, Adolf 217
Arnim, Hans Herbert von 215
Augsburg 66
Auschwitz 55, 146
Axen, Hermann 45

Bach, Johann Sebastian 47
Bad Godesberg 123
Baden-Baden 224
Baden-Württemberg 64f., 85
Bahr, Egon 136
Bamberg 49
Bangemann, Martin 216
Bangladesch 116
Barlach, Ernst 47
Barnim 36
Barzel, Rainer 124
Bautzen 47
Bayerischer Wald 35
Bayern 49f., 64f., 85, 199, 202,
 217
Bebel, August 80
Beitz, Berthold 80
Belgien 21, 26, 78, 95, 156
Belgrad 21

Benn, Gottfried 219
Bergk, Johann Adam 226
Berlin 18f.,35f., 51, 58, 65-69,
 78f., 99, 107, 124, 134, 136,
 142, 157, 160, 182, 198, 203,
 217, 223f.
Bethmann Hollweg, Theobald
 von 143
Bismarck, Otto von 17, 19, 27,
 40, 114, 126-128, 143, 176,
 181, 183f., 196, 199, 201-203,
 218
Bitterfeld 46, 96
Bloch, Ernst 56
Böhmen 89, 92, 106, 189
Böll, Heinrich 219
Bonn 19, 37, 47, 50, 57f., 67,
 72, 92, 122, 135, 142, 155,
 177, 201, 203
Boris III. 90
Brandenburg 20, 47, 58, 68,
 91, 96, 143, 199, 212
Brandt, Willy 27, 117, 119, 124,
 134, 215
Branitz 47
Brauer, Max 217
Brecht, Bertolt 56, 219
Bremen 66, 68
Breschnew, Leonid 87
Breslau 36, 41, 103
Brüssel 153, 155f., 182
Budapest 38, 78, 84, 190
Bukarest 21, 49, 140
Bulgarien 78, 89-91, 117, 121,
 140, 188
Buna 76

Burckhardt, Carl Jacob   106
Bush, George   161

Carol II.   90
Ceausescu, Nicolae   90, 117
Celle   221
Chemnitz   35, 58
China   185
Churchill, Winston   30, 46, 155,
   225

Dänemerk   95, 156
Danzig   67, 104
Dehler, Thomas   217
Dessau   69
Dingolfing   35
Dohnany, Klaus von   64
Dohrn, Klaus   91f.
Donau-Fürstentümer   89
Dorpat   67
Dresden   49
Dulles, John Foster   209
Düsseldorf   66, 224

Ebenhausen   134
Ehlers, Hermann   22
Ehmke, Horst   67
Eifel   35
Eisenach   49
Eisenhüttenstadt   96
Eldena   47
Elsaß   103
Elsaß-Lothringen   150, 202
Emden   36
Engholm, Björn   30, 215
Erhard, Ludwig   91, 124, 195
Erler, Fritz   217
Estland   21, 63, 113
Eydtkuhnen   36

Falin, Valentin   111, 142, 210
Fest, Joachim   169
Finnland   63, 156

Fontane, Theodor   61
Franco, Carmen Polo de   116
Franken   199
Frankenhausen   47
Frankfurt am Main   20f., 66, 75,
   134
Frankreich   17, 19, 24f., 34,
   74-76, 83-85, 95, 102f., 105,
   109, 113f., 116, 119f., 127,
   129f., 138, 144, 146f., 149-152,
   156-162, 164, 166, 171,
   178-180, 191, 194, 213, 221
Frantz, Konstantin   199
Freiberg   49
Friedrich der Große   41, 47, 68,
   205
Friedrich-Wilhelm I.   205
Friedrich, Caspar David   47
Fucks, Wilhelm   194
Furet, François   198

Galizien   84
Garton Ash, Timothy   38, 107,
   118
Gasperi, Alicide de   22, 155,
   180
Gaulle, Charles de   68, 153,
   155, 177
Gaus, Günter   59
Geiss, Immanuel   204
Geißler, Heiner   216
Genscher, Hans-Dietrich   25,
   124-126, 133, 160, 187, 192,
   216
Gerstenmaier, Eugen   124
Gide, André   56
Giraudoux, Jean   56
Giscard d'Estaing, Valéry   160
Globke, Hans   55
Glotz, Peter   67, 226
Goethe, Johann Wolfgang
   von   47, 197
Goldene Aue   62

Golf   22, 28, 119, 122, 132, 142,
   153, 158, 161f., 164, 181, 183,
   185, 196, 206
Gorbatschow, Michail   27, 87f.,
   122, 150, 210
Görlitz   36
Gotha   47
Grabbe, Christian Dietrich   31
Grass, Günter   59
Greve   49
Griechenland   91, 116
Gross, Johannes   42
Großbritannien   19, 25f., 32,
   34, 74f., 83-85, 95, 101, 109,
   119f., 127, 129f., 138, 141f.,
   144, 151f., 157f., 160-162, 171,
   179-181, 190f., 196, 206f., 216,
   221
Güstrow   47

Habermas, Jürgen   55, 204
Haffner, Sebastian   87, 118, 169
Halle   35
Hallstein, Walter   135
Hamburg   66, 68, 223
Hamilton, Alexander   213
Hannibal   31, 201
Hannover   66, 75
Hardenberg, Karl August Fürst
   von   218
Harich, Wolfgang   57
Hauptmann, Gerhart   219
Haussmann, Helmut   216
Havel, Vaclav   189
Hegel, Georg Wilhelm Fried-
   rich   219
Hemingway, Ernest   55
Hennemann, Gerhard   96
Heringsdorf   56
Heuss, Theodor   177, 217
Hildebrandt, Regine   212

Hitler, Adolf   16, 29, 55, 57, 76,
   88, 106, 108, 116, 127f., 149,
   151, 158, 169, 175, 177, 183,
   204, 206
Hofmannsthal, Hugo von   56
Hohenfinow   143
Honecker, Erich   35, 45, 55f.,
   68, 72, 78, 80, 199f.
Hongkong   20
Horthy, Miklos   90
Hussein, Saddam   29, 174, 194,
   209

Indien   116
Iran   181
Israel   207
Italien   26, 34, 58, 101, 156

Jackson, Andrew   214
James, Harold   175f.
Janka, Walter   57
Jansen, Thomas   182
Japan   20, 33, 148, 181, 193-196
Jefferson, Thomas   213
Jena   45, 49, 58
Jens, Walter   59
Joyce, James   56
Juan Carlos I.   117
Jugoslawien   91, 95, 110, 113,
   118f., 140, 181, 183, 189

Kadar, Janos   117
Kafka, Franz   56, 219
Kaisen, Wilhelm   217
Kaiser, Jakob   18, 216
Kaltefleiter, Werner   14
Kanada   64
Kant, Immanuel   219
Karl der Große   201
Kennedy, John F.   215
Keynes, John Maynard   95
Kiew   139, 151, 157, 179

Knoeringen, Waldemar
  von 217
Kohl, Helmut 19, 22, 27, 30f.,
  33, 42-44, 46, 78, 123f., 145,
  156-158, 161, 182, 205, 215f.
Köln 67
Königsberg 36, 67
Krakau 50, 103f.
Kreisky, Bruno 198
Kroatien 113f., 140, 150, 167
Krüger, Horst 126
Kruse, Martin 173
Kun, Bela 90
Kurland 67
Kuwait 185

Lafontaine, Oskar 31, 44f., 101,
  132
Lambsdorff, Otto Graf 43, 216
Lassalle, Ferdinand 80
Lausitz 36, 47
Leber, Julius 216
Lem, Stanislaw 108
Lemberg 36, 50
Lenin, Wladimir Iljitsch
  Uljanow 77
Lettland 21, 113
Liebknecht, Wilhelm 80
Lincoln, Abraham 214
Lipski, Jan Josef 41
Litauen 21, 113
Livland 67
London 20, 32, 92, 221
Lübbe, Hermann 57
Lübeck 40, 223
Lublin 104
Ludwig XIV 17
Lüneburger Heide 35
Lupescu, Helene 90
Luxemburg 26, 156
Lybien 209

Madrid 101, 117

Magdeburger Börde 62
Mähren 89, 92, 106
Maier, Reinhold 217
Maizière, Lothar de 48
Mann, Thomas 219, 223
Marienfelde 69
Marokko 116
Marshall, George C. 174
Marx, Karl 150, 176, 181, 219
Mayer, Hans 56
Mazowiecki, Tadeusz 102
Mecklenburg-Vorpommern 47,
  58, 62, 68, 91, 96
Meißen 47, 49
Memel 67
Metternich, Klemens Lothar
  Wenzel Fürst von 218
Michael I. 90
Minsk 139
Mischnick, Wolfgang 216
Mittag, Günter 45
Mitterand, François 26, 74,
  148, 151, 157f., 161, 179
Möllemann, Jürgen 124, 156,
  216
Moltke, Helmuth Karl Bernhard
  Graf von 143
Moskau 20, 33, 37, 101, 104,
  114, 139, 144
München 66, 75, 224
Musil, Robert 56, 219

Napoleon I. 17, 68, 181
Naumann, Friedrich 50
Naumburg 47, 49
Neu-Dehli 144
Neumark 91
Neuruppin 36, 61
New York 20
Niederlande 21, 26, 78, 89, 95,
  156, 166
Niedersachsen 199
Nolte, Ernst 110, 204

Nordrhein-Westfalen 14, 68
Norwegen 156, 190
Nossack, Hans Erich 219
Nürnberg 66

Oberschlesien 92
Oldenburg 36
Ollenhauer, Erich 217
Österreich 107, 167, 198
Österreich-Ungarn 130, 140
Ostpreußen 91, 143
Oxenstierna, Axel 68

Paris 17, 20f., 49, 92, 138, 146,
 160
Peking 144
Picasso, Pablo 57
Pöhl, Karl Otto 45f.
Polen 14, 19, 32, 34, 40-42, 47,
 53, 63, 83, 86f., 92-94,
 97-100, 102-105, 107-109, 111,
 113f., 129, 132f., 139, 147f.,
 159, 161, 166f., 188f., 202
Pommern 91, 106, 199
Portugal 91, 116
Posen 36, 38, 84
Potsdam 61, 205
Prag 38, 75, 78, 84, 89, 167,
 190
Prenzlau 61
Preußen 17, 48, 62, 67-69, 114,
 205
Proust, Marcel 56
Pückler-Muskau, Hermann
 von 47

Radek, Karl 17
Reich, Jens 51
Reichwein, Adolf 216
Rendsburg 35
Reuter, Edzard 45, 220
Reuter, Ernst 217
Reval 67

Rheinland 36, 50, 64
Richelieu, Armand Jean du
 Plessis 25
Riga 67
Rilke, Rainer Maria 56
Rom 21, 31, 49
Rosenheim 221
Rostock 46
Roßbach 47
Ruhrgebiet 36, 85, 92
Rumänien 78, 89-91, 93f., 100,
 117, 121, 144, 188
Rußland 17, 19, 21, 90, 112,
 114, 127, 140, 143f., 147f.,
 150f., 187-190, 198f.

Saarland 68, 92
Sachsen-Anhalt 58, 96
Sachsen 20, 49, 68, 96, 156
Salazar, Antonio de
 Oliveira 116
Schalck-Golodkowski,
 Alexander 45
Schewardnadse, Eduard 111
Schiller, Karl 95
Schinkel, Karl Friedrich 61
Schkopau 45
Schlesien 91f., 106
Schmidt, Helmut 23, 58, 95,
 158, 181, 215, 218
Schorlemmer, Friedrich 212
Schottland 179
Schröder, Gerhard 124
Schröder, Richard 212
Schumacher, Kurt 18, 51, 123,
 170, 217
Schuman, Robert 22, 155, 180
Schwaben 199
Schwarz, Hans-Peter 29
Schweden 156
Schweiz 157
Seebacher-Brandt, Brigitte 119,
 121-125, 160, 164

Seitz, Konrad   192-196
Serbien   93, 118, 138, 140
Sibirien   60, 190
Siena   49
Singapur   20
Sizilien   89
Slowenien   113f., 150, 167
Sofia   21, 89, 140
Sowjetunion   17, 20f., 29, 32,
   34, 47, 60f., 63, 76f., 80, 87,
   91, 98-101, 104, 109-111, 117,
   128f., 136, 138f., 141-143, 145,
   147, 150f., 166, 179, 181, 187f.,
   190, 194, 198, 210, 216
Spanien   34, 58, 91, 116f., 130,
   144
Späth, Lothar   216
Speicher, Stephan   178
Spengler, Oswald   219
Speyer   36
St. Petersburg (Leningrad)   17,
   33, 92, 139, 143
Staden, Berndt von   218
Stalin, Josef   26, 57, 77, 88, 108,
   116, 171
Stalingrad   33
Stern, Fritz   32
Stolpe, Manfred   212
Stoltenberg, Gerhard   215
Stralsund   36
Strauß, Franz Josef   80, 216
Stresemann, Gustav   126, 184,
   196
Stuttgart   66, 75, 123, 224
Südafrika   207
Süssmuth, Rita   124
Syrien   181
Szalasi, Ferenc   90
Szczypiorski, Andrzej   103

Thatcher, Margaret   74, 157,
   161
Thierse, Wolfgang   212

Thüringen   20, 47, 49, 68, 96,
   156
Tilsit   67
Tirpitz, Alfred von   137, 181
Tito, Josip Broz   140
Tokio   20
Toskana   38
Trakehnen   36
Trier   36, 84
Triest   84
Trotzki, Leo   17
Tschechoslowakei   14, 34, 38,
   74f., 83, 86, 89, 92, 94, 100f.,
   105, 107f., 129, 132, 139, 144,
   148, 167, 188
Tsingtau   144
Tunesien   116
Turin   143
Türkei   185
Tutzing   134

Ukraine   21
Ulbricht, Walter   35, 55f., 68
Ungarn   14, 34, 83f., 86, 90-92,
   105, 107f., 117, 139, 148, 188f.

Varzin   40
Vereinigte Staaten von Amerika   20, 25, 29, 34, 59, 64,
   74f., 109, 115, 119, 121, 127,
   129, 137-139, 141-143, 145,
   148, 152, 157, 160f., 164, 171,
   181, 185-187, 193f., 196, 207,
   213, 216
Versailles   150

Walachei   38
Walesa, Lech   53, 63, 86f., 139
Wallmann, Walter   215
Warschau   38, 49, 78, 84, 103f.,
   114, 143, 190
Washington, George   25, 213
Wehner, Herbert   123, 215

Weichmann, Herbert   217
Weimar   47
Weizsäcker, Richard von   92,
   99, 104, 115, 124, 142
Werner, Karl Ferdinand   130f.
Westpreußen   84
Wien   107
Wilhelm II.   51, 127, 149, 151
Wilna   50
Wilson, Woodrow   141
Wismar   47

Wittenberg   47
Wolfe, Thomas   55
Wolffsohn, Michael   29
Wolhynien   84
Wörlitz   47
Würzburg   66

Zehrer, Hans   50, 92
Zinnowitz   49
Zweig, Arnold   56

CORSO bei Siedler

Konrad Adenauer
BRIEFE ÜBER DEUTSCHLAND
120 Seiten mit Abbildungen, Leinen

Horst Bienek
BIRKEN UND HOCHÖFEN
Eine Kindheit in Oberschlesien
104 Seiten, Abbildungen, Leinen

Willy Brandt
DIE ABSCHIEDSREDE
96 Seiten mit Abbildungen, Leinen

Joachim Fest
DER ZERSTÖRTE TRAUM
Vom Ende des utopischen Zeitalters
3. Auflage · 104 Seiten, Leinen

Andreas Hillgruber
ZWEIERLEI UNTERGANG
3. Auflage · 112 Seiten, Leinen

Peter Graf Kielmansegg
LANGE SCHATTEN
Vom Umgang der Deutschen
mit der nationalsozialistischen Vergangenheit
104 Seiten, Leinen

Werner Knopp
WOHER, BERLIN, WOHIN?
96 Seiten mit 10 ganz- und doppelseitigen
Abbildungen, Leinen

Hermann Lübbe
POLITISCHER MORALISMUS
2. Auflage · 128 Seiten, Leinen

Christian Meier
POLITIK UND ANMUT
124 Seiten mit Abbildungen, Leinen

Thomas Nipperdey
WIE DAS BÜRGERTUM DIE MODERNE FAND
96 Seiten, Leinen

Karl Schlögel
DIE MITTE LIEGT OSTWÄRTS
2. Auflage · 128 Seiten mit Abbildungen, Leinen

Helmut Schmidt
VOM DEUTSCHEN STOLZ
Bekenntnisse zur Erfahrung von Kunst
2. Auflage · 96 Seiten, Leinen

Hagen Schulze
DIE WIEDERKEHR EUROPAS
80 Seiten, Leinen

Hagen Schulze
GIBT ES ÜBERHAUPT EINE DEUTSCHE
GESCHICHTE?
80 Seiten, Abbildungen, Leinen

Brigitte Seebacher-Brandt
DIE LINKE UND DIE EINHEIT
96 Seiten, Leinen

Wolf Jobst Siedler
AUF DER PFAUENINSEL
7. Auflage · 104 Seiten mit
Abbildungen, Leinen

Wolf Jobst Siedler
LOB DES BAUMES
80 Seiten mit
Abbildungen, Leinen

Wolf Jobst Siedler
WANDERUNGEN ZWISCHEN ODER UND NIRGENDWO
4. Auflage · 144 Seiten mit Abbildungen, Leinen

Michael Stürmer
SCHERBEN DES GLÜCKS
104 Seiten mit Abbildungen, Leinen

Henry A. Turner
GEISSEL DES JAHRHUNDERTS
Hitler und seine Hinterlassenschaft
96 Seiten, Leinen

Richard v. Weizsäcker
VON DEUTSCHLAND AUS
Reden des Bundespräsidenten
13. Auflage, 112 Seiten, Leinen

Bernhard Wördehoff
FLAGGENWECHSEL
Ein Land und viele Fahnen
108 Seiten mit Abbildungen, Leinen

Die Deutsche Bibliothek-CIP-Einheitsaufnahme

Baring, Arnulf:
Deutschland, was nun?/Arnulf Baring. Ein Gespräch mit
Dirk Rumberg und Wolf Jobst Siedler –
Berlin: Siedler, 1991
ISBN 3-88680-429-1

© 1991 by Wolf Jobst Siedler Verlag GmbH, Berlin

Der Siedler Verlag ist ein gemeinsames Unternehmen der
Verlagsgruppe Bertelsmann und von Wolf Jobst Siedler

Alle Rechte vorbehalten,
auch das der fotomechanischen Wiedergabe
Schutzumschlag: Venus & Klein, Berlin
Satz: Bongé + Partner, Berlin
Druck und Buchbinder: Mohndruck, Gütersloh
Printed in Germany 1991
ISBN 3-88680-429-1